· 智慧供应链创新管理系列 ·

供应链风险管理实战

**采购风险+供应商风险+质量风险+
技术风险+物流风险+合同风险识别与管控**

柳荣　雷蕾◎著

SUPPLY CHAIN RISK
MANAGEMENT PRACTICE

人民邮电出版社

北京

图书在版编目（CIP）数据

供应链风险管理实战 ：采购风险+供应商风险+质量
风险+技术风险+物流风险+合同风险识别与管控 / 柳荣，
雷蕾著. -- 北京 ：人民邮电出版社，2021.10
（智慧供应链创新管理系列）
ISBN 978-7-115-57078-9

Ⅰ. ①供… Ⅱ. ①柳… ②雷… Ⅲ. ①供应链管理－
风险管理 Ⅳ. ①F252

中国版本图书馆CIP数据核字(2021)第158546号

内 容 提 要

优秀的企业家都是风险管理能手，优秀的管理者都是风险管理专家。在危机面前，无人能够独善其身。供应链运营、供应链风险管控，无论是对于实体企业，还是对于互联网企业，在当下都显得极为重要。

本书从多个维度全面阐释供应链全流程中的各种风险，结合各行业内的真实案例，不但诠释了供应链风险是什么，在供应链管理过程中如何对风险进行识别和管控，还对供应链重点维度的风险管理进行了深入且专业的剖析。通过阅读本书，读者能够在思维上对风险有正确的认知，在行动上能够有效与之抗衡，在供应链风险管控过程中真正做到胸有成竹、得心应手。

◆ 著　　　　柳　荣　雷　蕾

责任编辑　李士振

责任印制　彭志环

◆ 人民邮电出版社出版发行　　北京市丰台区成寿寺路 11 号

邮编　100164　电子邮件　315@ptpress.com.cn

网址　https://www.ptpress.com.cn

北京九州迅驰传媒文化有限公司印刷

◆ 开本：720×960　1/16

印张：16.75　　　　　　　　　　2021 年 10 月第 1 版

字数：288 千字　　　　　　　　2025 年 3 月北京第 13 次印刷

定价：79.80 元

读者服务热线：(010)81055296　印装质量热线：(010)81055316
反盗版热线：(010)81055315

随着经济全球化的逐步推进，供应链也逐渐呈现出复杂性、关联性、动态性等特征，企业与企业之间的竞争越来越激烈，这些都对企业的风险防控提出了更高的要求。无论是传统的制造行业还是高新产业，不断提升自身的竞争力才是企业生存、发展的关键，而在其中，企业供应链风险管理的成熟度和快速反应能力尤为重要。

供应链风险管理涉及企业日常管理工作的方方面面，企业应在战略上重视，并鼓励每一位成员做好防范，尽力杜绝风险的发生。与此同时，当风险来临时，企业也切忌惊慌，应冷静处理，尽量将风险的影响降至最低。

本书对供应链风险管理进行全方位的剖析。但在掌握相应的策略方法之前，企业在应对风险的过程中必须牢记以下原则。

（1）端正心态。重视风险，但不惧怕风险。一旦发现风险，企业的供应链管理者需要快速反应，避免因时间拖延而导致风险逐渐扩大，甚至陷入失控状态。

（2）保持敏感。企业要对企业内外部的环境保持适当的敏感，当内外部环境发生变化时，或规避，或防范，企业必须及时分析并调整企业的经营策略。

（3）加强交流。保持信息的通畅性，切忌闭门造车。在当今时代，企业尤其要重视大数据的积累，在各种信息的关联和数据的积累中，可以发现危机的前兆。

（4）利用资源。企业要尽力利用供应链中的各种资源，维护与供应链合作伙伴之间的关系，包括与供应商端和客户端的关系。当发生供应链风险时，各种资源都会发挥应有的效用，每位伙伴也都将成为企业坚强的后盾。

（5）正确管理。企业应根据实际情况和自身特点，针对不同风险采取相应的措施，选择最合适的管控方案，并配合专业人员的处理，将风险的负面影响降到最低。

（6）事后干预。风险危机过后，企业也须尽快恢复供应链的正常运营，及时总结经验教训。

供应链风险不是洪水猛兽，当企业供应链风险管理足够成熟和灵活时，企业完全有能力抗衡。只有正视风险、积极应对，企业才可以在风险面前变得越来越强大。

在本书中，我们将从 9 个层面逐步讲述供应链风险管理的各个细节。从认识供应链风险管理，到搭建具体的供应链风险管理组织，到应用各环节具体的风险管控方法，再到关键的风险管控，本书步步深入，易学易懂。本书还配了大量的图表，方便读者在阅读的时候能更轻松地理解和实践。本书适合创业者、企业的各层级管理者，特别是供应链相关行业内的人士阅读。

无论是在生活中还是在工作中，都会存在各种各样的危机和风险。本书中的供应链风险管理办法不仅适用于企业管理，也适用于日常具体事务的管理。

危机既可能带来风险，也可能带来机遇。愿各位能够乘风破浪，化风险为机遇，一路抵达成功的彼岸。

编　者

2021 年 8 月

目录

第1章 什么是供应链风险管理 ·································· 1

1.1 **企业供应链管理的定义** ····························· 2

1.1.1 供应链管理的发展阶段 ······················ 2

图 1.1-1 供应链管理的发展历程 / 3

1.1.2 供应链管理的范围 ························· 3

图 1.1-2 供应链管理的范围 / 3

1.1.3 供应链管理的 5 大方向 ···················· 4

图 1.1-3 供应链管理的方向 / 4

1.1.4 供应链管理的 4 大对象 ···················· 4

图 1.1-4 供应链管理的对象 / 4

1.2 **如何正确理解企业供应链风险管理** ··············· 5

1.2.1 供应链风险管理的必要性 ··················· 5

1.2.2 供应链风险管理与合作伙伴定位 ············· 6

1.2.3 供应链风险管理与内外部环境关系 ··········· 7

1.2.4 供应链风险管理到底管什么 ················· 8

1.3 **供应链风险管理的特点** ························· 9

1.3.1 隐藏性：信息不对称，善于伪装，不具备辨识度 ······· 9

1.3.2 随机性：不确定因素多，风险环节多 ············· 10

1.3.3 传导性：影响大，连锁反应强烈 ··············· 11

1.3.4 牛鞭效应：风险在传导的过程中出现层层放大效应 ······ 12

1.3.5 动态复杂性：动态变化，复杂度高 ·············· 12

1.3.6 负面性：绝大部分的风险都会让企业受创 ·········· 13

1.4 **企业供应链风险管理的现状** ····················· 13

1.4.1 供应链风险 ≠ 供应风险 ······················ 14

1.4.2　流程的管控≠风险管控 ·················· 14

1.4.3　缺乏未雨绸缪意识 ·················· 15

1.4.4　在企业利益和风险管理上难以平衡 ·········· 15

1.4.5　以消极的心态对抗风险 ·················· 15

1.4.6　缺乏全员参与意识 ·················· 16

1.5　**供应链风险管理的重要性** ·················· 16

1.5.1　供应链风险管理关系企业存亡 ·············· 17

1.5.2　供应链风险管理案例及分析 ·············· 17

第2章　供应链风险的常见分类与管理策略 ········· 21

2.1　**供应链风险分类：以内外部环境区分** ·········· 22

图2.1-1　供应链常见风险分类-内外部环境 / 22

2.1.1　供应及交付风险 ·················· 23

2.1.2　供应链网络风险 ·················· 23

2.1.3　质量安全风险 ·················· 23

2.1.4　运营风险 ·················· 25

2.1.5　财务风险 ·················· 26

2.1.6　技术风险 ·················· 26

2.1.7　市场变化风险 ·················· 27

2.1.8　行业周期风险 ·················· 27

图2.1-2　经济发展周期 / 28

2.1.9　政策风险 ·················· 28

2.1.10　法律风险 ·················· 28

2.1.11　意外灾祸风险 ·················· 29

2.1.12　环境污染风险 ·················· 29

2.1.13　文化差异风险 ·················· 30

2.1.14　道德风险 ·················· 31

2.2　**供应链风险分类：以上下游关系区分** ·········· 31

图2.2-1　供应链常见风险分类-上下游关系 / 32

2.2.1　供应商端的风险 ·················· 32

2.2.2　客户端的风险 ·················· 33

2.3　不同供应链模式及风险管理的差异 ………………… 34

　　图2.3-1　OTEP模型4种供应链模式 ／ 34

　　2.3.1　供应链模式的常见分类 …………………… 34

　　2.3.2　不同供应链模式下的风险管理差异 ………… 36

　　2.3.3　供应链模式的其他常见分类及风险管理差异 … 36

2.4　不同企业对风险感知度的差异分析 ………………… 38

　　2.4.1　风险爱好型企业 …………………………… 38

　　2.4.2　风险厌恶型企业 …………………………… 38

　　2.4.3　风险中性型企业 …………………………… 39

2.5　不同类型产品及其风险管理的差异 ………………… 39

　　2.5.1　生产性采购品风险管理 …………………… 39

　　2.5.2　非生产性采购品风险管理 ………………… 40

2.6　供应链风险管控的策略 ……………………………… 40

　　2.6.1　企业不同发展阶段的差异化管控策略 ……… 41

　　2.6.2　供应链风险管控的策略方向 ……………… 41

　　2.6.3　供应链风险管控的原则 …………………… 42

第3章　供应链风险管理组织的搭建及流程设计 …………… 43

3.1　供应链风险管理组织的搭建 ………………………… 44

　　3.1.1　如何搭建有效的供应链风险管理组织 ……… 44

　　图3.1-1　风险管理委员会的搭建 ／ 45

　　3.1.2　供应链风险管理委员会的工作原则 ………… 46

　　图3.1-2　风险反馈机制 ／ 46

3.2　供应链风险管理组织的职责 ………………………… 47

　　3.2.1　供应链风险管理委员会的职责 …………… 47

　　3.2.2　供应链风险管理委员会中各关联职能部门的职责 … 48

　　3.2.3　内部审计部门和法务部门的职责 ………… 48

　　3.2.4　管理部门间的配合协调 …………………… 48

3.3　供应链风险管理人员的技能素养要求 ……………… 49

　　3.3.1　供应链风险管理人才 ……………………… 49

　　图3.3-1　人才的重要性 ／ 50

　　3.3.2　供应链风险管理人员的素质要求 ………………… 50

3.4　流程管理与风险管理的关联性 ………………… 53

3.5　企业重新架构供应链流程的风险管理 ………………… 54

　　3.5.1　流程规划设计的目的和客户 ………………… 55

　　3.5.2　重要流程是否端到端、全覆盖 ………………… 56

　　3.5.3　重要流程是否设置关键控制点 ………………… 57

　　3.5.4　风险控制边界设定是否合理 ………………… 58

　　3.5.5　流程规划设计中部门职能的切分和协同是否合理 ……… 59

　　3.5.6　绩效指标设置是否与流程输出相关联 ………………… 60

　　3.5.7　子流程的规划设置是否能够有效支撑主流程 ………… 61

3.6　成熟企业的流程优化与风险管理 ………………… 62

　　3.6.1　流程执行的偏差度优化 ………………… 62

　　3.6.2　根据客户需求的变化而优化流程 ………………… 63

　　　　表3.6-1　流程筛查内容 / 66

第4章　供应链风险的管控步骤 ………………… 69

4.1　供应链的风险识别及原因剖析 ………………… 70

　　　　图4.1-1　风险管控步骤 / 70

　　4.1.1　供应链风险识别的9大方法 ………………… 71

　　　　图4.1-2　分解法运用案例 / 72

　　　　图4.1-3　SWOT分析法 / 73

　　4.1.2　供应链风险的企业内部原因审视 ………………… 76

　　　　图4.1-4　鱼骨图 / 78

4.2　供应商的风险识别及原因剖析 ………………… 79

　　4.2.1　财务损益法 ………………… 79

　　　　图4.2-1　财务损益法 / 80

　　　　表4.2-1　某供应商绩效数据 / 81

　　4.2.2　资源重要度分析法 ………………… 81

　　　　表4.2-2　供应市场的分类 / 81

　　　　表4.2-3　资源重要度分析法的运用 / 82

　　4.2.3　供需依存度分析法 ………………… 82

图 4.2－2　供需依存度分析法 ／ 83

表 4.2－4　资源重要度分布逻辑 ／ 83

表 4.2－5　供需依存度分布逻辑 ／ 84

4.2.4　方法使用需要规避的问题 ·························· 85

图 4.2－3　风险关注比例 ／ 86

4.3　供应链风险评估 ··· 86

4.3.1　简要评估法 ·· 87

4.3.2　模型评估法 ·· 87

表 4.3－1　风险的严重程度 ／ 87

表 4.3－2　风险的发生频率 ／ 88

表 4.3－3　风险的检测等级 ／ 88

表 4.3－4　风险系数的分级 ／ 89

4.4　供应链风险管控的措施 ·································· 89

图 4.4－1　风险管控方向 ／ 90

4.4.1　加强企业的信息化建设，建立灵活的信息共享机制 ······· 90

4.4.2　规避外部环境的风险 ································ 92

4.4.3　加强供应链的弹性建设 ····························· 93

表 4.4－1　供应链成熟度模型 ／ 99

4.4.4　如何提升供应链管理工作效率 ····················· 100

4.4.5　内外审计的重要性 ································· 101

4.4.6　完善企业的内部控制活动 ························· 104

图 4.4－2　内部控制体系 ／104

第 5 章　供应商管理中的风险管控 ·················· 109

5.1　采购策略准备中的风险管理 ························· 110

图 5.1－1　供应商管理流程 ／110

5.2　新供应商准备及准入的风险管理 ··················· 111

5.2.1　新供应商准备的风险管理 ························· 112

5.2.2　供应商准入过程中的风险管理 ····················· 113

5.3　供应商绩效考核的风险管理 ························· 115

5.3.1　供应商绩效考核标准的建立 ······················· 115

表 5.3 – 1　供应商考核标准 ／116

5.3.2　供应商绩效考核的意义 ……………………………………………… 117

图 5.3 – 1　供应商风险管控措施 ／117

5.4　**供应商整合与供应商变更的风险管理** …………………………………… 118

5.4.1　供应商整合的风险管理 …………………………………………… 118

5.4.2　供应商变更的风险管理 …………………………………………… 119

5.5　**供应商实地评审的风险管理** ……………………………………………… 121

5.5.1　供应商实地评审的必要性 ………………………………………… 122

5.5.2　供应商实地评审的时机 …………………………………………… 122

5.5.3　供应商实地评审的工作程序 ……………………………………… 123

5.5.4　供应商实地评审的注意事项 ……………………………………… 124

附表 1：供应商评审调查表（供应商填写） ………………………………… 125

附表 2：供应商商务审计表（评审小组填写） ……………………………… 130

5.6　**供应商关系的风险管理** …………………………………………………… 132

5.6.1　深入了解，加强信息沟通 ………………………………………… 132

5.6.2　建立平等、尊重、互信的合作态度 ……………………………… 133

5.6.3　建立战略合作伙伴关系 …………………………………………… 133

5.6.4　营造供应商间的良性竞争 ………………………………………… 134

5.6.5　准备备用计划 ……………………………………………………… 134

5.6.6　建立对供应链合作伙伴的奖惩机制 ……………………………… 134

5.7　**供应商成本的风险管理** …………………………………………………… 135

5.7.1　企业成本管理的误区 ……………………………………………… 135

5.7.2　如何应对企业成本管理的风险 …………………………………… 136

图 5.7 – 1　供应链总成本 ／137

5.8　**招投标的风险管理** ………………………………………………………… 138

5.8.1　招投标过程中风险产生的原因 …………………………………… 138

5.8.2　招投标过程中的风险分类 ………………………………………… 140

图 5.8 – 1　招标采购风险分解图 ／141

5.8.3　招投标过程中的风险识别 ………………………………………… 142

5.8.4　招投标过程中的风险管控 ………………………………………… 142

表 5.8 – 1　不同的招标方式面临的风险点 ／143

表 5.8 - 2　开标阶段的风险控制 ／147

　　5.8.5　招投标风险管理的注意事项 ……………………………… 152

第 6 章　质量风险管理 ……………………………… 153

6.1　质量管理的含义及其发展历程 ……………… 154

　　6.1.1　质量管理的含义 ……………………………… 154

图 6.1 - 1　质量管理发展历程 ／155

　　6.1.2　质量检验阶段 ……………………………… 155

　　6.1.3　统计质量管理阶段 ……………………………… 155

　　6.1.4　全面质量管理阶段 ……………………………… 156

6.2　质量风险管理及其重要性 ……………………… 157

　　6.2.1　什么是质量风险管理 ……………………… 157

　　6.2.2　质量风险管理的重要性 …………………… 159

图 6.2 - 1　质量管理流程 ／162

6.3　质量风险的识别和分析评价 …………………… 163

　　6.3.1　质量风险的识别 …………………………… 163

　　6.3.2　质量风险的分析评价 ……………………… 163

6.4　质量风险的管控 ………………………………… 164

　　6.4.1　人员技能建设 ……………………………… 164

　　6.4.2　加强团队合作意识 ………………………… 165

　　6.4.3　重视质量策划 ……………………………… 166

　　6.4.4　过程质量管控 ……………………………… 167

图 6.4 - 1　经营管理过程 ／167

　　6.4.5　用数据和事实说话 ………………………… 168

表 6.4 - 1　质量管理的工具 ／169

图 6.4 - 2　关联图 ／170

图 6.4 - 3　系统图 ／171

图 6.4 - 4　矩阵图 ／172

图 6.4 - 5　过程决策程序图 ／173

图 6.4 - 6　常规流程图 ／175

图 6.4 - 7　网络图 ／175

6.4.6　加强对供应商的质量建设和对客户质量需求的聚焦 ········· 175

　　　　图 6.4 - 8　客户与供应商质量管理的传导性 ／176

6.4.7　六西格玛管理 ··· 178

　　　　图 6.4 - 9　六西格玛管理法 ／179

第7章　技术研发中的风险管理

第7章　技术研发中的风险管理 ································ 181

7.1　技术风险的含义与影响因素 ·································· 182

7.1.1　什么是技术风险 ··· 183

7.1.2　影响技术风险的因素 ······································· 184

　　　　图 7.1 - 1　新产品研发进程 ／185

7.2　技术风险的分类 ·· 185

7.2.1　以常见的技术风险影响因素特征分类 ····················· 186

7.2.2　以新产品研发的不同阶段分类 ····························· 186

7.3　技术风险的 5 大特点 ·· 187

7.3.1　主观性和客观性 ··· 188

7.3.2　不确定性 ··· 188

7.3.3　影响程度的模糊性 ··· 189

7.3.4　过程性 ··· 189

7.3.5　企业类型不同，影响不同 ··································· 190

7.4　技术风险的识别 ·· 190

7.4.1　内外环境的风险识别 ······································· 190

7.4.2　市场的风险识别 ··· 191

7.4.3　组织人员的风险识别 ······································· 192

7.5　技术风险的管控 ·· 192

7.5.1　加强对研发的投入 ··· 193

7.5.2　加快技术革新的频次 ······································· 193

7.5.3　加强对研发人员的培训和激励 ····························· 194

7.5.4　及时关注市场动态 ··· 195

7.5.5　技术风险的回避和抑制 ····································· 195

7.5.6　提升研发管理的高度 ······································· 195

第 8 章　物流配送的风险管理 ·········· 197

　8.1　**物流管理的现状及第三方物流企业的风险** ··········· 198

　　　　图 8.1－1　物流配送网络　/198

　　8.1.1　物流管理的现状 ··········· 199

　　　　图 8.1－2　物流关注重点　/199

　　8.1.2　风险 1：陈旧的管理模式和急功近利的管理心态 ··········· 200

　　8.1.3　风险 2：人员管理问题 ··········· 200

　　8.1.4　风险 3：薪酬和绩效管理问题 ··········· 201

　　8.1.5　风险 4：财务风险 ··········· 201

　　8.1.6　风险 5：业务运营风险 ··········· 201

　　8.1.7　风险 6：外部市场环境的风险 ··········· 203

　8.2　**甲方企业与物流企业间的合作风险** ··········· 204

　　8.2.1　信息交换风险 ··········· 204

　　8.2.2　物流外包的决策风险 ··········· 205

　　8.2.3　信任危机 ··········· 205

　　8.2.4　外包业务对内部管理的冲击 ··········· 205

　8.3　**如何防范甲方企业与物流企业合作中的风险** ··········· 206

　　8.3.1　企业内部的防范 ··········· 206

　　8.3.2　慎重选择物流服务商 ··········· 206

　　　　图 8.3－1　物流服务商考核维度　/207

　　8.3.3　把握好物流业务外包的尺度 ··········· 207

　　8.3.4　加强合同管理 ··········· 208

　　8.3.5　联合风险防范 ··········· 208

　　8.3.6　风险的恰当转移 ··········· 209

第 9 章　合同管理中的风险管控 ·········· 211

　9.1　**合同准备中的风险** ··········· 212

　　9.1.1　从采购寻源认识要约邀请 ··········· 212

　　9.1.2　从供应商报价理解要约 ··········· 213

　　9.1.3　从供应商报价反悔理解要约撤回、要约撤销风险 ··········· 213

　9.2　**合同构建中的风险** ··········· 214

9.2.1 什么是承诺 ·· 214

9.2.2 《中标通知书》构成承诺，合同成立 ················ 215

9.2.3 采购谈判达成的意向书是否具备法律约束力 ······· 215

9.2.4 合同签订主体的合法性和有效性 ···················· 217

　　表9.2-1 信用查询网站 /217

　　表9.2-2 子公司与分公司的差异 /219

　　图9.2-1 法定代表人授权委托书 /223

9.3 合同拟定中的风险 ·· 223

9.3.1 合同标题要规范 ······································· 224

9.3.2 合同签约主体信息要完整 ··························· 224

　　表9.3-1 签约主体完整信息 /225

9.3.3 忽略鉴于条款引发风险 ····························· 225

9.3.4 释义条款作用大 ······································· 226

9.3.5 买什么要说清，标的描述需严谨 ··················· 227

9.3.6 计量单位须规范 ······································· 227

9.3.7 发票价格约定要清晰 ································· 228

9.3.8 质量检验标准和方法 ································· 228

9.3.9 权利义务要明确 ······································· 229

9.3.10 违约责任约定要清晰 ································· 229

9.3.11 定金、订金要分清 ··································· 230

9.3.12 地址、履行期限条款易忽略 ······················· 230

9.3.13 争议解决约定不清引争议 ························· 232

　　表9.3-2 诉讼与仲裁的区别 /232

9.3.14 别被己方格式条款误导 ····························· 233

9.4 合同签署过程中的风险 ·· 234

9.4.1 合同文本忌手写 ······································· 235

　　图9.4-1 合同签字页 /235

9.4.2 哪方先盖章有区别 ····································· 236

9.4.3 公司之间的合同只有签字才可以生效吗 ············ 236

9.4.4 原件和复印件效力区别 ····························· 237

9.5 合同履行中的风险 ·· 237

9.5.1　合同风险负担规则 ·· 237

　　　表9.5-1　常见的贸易术语解释 ／238

9.5.2　质量检验不合格的风险 ······································· 239

9.5.3　付款结算中的风险 ·· 241

9.5.4　合同的变更与解除 ·· 242

9.5.5　合同违约管理 ·· 244

　　　表9.5-2　争议解决方式 ／245

9.5.6　争议解决成本需关注 ·· 247

9.6　**合同的存档与管理** ·· 248

9.6.1　合同的存档 ·· 248

9.6.2　合同的管理 ·· 249

第1章
什么是供应链风险管理

在竞争日趋激烈的当今时代，竞争已经不再是企业与企业之间的竞争，而是供应链与供应链之间的竞争。只有不断提升供应链运转效率，供应链各环节才能在协同发展中实现降本增效，提升自身市场竞争力。但正如企业管理必然无法忽视风险管理一样，随着企业供应链管理水平的不断提升，供应链风险也成为供应链上每个企业都必须重视的重要课题。

1.1　企业供应链管理的定义

供应链管理的定义有很多，各有侧重。从通俗的理解角度来讲，供应链管理是以核心企业为中心，对信息流、产品流、资金流进行控制的过程；也即从采购原材料开始，通过生产或者服务的增值功能，然后制成中间产品或最终产品，最后通过分销网络把产品送到最终用户手中的一种管理过程。

这样一个将供应商、制造商、分销商、零售商和最终用户连成整体的网络结构，不仅是一条连接供应商到用户的物料链、信息链、资金链，更是一条增值链。不同的物料在供应链上因加工、包装、运输或服务等过程而增加价值，给各成员带来收益。

供应链的打造能减少不必要的流通环节，降低成本、提升效率，有效配置及优化资源，提升企业参与市场竞争的能力。供应链的概念是从扩大的生产概念发展而来的，它将企业的生产活动进行了前伸和后延，同时提出了系统化地配置资源和上下游联动，乃至快速反应的协调管理模式。

1.1.1　供应链管理的发展阶段

从现代企业诞生开始，供应链管理经历了以下几个发展阶段。

供应链管理经历了从原始到现代，从粗略化管理到精益化管理，从被动式管理到主动式响应市场需求的变化过程。反观最初的供应链管理的要求——只要能买到货、只要能交得出货，如今的供应链管理水平已经变得越来越高，反应速度也越来越快；相应地，企业对供应链管理的要求也变得越来越严格。供应链管理的发展历程如图 1.1-1 所示。

图 1.1-1 供应链管理的发展历程

1.1.2 供应链管理的范围

从职能上来区分，供应链管理所涉及的范围可以分为6大方面，如图1.1-2所示。

很多企业对供应链管理的理解仍然十分片面，将供应链管理看作简单的采购和计划物流管理。但事实上，从生产需

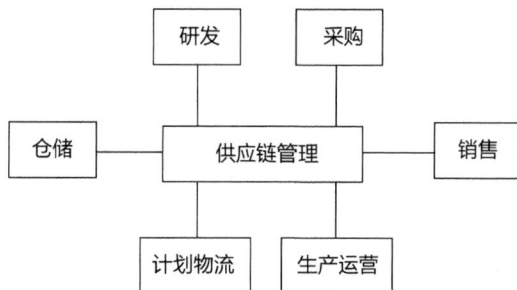

图 1.1-2 供应链管理的范围

求开始的第一步——市场的销售需求，到生产计划，再到采购以及质量管理等，最终回归并反馈到销售市场上，这种闭环链条式的管理才是对供应链管理完整的理解。其中，每一个环节都是供应链管理关注的重点，缺一不可且相互制约。

例如，销售市场的需求再旺盛，供应商选择得再恰当，但企业内部在制定生产计划或供应商的配套计划时如果缺乏准确预测，那企业就会向供应商传递错误的需求信息，进而导致缺料少件、配送严重滞后等问题，最终影响企业自身的生产运营。长此以往，企业就不得不耗费大量的人力或物力去协调、跟踪、纠正。

在此期间，企业线上生产的不良率可能会因为这种混乱而上升、不能及时出货。分销商可能对此抱怨连连，销售端不能及时向市场投放高质量的产品。最终用户的满意度也会慢慢下降，市场也会不断指责企业的这种混乱状态。最坏的结果是，不仅企业的生存会受到影响，涉及的上游供应商的生存也会受到影响。

1.1.3　供应链管理的 5 大方向

从内容和大方向上来看，供应链管理又可以分为 5 类，如图 1.1-3
所示。

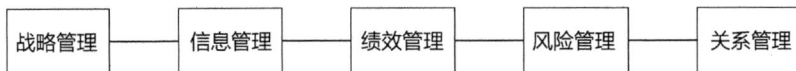

```
战略管理 ── 信息管理 ── 绩效管理 ── 风险管理 ── 关系管理
```

图 1.1-3　供应链管理的方向

图 1.1-3 所示的各管理方向是相互交融、相辅相成的。供应链管理的方向
从大方向讲，主要为战略和策略的分析与制定；同时，由战略管理延伸开来，
又涉及信息管理、绩效管理、风险管理和关系管理等内容；而风险管理又涉及
企业运营的各个流程。

很多企业并没有单独设立风险管理部门，但在具体的企业经营过程中，风
险管理的思维不可或缺，各部门都应从风险角度出发，使自身流程有序推进，
从而共同支撑企业战略的落地实施。

1.1.4　供应链管理的 4 大对象

供应链是多个企业的结合体，因此，单个企业的风险也将在供应链内传递
至其他企业。对供应链内的任一企业而言，其都会受到内部不确定因素的影响，
以及外部上下游的供应商和客户的影响。因此，供应商、企业、分销商、客户
共同构成了供应链管理的 4 大对象，如图 1.1-4 所示。

```
供应商 ── 企业 ── 分销商 ── 客户
```

图 1.1-4　供应链管理的对象

1.2　如何正确理解企业供应链风险管理

企业发展的过程不是一帆风顺的，甚至需要逆风而行。无限风光在险峰，绝美风光的背后，企业需要砥砺前行。如同一个人攀登高峰，成功的企业一定是克服了重重困难，不畏艰难险阻，敢与风雪做抗争，才能攀登到一定的高度。攀登的过程中会有各种突发情况：身体不能承受的负荷；突如其来的山体滑坡，甚至是暴风雪或雪崩。有一些突发情况，可能使很多人不得不停止攀登，甚至使登山者丧失生命。企业运营同样如此，需要面临预期内或预期外的各种情况，而这些都是企业必须得面对的风险。

任何影响供应链正常运转的因素都可称之为供应链管理风险。

企业在进行供应链管理的过程中，企业与供应商和客户的合作都可能产生各种问题。从某种意义上说，企业与企业间的摩擦，其表现形式更加复杂，影响范围也更大。而企业作为社会组织的一部分，在社会环境中扮演的角色，以及受社会环境所影响产生的各种变化，都可能使企业的供应链不稳定。

那么，从战略性、全局性的认知角度入手，该如何去理解和定义供应链的风险呢？

1.2.1　供应链风险管理的必要性

供应链管理从20世纪90年代开始就成为企业管理的热门话题。很多企业也一直在不断学习，并进行管理优化实践，追逐更加成熟和更专业的管理模式。

随着当下用户需求的个性化和多样化发展，企业所提供的产品也变得越来越多样化，且服务体系更加完善，整体的供应链管理水平也有很大的提升。在全球经济一体化的背景下，大部分企业的供应链遍布全球，企业为市场提供的产品种类繁多，其销售渠道多样化且分布广泛。

虽然整体供应链管理水平得到了一定提升，但市场环境和人的需求的不断变化，都使得供应链管理中的风险无法消弭，甚至在新时代表现出新的特征和面貌。

1. 经济时代是不断变化的

随着历史进程不断推进，经济时代也随之不断变化，可以简要地用"VUCA"来形容。VUCA 的含义为不稳定（Volatile）、不确定（Uncertain）、复杂（Complex）和模糊（Ambiguous）。

在不断变化的经济环境下，企业要实现可持续发展，除了要做好日常供应链管理，更要有防范、应对各种风险的机制与能力。

2. 供应链管理不断追逐着高效运作的模式

经济的快速发展意味着竞争越来越激烈，竞争者间的你追我赶，也使供应链管理模式越来越追求高效化。伴随着企业的快速发展成长起来的供应链管理模式，也面临各种各样的风险挑战。

（1）供应商网络全球化。由国内扩展至国外，乃至全球化的供应链管理模式，在获取更好的资源的同时，也使得管理复杂度变高、管理难度增加，不可避免地带来了各种潜在的风险。

（2）供应商管理。企业通过集中精力降低库存来削减成本，所以准时送货模式被广泛采纳，企业变得越来越依赖上游物料供应商。与此同时，企业逐渐将精力集中在自身优势业务上，将部分业务进行委外或外包给服务供应商。与供应商的协作，可以使供应链的协同性变得更高效，但同时也使企业存在无法掌控的领域，在面临风险时容易不知所措。

不可否认的是，在经济高速发展的当下，企业探寻的这些管理模式的确给企业带来了更高的利润、更快的发展速度、更优质的合作伙伴。但凡事都具备两面性，我们也要清晰地认识到其背后存在的各种风险，供应链越集中、越复杂，涉及面越广，风险发生的概率也就会越高。

1.2.2　供应链风险管理与合作伙伴定位

企业合作伙伴中的一个重要角色就是供应商。企业在生产运营的过程中，会将部分物料生产或服务业务外包给供应商,以专注于自身的核心能力。如此一来,企业在应对顺应终端市场的个性化需求时,其运作也能够更加柔性和灵活。但与之相对的,在面向供应商的管理中,企业也要求供应商能够具备同等的配合度和反应柔性。

在此过程中,供应商扮演的是双重角色。作为一个独立的企业个体,供应商需要保证自身企业利润的获取率;同时作为客户供应链中的关键一部分,其也需要满足客户的管理需求。

甲方和乙方的合作过程中,必然存在一定的共同利益,但双方的利益诉求点却不可能完全一致。因此,当供应商自身利益与客户或供应链整体利益相冲突时,各类管理风险就会随之而至。

其中的一个典型风险就是信息不对称。

供应商在与企业协作过程中,基于局部利益的考虑或者因双方信任度不足,企业往往不能及时得到完整且真实的信息,很多信息都经过供应商过滤和包装,甚至有的供应商会有意伪造信息。如果企业不能对这些信息进行去伪存真,挖掘出背后的真实性,就会陷入信息不对称的风险。根据这些失真信息做出的决策和判断,必然容易出现失误,甚至导致企业内部管理出现偏差、供应商管理失控。

1.2.3 供应链风险管理与内外部环境关系

无论是企业个体,还是供应链,都身处相应的市场环境中,供应链风险管理也因此必须考量内外部环境。

1. 外部环境

伴随着经济的高速发展,环境危机、突发事件有增无减,外部环境的风险已经成为企业必须面对的重要风险。企业是处于某一个社会群体中的,很难在外部大环境的变化中独善其身,而外部环境的影响正是外部风险的主要来源。

无论是自然环境风险还是社会环境风险,都会使企业的经营受到冲击。

(1) 自然环境风险可以理解为空气污染、工业废水及废料污染、突发的恶劣自然天气，以及自然灾害带来的物质损害和人身伤害等。

（2）社会环境风险则指来自经营过程中法律、社会、政治等大环境的风险，如国家政策的改变、政治环境的改变、法律法规的不断调整，不同区域的人文风格也会影响企业的生存与发展。

从供应链管理的外部环境来看，很多企业在构建供应链生态环境、选择合作伙伴时，忽略了对供应商资质稳健性和可持续性的考虑，或为了保生产而忽略了其他重要因素。这样，在后期配合中，容易出现一方步伐过快、另一方难以跟上的局面。

企业的发展是动态的，或上升，或平稳，或衰退；企业的合作伙伴的发展也是动态变化的，双方能否在变化的过程中保持共振的状态、避免出现发展层次的断层，这些都是对供应链风险管理的重大考验。

2. 内部环境

如果企业内部供应链管理水平不高，无法适应企业及供应链发展需求，就有可能导致由内而外的风险。

供应链管理水平高的企业可以形成良好的上下联动，将风险控制在萌芽状态。反之，供应链管理人员可能每天辗转处理各类风险事故，但风险事故仍然层出不穷，企业由此陷入风险事故的恶性循环中。

企业供应链管理水平不仅取决于中高层管理者，而且取决于处理实际事务的每一位执行者，他们的专业度、敏锐度都影响着整体的管理水平。管理者和执行者的综合水平决定着供应链管理的最终走向。

罗兰·贝格国际管理咨询公司曾经针对全球600多家零售或制造型企业的高管进行过一次调查，调查结果显示：超过一半（53%）的受访者认为，与过去三年相比，现在企业因供应链中断而遭受的损失正变得越来越大。另外，尽管超过2/3（71%）的受访者认为供应链风险是业务决策过程中的重要影响因素，但只有55%的受访者认为他们公司的风险管理项目是有效的。

1.2.4 供应链风险管理到底管什么

无论是从宏观或微观的角度，还是从内外环境上来剖析，在整个供应链管理的过程中，都存在无数复杂多变的风险。我们不可能将这些风险完全消弭，但我们可以对其进行有效管理，从而降低风险发生的可能性和减少风险发生后造成的损失。这就是供应链风险管理的精髓。

供应链风险管理，不是完全放弃存在风险的合作伙伴，不是将风险因子控制在完全为"0"的水平，而是要学会在管理的过程中正视风险的存在，并通过一定的管理手段或方法将风险的影响降为最低。

正如德勤公司对供应链风险的定义：对一个或多个供应链成员产生不利影响或破坏供应链的运行环境，而使得供应链管理达不到预期目标甚至导致供应链管理失败的不确定性因素或意外事件。

供应链管理本身是一个动态的过程，而风险的变化也是一个动态的过程。我们需要通过一系列的管理工具和手段对其进行识别和管控。于是，供应链风险管理则可以理解为：管理供应链中出现意外事件或变化所带来的风险的一个系统的过程，对供应链中存在的各种风险进行识别、量化、评估、减轻、规避等。

1.3　供应链风险管理的特点

知己知彼，百战不殆。

企业在供应链风险管理中，必须形成强大的洞察力，对事物进行精准分析和预判，即使在无法规避风险时，也能准确分析出最佳的风险控制思路，制定出有效的风险处理计划，通过降低风险损失实现反败为胜。

只有全面了解供应链风险的特征，才能采取更具有针对性的管理手段规避风险。

1.3.1　隐藏性：信息不对称，善于伪装，不具备辨识度

在日常的供应链管理工作中，我们经常遇到这样的对话场景。

"呀，我怎么不知道还会有这个问题发生，什么时候出现的？"

"怎么之前不知道这家供应商还有这种问题呢？"

"质量部门的人在干什么，这个问题为什么不早警示？"（这里把质量部门换成物流部门或者计划部门都可以）

"这个问题要是早发现，绝不会导致今天的结局。"

以上对话，都是因为事后才知晓问题的根源产生的抱怨。

为什么不能提前识别供应链风险呢？因为供应链风险具有很强的隐藏性，关键的风险因子经常伪装隐藏在某个事件背后，并不具备很明显的辨识度，只有在企业高度重视且具备一定专业度时，才能够提前识别。

然而，受限于信息不对称，部门间存在信息壁垒、沟通不及时等问题；或身处繁杂的事务性工作当中，受制于眼前绩效考核的压力，企业无法第一时间深入思考并发现风险，多数情况下只能被风险牵着鼻子走。

千里之堤，溃于蚁穴。日常工作中出现的普通事故，其背后往往潜藏着相应的风险。因此，在遇到问题时，在发现不良事故时，企业的每一位成员都应多问一句为什么，在深入思考中找出背后潜藏的风险因子，从而规避风险。

1.3.2 随机性：不确定因素多，风险环节多

风险遍布供应链运营过程的各个环节：它可能来自企业外部，如市场环境、各级供应商；也可能来自企业内部。供应链运营环节众多，每一个环节都有发生风险的可能性，又因风险可能相互影响，而存在一定的随机性。

从供应链的价值流来看，供应链的风险可能有以下3种情况。

（1）信息流风险：需求预测风险，信息安全风险或各种信息偏差等。

（2）物流风险：物料短缺，质量问题，库存不足等。

（3）资金流风险：供应商财务风险，延迟付款，企业内部资金流质量差等。

有些风险可以在企业日常运营中提前预判、做出预防，如财务状况、流程问题等带来的风险；有些则是突发的、难以预料的，企业没有时间进行反应，如政治决策影响、自然灾害、投资方突然撤资、物流突然中断等带来的风险。

风险的随机性会让企业疲于奔命，突如其来的重大风险则会让企业措手不及，二者相结合更会使企业失去生存和发展的优势。

1.3.3　传导性：影响大，连锁反应强烈

当今企业的供应链网络都是一张立体的网，横向和纵向都存在一定的延伸，这也就意味着线性关系和非线性关系同时存在，且供应链网络里的各个节点相互关联、相互影响。

1. 线性关系的传导

当某供应商发生问题时，首先受影响的是上下游间的线性传导。

（1）向下传导。向下传导时，供应商的下游客户，客户的客户，直到市场终端，都会受到影响。影响后果在这个线性传导的过程中不断被放大，最终可能造成难以挽回的局面。如供应商质量事故造成下游销售企业被市场抛弃。

（2）向上传导。企业的上游供应商可能因为不能及时收到货款，而面临现金流风险，进而因无法购买重要原材料而停产；再传导至更上游的供应商，其则可能面临库存积压的风险。

2. 非线性关系的传导

供应链间的复杂关系，使得当某供应链风险出现时，关联行业经营环节也随之发生变化，进而面临重大风险。

例如，某产品的安全事故，引发了市场上对产品的一系列担忧，企业不得不考虑对产品整体设计进行完善和革新，最终引发了产业的更新换代或升级。又或者因为类似问题的发生，海内外竞争者乘虚而入，出现恶意收购、并购等现象。

例如，某公司因为管理不善，工作场所内对人体有危害的物质超标，且从未加以改善，导致工人不满情绪逐渐上升，出现集体罢工或蓄意破坏厂内设备的情况，最终爆发了大规模的劳资纠纷；长期的劳资纠纷又进一步引发民生安全、法治等社会问题，导致行业管理标准发生变革，行业生态因此重新洗牌。

1.3.4　牛鞭效应：风险在传导的过程中出现层层放大效应

英国出现过口蹄疫，当时大部分消费者都因为口蹄疫而对牛肉失去信心，拒绝吃牛肉，麦当劳和其他以牛肉为主要原材料的快餐店因此销量大幅下滑。同时因为牛群不断被扑杀，皮革产量也大幅下跌，各下游生产商开始重新寻找合适的供应商，英国皮革行业开始进入没落阶段。随着风险效应的层层放大，最终导致了皮革行业在全球范围内的迭代。

1998 年的东南亚经济危机波及全球，也导致了互联网行业出现泡沫式增长。2000 年 1 月 14 日，道琼斯工业平均指数最高冲到一万多点，随后就一路狂跌，在之后的 3 月到 4 月间，大量互联网公司股价下跌 70% 以上，整个互联网行业在之后一年都处于萎靡不振的状态。由于市场需求下滑，思科公司在此次经济危机中，直接销毁了高达 24 亿美元的库存。以半导体设备制造行业为例，其在此次经济危机中产生的大量库存一直到 2002 年才处理完。同时众多的上游供应商受其影响没有新增订单、没有新增业务，无法维持正常的运营，最终迎来了破产和关门的厄运。

1.3.5　动态复杂性：动态变化，复杂度高

供应链管理的风险往往涉及很多层面。在对风险进行管控的过程中，企业需要协调、沟通多方面的问题。供应链越长，所涉及的合作企业越多，供应链的流转环节就会越多，风险管理就会变得越复杂。受关联因素的影响，风险也会处于动态变化的状态。

在供应链风险的变化过程中：某些积极的变化过程是，轻微风险在未经过人为干预的情况下，就自行消弭；但更多的变化方向却是，轻微的风险在关联传导中，变得愈发复杂，影响也愈加恶劣。

很多时候，尽管企业已经发现风险并已制定出应对方案，但风险的变化却超出了预期，风险管理方案因此失效。虽然企业在某个关键节点加强了控制管理，且管控有效，但因为风险自身的裂变，又触发了预期外的问题点，原风险

管理方案就不再适用。

因此，处于动态变化中的风险存在管控的黄金期，企业需要在风险尚未剧烈变化之前做出有效处理。

1.3.6　负面性：绝大部分的风险都会让企业受创

风险与损失总是相互关联。如果风险发生却未造成损失，那就可以认为风险发生了但没有产生负面影响。然而，在企业运营中，大部分风险会产生负面影响，只是损失多少、发生迟早不同而已。

常见的供应链风险引发的负面影响一般有以下几种。

（1）供应商无法供货。

（2）供应商中断合作。

（3）重大质量事故。

（4）企业的生产中断。

（5）企业的信誉受到很大的损失。

（6）企业的财务（股权）遭受重创。

（7）企业关闭。

（8）行业覆灭。

绝大部分的供应链风险会让企业或者其合作伙伴遭受创伤，而在重创之后，并非每家企业都能迅速重整旗鼓。

1.4　企业供应链风险管理的现状

在当今日趋复杂的供应链管理要求下，在世界经济局势不明朗的背景下，如何避免意外发生、如何处理各种突发状况、如何使供应链稳步运营，找到这些问题的解决方案，对企业而言尤为迫切。但实际状况是，大部分企业在供应链风险管理的布局上，普遍缺乏战略性的管理意识以及系统的方法，其应对力因此不足。

企业在风险面前往往处于被动状态：要么不管不问，任其此消彼长；要么只是去"救火"，疲于拼命；要么牺牲利润向风险求饶……这些都是因为企业在进行风险管控时陷入了误区。

1.4.1 供应链风险≠供应风险

在供应链的管理上，大部分企业会把精力集中在保证供应或者管理供应商上，普遍认为只要供应商不出问题，就可以高枕无忧，此种认知是对供应链风险缺乏全面管理意识的结果。

影响供应链运营的风险复杂且众多。毫无疑问，供应风险是供应链风险的重要组成部分，但企业不能以偏概全。除了供应风险外，常见的供应链风险还有：操作系统风险，信息交换风险，人员组织风险，道德建设风险，设施故障风险，内部质量风险，物流风险（舱位紧张、码头罢工、物流中断），库存风险，需求预测风险，知识产权风险，汇率波动风险，应收账款风险等。

以上罗列的仍然只是供应链风险的一部分，在实务中，只要能影响供应链顺畅运行的都可以称之为供应链风险。在进行风险评估时，企业须慎重对待，综合考虑和评估，避免坐井观天的思维模式。

1.4.2 流程的管控≠风险管控

在供应链的风险管控措施上，很多企业片面地认为风险管控就等同流程管控，认为只要把流程梳理好了就不会有任何风险。流程的梳理的确很重要，就如同人体的经脉，上下打通后可以避免产生血栓等各种疾病，使血液流动得更顺畅，人体更加健康。但企业若是认为管控好流程就能完全规避风险，就大错特错了。

很多风险并不发生在现有的流程范围内，流程不能到达的地方也会有很多风险，如第三方物流风险、外部环境风险、市场变化风险、供应商内部风险、法律法规风险等。企业如果只关注内部流程的风险管控，就会忽略其他的风险管控，风险来临时也会处于被动状态。

1.4.3 缺乏未雨绸缪意识

那些我们忽略的风险，总是在某个角落，慢慢地以小溪汇聚的模式变得汹涌湍急；总有一天，湍急的大水会漫过整座城池。彼时，只靠堆沙袋、填土方的方式已回天无力，只有那些提前布局设防的城池才能安然无恙。

企业日常运营遇到的问题层出不穷，常常会把主要精力放在解决眼前的问题上，难以抽出时间和人力对整个供应链的运营进行系统的风险评估并进行防范。对习以为常的日常工作、供应商，企业往往习惯用固有思维去评估，容易麻痹大意，被眼前的风平浪静蒙蔽了双眼，错过了风险识别的最佳时期。

有时，在风险发生初期，企业虽已识别出风险的存在，但判断力不足使其忽略了风险的危害性，没有及时处理，任由其肆意发展，最终导致风险不断发酵，带来恶劣影响。

1.4.4 在企业利益和风险管理上难以平衡

风险的系统管理需要企业投入相应的人力、财力，但风险管理的收益却难以在短期内显现，也无法像销售业务那样用具体数值来衡量。与此同时，很多企业受限于现金流和财务事项的优先级，并不愿意在风险管理上投入过多，也不愿意花费太多精力研究风险管理，而是采取兵来将挡、水来土掩的被动措施。

殊不知，越是忽视的地方越容易出问题，当风险切实发生时，其带来的损失往往是企业不可承受的。

1.4.5 以消极的心态对抗风险

企业体量有大小，对抗风险的能力也有所差异。很多企业在面临风险时，盲目认为风险会自然消失，或过度依赖合作伙伴和上下游企业，希望通过施压让对方应对风险。

然而，风险的消失与造成的损失取决于企业采取的措施，风险没有自行消失的可能。由于风险的联动性和动态性，无论风险发生的起源地在哪里，企业都不能置之度外。且不说很多时候企业间需要相互协助，合力才能对抗风险；若企业一直持有自扫门前雪的心态，总有一天会让自己陷入孤立无援的境地。所以无论风险有多麻烦，主动应对才是正确的心态。

1.4.6 缺乏全员参与意识

雪崩时，没有一片雪花是无辜的。

企业管理的过程中，很多员工会认为：供应链风险管理只是采购部门或者质量部门的事情，与其他部门无关。但是，生产线不稳定会影响客户的供货；人员的不稳定会导致供应链管理频出事故；库存管理的失效会导致库存周转不灵，大量滞留品积压，从而导致现金流受损；销售政策的失误会导致市场打不开，导致企业无法发展等。在这个闭环循环系统中，没有哪个部门能够独善其身。

完整的供应链风险管理需要全员参与。企业的每位成员都要时刻保持风险意识，敏锐地感知风险。尤其是一线员工，他们更容易从日常工作中发现问题，但很多企业的风险管理时常忽视他们。定期对一线员工进行风险管理培训，鼓励员工在风险初期及时反馈，并激励员工参与风险解决活动，能够大大提升风险处理的效率。

1.5 供应链风险管理的重要性

供应链风险管理是企业管理中至关重要的一项，也是许多企业高层管理者非常关注和重视的话题。企业的供应链不稳定或者风险事故的发生，势必会给企业带来规模或大或小的负面影响，影响大小将直接决定着企业是否能够继续在竞争市场上存活下去。

安联集团曾经发布了一份名为 *Risk Barometer 2013* 的报告，在此报告中，参与调查的企业高管中有 45.7% 认为：经营业务中断和供应链中断是他们管理中关注较多的风险。

1.5.1　供应链风险管理关系企业存亡

很多企业都会将供应链风险管理作为企业战略管理的重要一环，以明确其重要性；有些企业即使没有明文规定，但在实务中也在不断采取各种措施来防范风险的发生；也有些企业只是知道风险管理的必要性，但没有将之提升到企业管理的高度。但无论从哪个角度来看，意识到风险管理的重要性是开展企业供应链风险管理的第一步，是思维和行动上的重要开端。

皮之不存，毛将焉附？企业的生存与发展和社会经济息息相关，更与个人的生存与发展紧密相连。从供应链风险管理的角度出发，企业在风险中的反应如何，其关键就取决于企业供应链在面临风险时的应对能力。

1.5.2　供应链风险管理案例及分析

2011 年 3 月，日本福岛发生里氏 9.0 级强烈地震，导致包括福岛核电站在内的几个主要核电站关停，引起日本全境内的电力供应短缺。

很多企业不能正常生产，尤其是电子元器件、汽车零配件等出口产品无法正常交货。JFE（日本第二大的钢铁企业）在千叶市内的工厂随之发生火灾，仙台市和盐釜市交界处的一家石油化工厂发生火灾，日产汽车和住友工业位于东北地区的厂房皆传火警，企业的正常生产因此遭受重大影响。

核辐射对人类健康和周边正常生态环境产生了巨大影响的同时，也对正常的经济生活产生了恶劣的影响，供应链上下游都因此出现减产或断供的现象。受该事件影响，2011 年下半年，我国的主要日系汽车主机厂均因部分日系供应商无法及时交货，出现不同程度的减产。当年，大部分日系汽车厂家的销售业绩也出现下滑。与此同时，对日本零配件依赖度较低的德系、美系汽车厂家则借此机会进行了市场份额的扩大。

无论身处在哪个时代，供应链风险都是无法回避的话题。

在工业4.0时代，随着经济全球化的推进，不仅行业与行业间的关联性强，而且国家与国家间、区域与区域间的经济联动性也越发明显。

如今再也不是闭门造车和自扫门前雪的年代，很多行业都是相关联的，如民生中的衣食住行，都极大限度地依赖各种加工设备和大规模的生产制造；而民生又反过来影响着工业制造的质量和销量。二者相辅相成。

很多企业的供应链合作伙伴早已延伸到全球很多国家，企业的销售端也都遍布全球，我国部分企业也已经成为外国企业供应链的关键合作伙伴。如果国内的企业发生风险，其影响一定会传递到国外上下游（供应商/客户）；同理，国外企业的生产停滞也会影响国内企业的生存。

由此可见，供应链风险管理的过程中，只要其中一个环节处理不好，就可能影响全局，产生巨大震荡。

即使并非前文所述的核事故等重大灾害，在日常的管理工作中，大到供应、生产的中断，小到某一个信息传达的失误，都可能引发供应链风险。其中，任何一个风险处理得不当，也都可能引发"得克萨斯的龙卷风"。

蝴蝶效应，说的是一只蝴蝶扇动翅膀可以引起得克萨斯的一场龙卷风。1963年，气象学家洛伦兹提出，一只南美洲亚马孙河流域热带雨林中的蝴蝶，偶尔扇动几下翅膀，可能两周后在美国得克萨斯会引起一场龙卷风。其原因在于：蝴蝶翅膀的运动，导致其身边的空气系统发生变化，并引起微弱气流的产生，而微弱气流的产生又会引起它四周空气或其他系统产生相应的变化，由此引起连锁反应，最终导致其他气象系统的极大变化。一只蝴蝶翅膀的扇动最终可能引起一场龙卷风。

无论是从宏观环境来看，还是从微观环境来看，在当今经济环境下，企业与其他企业、社会环境间的联系都越发紧密。纵观经济发展的历史，尤其是进入规模化生产制造时代的现代工业，无数企业因为供应链环节管理不善，而陷入危机，风险频发，最终走向灭亡。

因此，如何保障供应链稳定、健康、顺利地运营，是企业管理者始终需要思考的命题。而供应链风险管理的重要意义正是：依据企业实际情况，寻找正确的风险管理思路，确保企业在风险来临时不被击败，供应链能够正常运转，甚至转危为机。

对此，企业始终需要保持清醒的认知和谨慎的态度。

第 2 章
供应链风险的常见分类与管理策略

　　构成供应链风险的要素纷繁复杂，其形成环境、发生节点都各不相同，即使是同一风险，每个企业对该风险的感知度或该风险对企业的影响度也有所区别。因此，要做好供应链风险管理，首先要做好供应链风险的分类，对供应链风险有更加清晰的认知，如此方能制定出更具针对性的管理策略。

2.1 供应链风险分类：以内外部环境区分

常见的供应链风险分类总结如下。

内部风险：经营风险。

外部风险：行业风险 + 市场环境风险 + 道德风险。

若将供应链风险进一步细化，则包含但不限于图 2.1-1 中所示内容。

图 2.1-1 供应链常见风险分类 - 内外部环境

下面挑选比较常见的风险进行扩展说明。

2.1.1 供应及交付风险

在交付的过程中会出现各种各样的问题，常见的有：计划波动是否很大从而导致供应商难以应对，供应商生产是否稳定，产品是否能够按时、按质交付，是否存在缺斤少两的现象，是否存在标签与实物不符的现象，物流运输途径是否合理、安全，库存是否合理等。

2.1.2 供应链网络风险

供应链网络可以理解为供应商及其上游供应商、客户及其下游客户组成的网络，即连接整个供应链网络的每一个合作伙伴，是它们构建了一个有序的生产服务链条。可能对供应链网络造成风险的因素有：作为供应链的组成元素之一的上游供应商是否健康，供应商的选择是否合理，供应商之间是否存在恶意竞争，分销商选择是否合适，客户定位是否精准，等等。

也可以将供应链网络理解为连接供应商与企业，连接企业与客户之间的沟通网络。可能对供应链网络造成风险的因素有：甲乙方的合作是否畅通无阻，信息系统是否搭建完善，企业与客户之间的合作是否良好有序，等等。

2.1.3 质量安全风险

质量安全问题是比较明显和突出的供应链风险问题。在我国工业发展中，很多企业都因为质量安全问题而出现了重大的危机，如汽车行业里零部件召回事件、乳制品行业的三聚氰胺事件等。质量安全风险主要表现为：人员技能及专业度是否足够，产品质量是否达标，质量保障措施是否完善，是否有完善的质量问题溯源体系，产品的售后服务水平是否良好，企业与供应商之间的质量管理理念是否同步，等等。

质量安全风险处理得不妥善，轻则影响企业的声誉，重则会将企业带向灭亡。高田公司就曾因安全气囊事件而陷入破产局面。

20世纪30年代高田公司成立，主要生产纺织品并采用编织技术生产救生索。1952年，受美国研制汽车安全带的启发，高田公司开始研发如何将降落伞技术运用于安全带制造。8年后，高田公司研发出了日本首个两点式安全带，并于同年开始对外销售。1973年，在美国国家公路交通安全管理局组织的真人志愿者碰撞测试中，只有高田公司的安全带产品能够成功承受时速56千米的碰撞。之后，高田公司的安全带业务迅速发展，随着汽车驾驶中的安全防护越来越受重视，高田公司很快就成了全球各大汽车厂商的主要供应商。

在2008年11月，本田公司宣布召回4 000台装配有高田安全气囊的车型。此后半年，爆出了全球第一例因为安全气囊致死的事故。2009年5月16日，一名18岁的少女开车接弟弟放学途中与另外一辆车相撞死亡，而死因经过调查后被证实是安全气囊展开后里面弹出的金属片划破颈动脉，造成其大量失血而亡。因为安全气囊问题，2009年，本田公司接着宣布召回50万辆汽车。事情发展到这里，就是高田安全气囊问题大规模爆发的开始。作为高田安全气囊的第一大客户兼股东，本田公司没有想到的是，作为多年的合作伙伴，高田公司仅仅认为这是"汽车生产商自己的举动"，并且采取不配合的态度。

2013年，丰田、本田、日产和马自达全球召回340万辆汽车，宝马随后也宣布全球召回22万辆汽车；2014年，丰田宣布全球召回227万辆汽车。2014年，面对多人受伤和死亡的案例和多起对于有缺陷安全气囊进行的集体诉讼，美国国家机构开始对高田公司进行调查。

安全气囊的工作原理是在车辆遇到强烈碰撞时，由碰撞传感器激活控制单元将气体发生器当中的化学物质进行引燃爆炸，之后将气体快速充入气囊之中，以避免驾驶中因惯性导致前冲发生人与汽车的碰撞，而其中气体的填充速度快慢是决定能否保护驾乘人员安全的重要因素之一。高田公司使用硝酸铵作为安全气囊的推进剂，原本通过推进剂的可控燃烧将安全气囊填充气体展开，但硝酸铵受潮或在高温时会出现变化，美国高速公路安全管理局调查确认高田公司在安全气囊内没有使用干燥剂，这使得硝酸铵更易受到外界环境干扰。随着时间的推移，硝酸铵变成了不可控的危险爆炸物，当安全气囊触发时相当于引发了一场车内爆炸，将安全气囊里面的金属炸碎，金属碎片会飞向驾乘人员，造成对驾乘人员的二次伤害。

面对内忧外患，高田公司试图通过更换董事来解决困局，但对于根本问题其态度依然模糊。2015 年 5 月，高田公司首次公开承认其安全气囊存在缺陷，并宣布扩大召回范围。需要召回车辆的车企包括宝马、菲亚特克莱斯勒、戴姆勒、福特、通用、本田、马自达、三菱、日产、斯巴鲁和丰田等，刷新了历史纪录。

随着调查的深入，越来越多的证据表明高田公司早在 2000 年就发现产品存在严重的问题，但高田公司从利益方面考虑，最终将样品以及数据销毁，伪造了一份安全的数据。2015 年，高田公司针对安全气囊系列事件发布公开道歉。随后部分车企宣布将不会再使用高田公司的安全气囊。在一系列的召回以及赔偿追责下，最终，在 2017 年 6 月，高田公司在日本正式宣布申请破产保护。高田公司的破产并不意味着事件的终结，因为召回还没有完成，依旧有无数的有隐患的安全气囊在工作，高田公司被要求在 2019 年前完成召回处理，在问题安全气囊处理完之前，"高田"二字依旧是危险的代表。

高田公司安全气囊事件造成的影响犹如汽车制造业中的切尔诺贝利，涉及品牌和数量之广（全球 19 家车企，预计问题车总计超过 1.2 亿辆）、持续时间之长（2009 至 2019 年），都可以载入汽车发展的史册。

2.1.4 运营风险

运营就是指经营企业的各项活动，典型的运营活动为供、产、销。运营风险为企业在生产经营的过程中，受到供、产、销等各个环节不确定性因素的影响，企业资金或者生产出现异常，甚至企业价值出现变动。换言之，运营风险也可以理解为企业由于战略选择、产品价格、销售手段等经营决策失误而引起的未来收益不确定性。

制造业内部的生产管理是较容易发生风险的一个环节。以下因素均可能导致运营风险：企业是否能够进行稳定生产；生产达标率是什么样的水平；生产设备质量是否合格；现场人员是否具备合格的资质；是否存在生产瓶颈，瓶颈工序是否会成为高效生产的隐患；生产现场和环境是否安全合规；等等。

2.1.5 财务风险

近十年来，我国国民经济持续稳定地增长，巨大的经济总量带来了巨大的货物交换量和货物价值量。虽然经济总体发展很快，但不可否认的是，企业财务弄虚作假的现象也时有发生。

企业财务管理水准不一样，或多或少都会存在无序竞争或者恶意竞争的状况。例如，一些企业为了粉饰经营业绩，将应计入以后会计期间的应税营业收入提前至当期入账，以实现夸大营业收入、调增经营利润的目的。或者企业为了调节当期应纳流转税税额，采取推迟确认营业收入的手法，来调减当期应纳流转税税额的计税基数，从而达到控制当期应纳税款的目的等。还有较常见的，企业为了逃税漏税，将相关成本核算进行偷梁换柱从而逃避缴纳企业所得税，这些都是典型的财务风险。

财务部门的管控流程是否透明、是否完善，投资和支出的核算是否准确，财务操作过程中是否存在弄虚作假的现象等，都会给企业的供应链管理乃至企业生存带来巨大的冲击。

2.1.6 技术风险

技术是企业的核心竞争力，企业需要保证自身的技术实力能在市场上占有一席之地。

技术风险主要可以从两方面理解：一为技术能力不足，企业在新项目的研发过程中，由于受外部环境、项目本身的复杂性、科研开发者自身能力的限制等影响，新技术研发无法正常进行；二为技术落后，企业因技术落后无法跟上市场的需求而被淘汰，企业因此关门歇业。无论是哪种情况，可能在短期内看不出技术风险对企业的显著影响，但从长期来看，技术风险会使企业逐渐丧失其核心竞争力，最终一蹶不振。

2.1.7　市场变化风险

供应链的运作是以市场需求为导向的，供应链中的供给、生产、运输、销售等，都必须建立在对外部需求准确预测的基础之上。而外部市场经常会发生各种变化，不会一成不变。

触屏手机问世之前，生产按键手机的企业经营得风生水起，企业也在不断专注于提升按键手机的质量等。从某一方面讲，企业对产品质量和工艺性能的追逐并没有错，但没有预料到，有一天，打败企业的不是产品自身的问题，而是市场的重大变革。以苹果手机为代表的触屏手机一上市，就受到了消费者的热捧，很快就取代了按键手机在市场的地位。

这就是市场变化带来的巨大风险。

市场需求更新换代，市场竞争不断激化，消费者需求偏好也存在一定的不确定性。企业对市场的把握不准确，会导致整个供应链的经营风险，如供应材料选择不得当、供应商开发方向错误等。但在动态变化的市场环境中，如何准确定位存在一定的难度。所以，企业是否能准确判断自身产品的竞争力，能否感知市场对新材料或新技术的需求，能否感知市场变化背后潜藏的危机，并准确预测未来的走势，将成为供应链风险管理的核心竞争力之一。

2.1.8　行业周期风险

市场经济的运行轨迹具有明显的周期性，繁荣和衰退交替出现，如图2.1-2所示。企业能否在合适的时间节点准确地把握住行业变化的周期，也是影响风险管理的一个关键点。

在经济繁荣时期，在市场需求不断提升的刺激下，企业会增加固定资产投资，进行扩大再生产，增加存货、补充人力，相应地增加了现金流出量。在经济衰退时期，企业会及时止损，减少不必要的开支，精简供应链，并且提升产品自身的吸引力等。随着经济繁荣或者衰退的变化，企业需要及时把握时机进行一定的调整。

GDP总量（万亿元人民币）

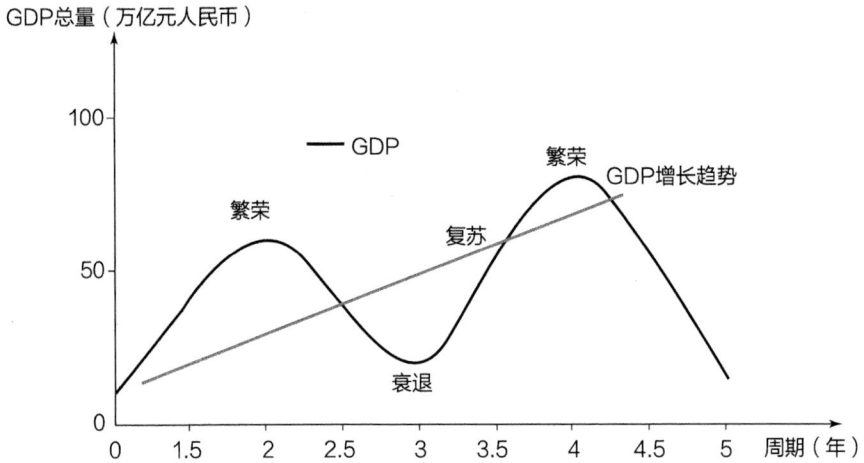

图 2.1-2　经济发展周期

2.1.9　政策风险

当国家经济政策发生变化时，往往会对供应链的资金筹集、投资及其他经营管理活动产生极大影响，供应链经营风险也由此增加。例如，当产业结构调整时，国家往往会出台一系列的产业结构调整政策和措施，对于一些产业采取鼓励政策，对于另外一些产业，很有可能就是限制乃至打压。

企业能否及时正确地解读国家不同时期的经济政策尤为重要。对政策进行合理解读，将决定企业的投资发展方向，同时也决定着企业供应链未来的布局。

2.1.10　法律风险

供应链合作伙伴处于不同的国家或地区，而不同国家或地区的法规存在一定的差异，同时各地的法律法规也处于不断完善的过程中，这种动态变化的完善过程也会带来一些不确定性。这些必须面临的法律环境的变化，都会诱发供应链的经营风险。

例如，在国际贸易中，交易的对象所在地的法律法规往往各有特色，不能套用国内法律法规一概而论，需单独解读。企业必须把握住这种差异，采取不同的应对措施。不同的法律法规下产品的生产运营环境是截然不同的。一旦触碰到法律的底线，企业或个人都将受到当地法律的制裁。

2.1.11 意外灾祸风险

意外灾祸一般是指不能预测的自然灾害或者人为造成的战争、动荡等现象。

意外灾祸毫无疑问会影响供应链的正常运营，或导致供应链不稳定，或使供应链中信息流、物流、资金流受阻或中断，或使生产经营的过程遭受损失，或使既定的经营目标、财务目标都无法实现等。

意外灾祸无法避免，但是作为企业供应链的管理者，需要思考在面对意外灾祸时如何做出有效应对：如何快速组织资源；如何灵活反应；如何在危机后尽快恢复；如何将供应链的损失降到最低。

2.1.12 环境污染风险

当下，环境保护问题越来越被人重视，国家陆续出台了各种环境保护的政策。在工业发展的进程中，废气、废物、废水的排放，不可避免地会威胁到周边的生态环境。

尤其是前几十年，各企业都重在抓生产、抓效益，忽略了"三废"排放的正确处理，或者缺乏足够的资金建立高效的污染物处理系统，最终直接导致人类生存环境受到破坏。

无论是饮用水源的污染、大气的污染（雾霾），还是食物的污染等环境问题，都将对生活质量造成重大影响。所以针对环保问题，政府越来越倾向于"一刀切"的严格政策。

2017 年 9 月 14 日，舍弗勒投资（中国）有限公司（以下简称"舍弗勒"）大中华区首席执行官（Chief Executive Officer，CEO）致函上海市经信委等部门，称其供应商上海某金属拉丝有限公司因环保问题被断电停产，舍弗勒因此面临供货缺口，理论上将造成中国汽车减产 300 多万辆，相当于 3 000 亿元的产值损失。如果该公司因为环境治理不合标准直接被政府关停，将会导致其供应链下游的数千家企业直接无货可用，这些企业都会面临停产的危机。

这个数据不是危言耸听，汽车供应链垂直管理度较深，很多关键零部件都是独家供货，舍弗勒所提供的轴承系列产品覆盖了国内大部分汽车生产商，一旦其上游供应商因环保问题被关停，舍弗勒的生产也难以为继，那么势必影响供应链的下游——各大主机厂。

在信函的最后，舍弗勒大中华区 CEO 写道："我司恳求有关政府部门在不违反相关环保法律法规的前提下，允许该公司继续为我司提供 3 个月的供货服务，保证切换供应商所必要的准备时间。"

听起来，舍弗勒似乎是一场突如其来的环保行动的受害者。实际上，这场环保行动一点也不突然。2017 年 9 月 20 日，浦东新区环境保护和市容卫生管理局回应称，该公司因无环评审批手续，早在 2016 年 12 月就被列为环保违法违规建设项目"淘汰关闭类"。此前，也曾两次对该公司提出警告，但直到 9 月 4 日再次书面告知公司立即停止生产，公司才实施停产并自行切断了生产电源。

这是一起典型的环境污染风险事故。因为企业不重视环保问题，对绿色供应链不够重视，出现了环境的违规问题，而导致了供应链运营中断。事后，相关部门针对"舍弗勒事件"回应称，望各大汽车品牌以此次舍弗勒断供危机为教训，从检索和核查供应链的环境合规入手，对供应链的环境污染风险进行一次彻底的"摸底"，切实解决生产过程造成的污染问题，迈向环保、节能、低碳的绿色发展之路。

2.1.13　文化差异风险

企业的供应链一般会渗透至不同的国家中的不同企业。不同企业在经营理念、文化制度、员工素养和核心价值观等方面，必然会存在一定的差异。

文化差异会导致思维理念输出的差异化：对于相同问题会出现不同的看法，采取不一样的工作方法和工作态度。常见的文化差异风险有：不同语种国家间的相互不理解导致误会加深，进而相互排斥；不同流派间的工作作风不同，导致相互看不顺眼，甚至使绊子；不同地方的企业会存在对其他地区企业的排他性；等等。

这些现象轻则降低供应链整体的运营效率，重则容易造成供应链联动过程中各自为政的混乱局面。所以在涉及不同文化之间的配合时，企业应力求平等交流，持有求同存异的包容心态。

2.1.14　道德风险

道德风险通常是指工作过程中的道德沦丧，如采购工作中的私下勾结串通、生产制造过程中的偷工减料等。

常见的供应商道德风险：某供应商在成本压力面前，没有经过一系列的技术认证或者客户许可，私自更换原材料或者改变产品设计，用较次的原材料代替，或者用更简单的工序替换，并且隐瞒不报，所产生的利润也独吞了。如此操作，往往最终会产生质量事故，并且导致后续一系列的合作、信任问题等。

以上介绍的各种风险中，有客观或主观原因导致的，也有宏观和微观环境导致的，特点不尽相同，识别方法也不尽相同。供应链风险越发表现出多样化的特征，这就需要企业用心甄别。

2.2　供应链风险分类：以上下游关系区分

还可以从上下游关系来对供应链风险进行分类，即从链条的前端到后端对供应链风险进行区分，如图2.2-1所示。

从供应商的选择开始，一直到产品流向市场，供应链风险大致可分为供应商端的风险、企业自身的风险、客户及市场端的风险。此种分类方法，提供了另外一种风险识别的视野和格局，注重供应链各构成单元（上下游的合作伙伴）

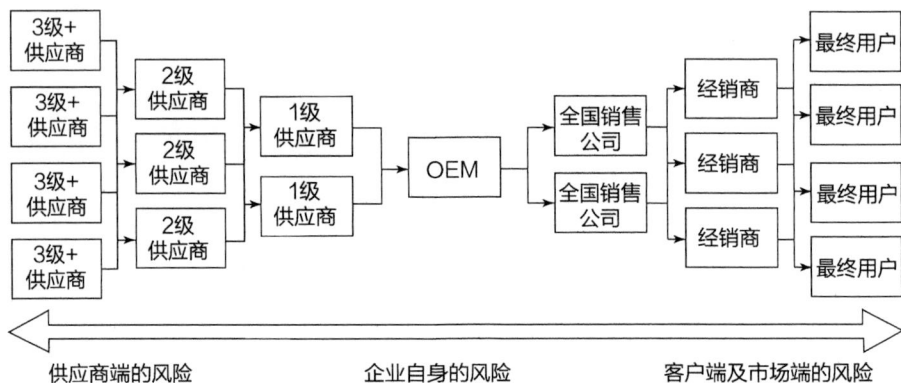

图 2.2-1　供应链常见风险分类 - 上下游关系

的管理，以及相互配合中可能产生的风险。通过有效处理供应链上下游关系，供应链各环节的合作也将更加深入，共同创造出 "1 + 1 > 2" 的奇迹，实现双赢。

2.2.1　供应商端的风险

从准备选择供应商开始，到供应商的定点，再到后期供应商的实绩管理，整个供应商管理过程中都存在各种风险。

（1）供应市场的风险：企业是否对供应市场做了全面、深入的分析，从而能够准确定位甲乙双方在供应市场的地位？

（2）供应商选择的风险：供应商的资质是否合适？产能是否足够？供应商的研发水准是否能够满足要求？

（3）供应商配合的风险：供应商在反应、配合方面是否能够及时、有效？供应商的质量表现、成本表现、技术表现能否满足企业要求？

（4）上游供应链管理的风险：供应商的上游供应商具有什么样的资质？日常表现如何？上游的供应商存在哪些潜在的风险？

（5）供应商淘汰的风险：面对劣质供应商，企业是立即淘汰还是给机会让其成长改善？

以2008年发生的奶粉质量事件为例。除去熟知的质量管控原因外，还有另外一个重要的原因促使该事件发生：一些利欲熏心的奶牛饲养户为了获取高额利润，频繁往牛奶里添加三聚氰胺等非食品类添加剂。

牛奶质量检测中有一项蛋白质含量的检测，蛋白质含量高的牛奶通常被认为是高营养、高质量的牛奶，而加了三聚氰胺后的牛奶蛋白质含量会大幅提升，则牛奶的售价也可以随之提高。这种利欲熏心的做法的始作俑者是各奶牛饲养户和中间商。奶牛饲养户是各大乳制品企业的上游供应商，所以企业没有管理好其上游供应商也是发生奶粉质量事件一个根本原因所在。现在，很多乳制品企业选择经营自有牧场，或者直接对分散的奶农进行管理，以减少上游供应商带来的风险。

2.2.2　客户端的风险

客户端企业的常见风险主要表现在以下几个方面。

（1）客户的财务风险。客户内部的经营问题或流动资金不足等原因，客户出现财务危机，如现金流状况恶化或者流动负债和长期负债异常增加等。客户财务风险的发生，对企业的直接影响就是无法按时收到客户的正常回款。

（2）行业风险和内外环境风险。行业变化或激烈竞争导致客户竞争力不足，或内部矛盾激增，使客户经营出现剧烈震荡；或政策等环境的变化，导致客户经营环境产生了变化，其内部管理水平持续下降等。客户的生存受到影响后，反向也会影响上游企业的生存。

（3）分销商或者渠道经销商的选择风险。分销商是面向市场的中间环节，企业要实施有效的客户管理，必须做好分销商或渠道经销商的选择工作。如果分销商或渠道经销商选择不当，会导致企业市场竞争力锐减，进而影响企业和上游供应商，导致供应链凝聚力涣散。

（4）客户高层人事异动。如高管发生了频繁辞职，或者高管并未履行其义务和职责等。企业的高管如果频繁变化，其背后的原因一定不仅是人员的异动，更可能是企业内部即将发生调整，或者高层管理理念发生了剧烈冲突，企业即将陷入不稳定的状态。客户的不稳定也会影响企业稳定生产。

2.3　不同供应链模式及风险管理的差异

虽说供应链的核心职能是一致的，但受制于企业商业逻辑思维的不同、市场需求的不同，以及生产运营方式的不同，最终形成了各有千秋的模式，其特点也不尽相同。根据采购与供应链 OTEP（采购组织，Purchasing Organization；采购思维，Procurement Thinking；采购操守，Procurement Ethics；采购绩效，Procurement Performance）模型来分，供应链可分为 4 种模式，如图 2.3-1 所示。

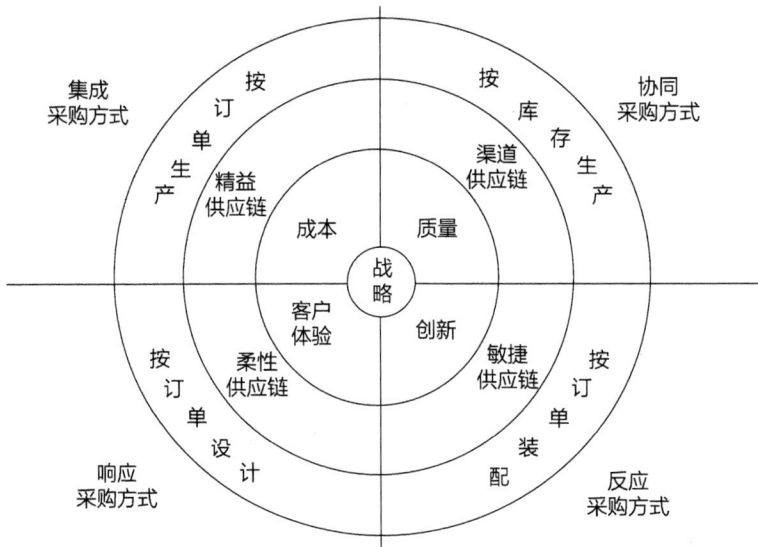

图 2.3-1　OTEP 模型 4 种供应链模式

2.3.1　供应链模式的常见分类

具体而言，供应链模式一般可以分为以下 4 种。

1. 精益供应链

精益供应链是成本竞争型企业的供应链运作模式。国内大部分制造型企业目前还是以来料加工、密集化生产为主。精益供应链模式下，一般按照订单生产（Make To Order，MTO），保证生产效率的最大化；采购方式多为集成式采购，也即规模化采购模式，或者固定供应商采购模式。此种供应链模式可以最大限度地保证管理成本的优势，利用规模化量大的特点，最大限度地集中各种优质资源，再通过合理地安排和组织，以达到对内外成本的管控。

2. 渠道供应链

渠道通常指水渠、沟渠，是水流的通道，强调流动和可持续性。渠道被引入商业领域，即资源的流通路线。渠道供应链管理模式多用于强调质量维度的功能性产品，如牛奶、纸尿裤等零售产品等。渠道供应链模式下，一般按库存来生产（Make To Stock，MTS），并注重效率和供应链的计划性；产品存在多样化和个性化需求的特点；企业通常拥有多种采购渠道；常常采用协同的采购方式，以保证最高的生产效率和适应产品的多样化、功能化。

3. 敏捷供应链

敏捷供应链模式下，供应链的反应速度很快，可以根据客户和市场的需求进行快反式的生产。此种供应链模式将生产单元进行模块化处理以实现快速反应，按订单装配（Assemble To Order，ATO），同时对供应链管理的要求也比较高。对客户的需求要能快速反应和准确预测，订单满足水平要高，内部各部门协调能力要足够成熟，这些都是对管理的考验。

4. 柔性供应链

柔性供应链模式与敏捷供应链模式有相似的地方。柔性供应链模式下，企业可以按照客户的订单进行设计（Engineer To Order，ETO），也需要快速反应。除此之外，柔性供应链的质量保证和设计能力也都比较突出，能在短时间内配合客户进行技术研发和推陈出新。柔性供应链模式常用于创新性的产品，如时尚产品、化妆品、高科技产品等。

2.3.2 不同供应链模式下的风险管理差异

以上供应链模式在涉及风险管理时，其管理特点也存在差异。

1. 柔性供应链、敏捷供应链的风险管理精确度更高

这两种供应链模式的典型特征就是能够做到快速响应、不断推陈出新，这就对管理者的水平、供应链组织的搭建、供应商和客户的选择等提出了很高的要求。因为是快速响应，所以这两种模式对计划制定环节、物流流通环节、库存管理环节、供应商调动环节也都各有要求。其中任何一个环节如果出现问题，影响都会比较大，导致无法做到快速响应。

柔性供应链和敏捷供应链模式，更类似于精准且连接紧密的齿轮契合，对每个环节的合作者都比较依赖，对每一个关键节点都要能完全把控，在此基础上，企业才能构建一个高效循环的链条，就像高速运转的马达，对风险的敏感度要高、反应速度也要快。

2. 精益供应链、渠道供应链风险管理的稳定性要求更高

在这两种供应链模式中，企业的资源较集中，且体量、生产量和出货量都比较大。虽不会像柔性供应链、敏捷供应链对风险的敏感度高，但是，一旦供应环节出现了风险，影响的面会相对更广，企业的损失也会更大。正因为体量比较大，所以被风险影响后，企业的生产和声誉恢复起来都会比较慢。对于这两种模式，企业须更关注供应链的稳定运营。稳中求进，避免波动。

2.3.3 供应链模式的其他常见分类及风险管理差异

从另外一个维度出发，还可以把供应链分为开放式供应链和封闭式供应链模式，在对抗风险时也需考虑其差异。开放式和封闭式的供应链在运营过程中是各有其特点的，也存在不同环境下的适用性。这里只探讨其在风险管理方面的优势和劣势。

1. 开放式供应链

全球范围内，欧美系公司多为开放型的。开放式供应链，顾名思义，即供

应链中的合作伙伴多为开放式的选择，此概念是相对于封闭式供应链而言的。目前，在世界范围内，很多的行业巨擘都是具有欧美特征的供应商，如我们耳熟能详的汽车行业巨头：博世、大陆、采埃孚、法雷奥、佛吉亚等。在近代工业发展史上，欧美的工业经济发展相对而言比较早，其文化体系相对亚洲而言，也更追逐自由、宽泛的发展模式。

如标致的创始人阿尔芒·标致就是拜访了戴姆勒之后，开始了自己的汽车生意。博世创始人罗伯特·博世，在创业早期就与戴姆勒、本茨等人有密切往来，进而发展出机动车可用的磁极点火线圈，从而使博世逐步发展壮大。如今，博世的产业圈已经涵盖了汽车、工业技术、消费品和能源及建筑技术等产业。

开放式供应链往往更倾向于自然的优胜劣汰。实力足够强大的供应商有更多的优势，可以从客户企业处获取更多的订单，也有更充足的资金进行新技术的研发，投资回报比也会较为可观。而实力不够强大的供应商则没有多少被认可和被扶持的机会。

过于开放的环境会使得供应商的新旧淘汰成为常态，企业为了自身的利润可能会对供应商提出过于苛刻的要求。从积极层面来讲，这可以刺激供应商进一步发展、进步；但从消极层面讲，在重压下，某些供应商可能会牺牲内部的一些利益来换取生存空间，或者做出偷梁换柱的行为，甚至做出其他违背道德的行为来求生存。此种模式下，容易出现道德风险和运营风险。

2. 封闭式供应链

相对而言，封闭式供应链多以日系企业为代表。日系企业在选择供应合作伙伴时，较关注双方的长期合作和发展，更保护双方的利益共同体，更追逐共存亡、同发展的理念。一旦选定合作伙伴，他们会在必要的时候提供援助和支持，以帮助供应商和企业共同发展、进步；或者在供应商面临危机时提供帮扶措施。这里的援助和支持包括技术、生产现场、内部管理乃至金融等各方面。例如，日系主机厂经常会派专业人士到供应商处驻厂，深入供应商现场进行援助，甚至对供应商的上一级供应商也会提供同样的现场援助，现场援助的时长有时会长达数月。

这种模式的优势有：供应商对企业的依赖度和认同感比较高，双方在经营过程中的相互参与度也较高；供应商能够配合企业的发展要求，共生共荣。但其劣势也较为明显：一旦供应链的某一环节出现问题，牛鞭效应会较明显，会出现很明显的放大效应。如某一局部问题有可能会投射成为最终毁灭性的问题；或者只是某一供应商出现了问题，最后却导致供应链上下游多数企业都受到影响。其原因在于：双方的依存度过高，所以很难快速地进行切割和分离，而相互间的高参与度又导致了相互受牵连，一环影响一环，严重时会影响全局。

2.4　不同企业对风险感知度的差异分析

同样的风险，不同企业的感知度也有差异。

不能简单地定义对风险的喜恶偏好中，哪种最优，哪种最差。企业对风险的感知度的差异必须放在实际情况中加以判断，这与企业自身的体量和实力有很大的关系。

不同企业对风险发生时的感知是不一样的，常见的有以下几类。

2.4.1　风险爱好型企业

风险爱好（Risk – Love）型企业对可能发生的风险不管不顾，认为风险不会对其有太大的影响，会自然被解决，因而照常开展企业的各项经营活动和决策活动。

2.4.2　风险厌恶型企业

风险厌恶（Risk – Averse）型企业对风险的态度比较保守，倾向于规避可能发生的所有风险、获取稳定的收益，即使收益率比较低，也不愿意获取即时的收益或不确定性收益，即使收益率比较高，也不愿意去冒险。

2.4.3 风险中性型企业

风险中性（Risk – Neutral）型企业既不冒险也不保守，介于风险爱好与风险厌恶型企业之间，对于风险的态度为"既来之，则挡之"。

事实上，现实中的企业大部分属于风险中性型企业。此类企业如果能在风险的识别上再多下些功夫，在风险的管控上多花些精力，一般能够很好地与风险抗衡。

2.5 不同类型产品及其风险管理的差异

一颗关键的电子芯片和一个普通的办公用计算器的供应链风险管理方法会一样吗？答案当然是否定的。

不同类型产品的风险管理模式不同。从大方向来讲，采购品可分为生产性和非生产性采购品，其风险管理的重点存在很大的差异。

2.5.1 生产性采购品风险管理

生产性采购品，即物料清单（Bill Of Material，BOM）上出现的用于组装最终完成品的零件，其具有多样性、复杂性和一定的技术属性。如生产口罩使用到的内、中、外三层无纺布等就属于生产性采购品。

生产性采购品大多是独立设计开发的产品，具有特有的技术难度，市场上不能够轻易买到或者被取代，生产的数量可能也有一定的限制，由行业内相关的专业供应商提供。因其复杂性和技术特性，在其设计研发、生产制造的过程以及流通的环节中都存在各种不确定的因素。从供应链的市场环境来分析，很多生产性采购品的供应商可能处于垄断地位，所以生产性采购品发生风险的概率会更大一些。

2.5.2　非生产性采购品风险管理

非生产性采购品，即维修与作业耗材（Maintenance，Repair and Operating；MRO）。顾名思义，非生产性采购也就是对生产服务起到辅助作用的一些办公设施、生产设备、操作元器件、维修设备、工厂建设与绿化等的采购。如办公用的计算机、办公桌、打印机、笔纸等，生产加工设备、厂区的供电设备、污水排放设备、食堂、绿化设施等。

非生产性采购品发生风险的概率一般低于生产性采购品。因为非生产性采购品一般多为标品，市场上较容易找到，其生产制造的过程相对而言比较容易被模仿，技术的附加值不是很高，流通环节也比较少，市场的保有量一般比较充足。在充分竞争的供应环境下，非生产性采购品一般很难发生大的风险，即使发生风险，下游企业的应对也会更加游刃有余。

2.6　供应链风险管控的策略

从策略的角度来考量供应链风险管控时，企业必须站在战略的高度来审视供应链风险管理。每个企业都有自身的发展战略，企业战略传导下去又可以分解为各个职能部门的战略。

在企业战略的分解过程中，供应链风险管控应该是重要的一项，并且应该作为多部门联合考虑的目标。这种逐层传递的战略导向，使得企业在制定供应链风险管理策略的过程中，必须首先对企业的整体战略进行解读，站在不同的企业背景下，依托企业发展的目标、供应合作伙伴的特点等，针对不同阶段的风险进行定性、定量分析，制定出最合适的应对措施，并在必要时适当调整管理方向。

2.6.1 企业不同发展阶段的差异化管控策略

（1）初创期的企业面临的主要供应链管理风险往往有：如何寻找到有配合意愿的供应商，保证生产；如何快速开发出合格的产品；如何获取融资；等等。

（2）发展期的企业面临的供应链管理风险主要有：如何提升供应商的质量水准，如何杜绝供应商的不良事件发生，如何使企业内部的管理流程体系化、高效化，如何在市场上挖掘很多忠实的客户群体，等等。

（3）成熟期的企业面临的供应链管理风险主要有：如何保障供应商的平稳合作，如何优化供应链的管理成本，如何保证企业的研发、创新能力处于较高水平，如何维护销售市场，等等。

企业在充分了解了自身发展阶段后，再结合企业主要战略发展目标，才能正确制定风险管控策略。管控策略最重大的意义就在于给供应链风险管理提供一个灯塔式的指引，让企业在具体的实施中，始终有方向可依，有主线可把握，不至于因为实际情况的错综复杂而迷失了方向，走错了航道。

2.6.2 供应链风险管控的策略方向

供应链风险管控的策略，一般应当根据风险级别选择不同的制定方向。

（1）风险规避：避开风险高危区。企业在评估后如果得知风险的危害比较大，暂时也没有行之有效的措施时，可以采取"及时止血"或"壮士断腕"的措施，避免"毒素"扩展至更远的地方。

（2）风险降低：降低风险的影响。这也是很多企业经常采取的管理方向，即在风险来临时，采取一切可行的管理手段和管理工具，最大限度地减少企业的损失。

（3）风险转移：将风险转移至他处。将风险以合理的方式转移至企业以外的地方，保存实力。如企业在遭受一些非人力所为的风险危机时，可以适当地和下游客户提出风险共担的请求，以减少企业的损失。当然，购买保险也是一种转移方式。

（4）风险共存或接受：对轻微风险有一定的容忍度。企业对轻微风险可以采取与之共存或接受的态度，再寻找合适的方法让其慢慢消失。

2.6.3　供应链风险管控的原则

以上无论哪种管理方向，其目的都是一样的：对风险进行有把握的管控。风险不是洪水猛兽，可以与之和平相处。前提是企业自身要具备足够强大的能力。规避风险也好，转移风险也好，降低风险也好，虽然有方向上的差异，但也存在某些共通性。

企业在制定风险管控的策略时，须遵循以下原则。

（1）考虑风险应对方案是否与企业现阶段的发展需求一致，是否与企业对风险的容忍度一致。

（2）将风险管控措施中的成本收益与风险损失进行比较。

（3）将风险管控措施中可能出现的新机遇与风险损失进行比较。

（4）必要时，需考虑多种风险应对方案的组合。

（5）准确掌握企业高级管理人员、关键岗位员工的风险偏好，采取适当的控制措施，避免因个人风险偏好带来风险管控中的重大阻碍。

（6）结合企业不同发展阶段的需求和业务拓展的情况，持续收集与风险变化相关的信息，实时调整风险应对策略和管控举措。

第3章
供应链风险管理组织的搭建及流程设计

面对层出不穷的风险，如何对其进行科学有效的管理和控制，一直是近年来各专家学者致力探讨的课题。到目前为止，学界对此仍处于不断探索、不断总结经验的阶段，并没有一套完美的方案可以解决所有风险。无论采取何种管理方向，运用何种管理手段，在进入具体的风险管理前，搭建供应链风险管理组织和设计管理流程是必要的基础建设。

用最具有战略性的眼光和策略，选用最合适的人员，搭建最合适的风险管理组织和设计最适宜的管理流程，正视供应链风险的存在，洞悉其发生原因，掌握其发展特性和波动范围，快速反应，采取最科学有效的手段，只有如此，才能将风险掌握在可控的局面，使风险对企业的负面影响降到最低。

3.1 供应链风险管理组织的搭建

很多企业在对风险进行管控时，容易存在以下误区。

1. 对于风险过于怠慢，决策犹豫不决

尤其是基层员工，在发现相关问题时，由于专业度的欠缺，无法判断风险的影响程度；或者因为担忧上升至高层后，会被追究连带责任，故先行用自己的方式解决。但其能调动的资源有限，并缺乏相应的经验和决策权，往往导致处理的效果并不好，甚至使企业错过了挽救的黄金期。

2. 面对风险时，人员相互推诿

企业的管理人员往往将责任推给第一时间发现风险问题的员工，也许这并不属于员工的职责范围，甚至也远远超出了员工的控制范围。但这种乱抓替罪羊的行为屡屡发生。能找到一个替罪羊的确可以减轻管理人员所承担的责任，但对于风险解决有害无利。从另外一个角度来看，这种现象也是领导不作为所导致的。

3. 没有专业的处理思路

很多企业在面临风险时，往往随意安排员工去处理，无论其是否具备专业的素养和能力。风险处理并非易事，而身处风险旋涡中心的负责人一定要具备足够的专业能力和灵活的管理思路，乱抓一气，最终导致的结局可能会很糟糕。

3.1.1 如何搭建有效的供应链风险管理组织

供应链风险管理最终的执行者一定是各管理部门的员工。风险错综复杂且交叉发生，风险的起因和管控均涉及很多个关联部门，企业需要思考的是如何突破"部门墙"，在各部门间搭建高效的供应链风险管理组织。风险管理组织一

定能使各职能部门紧密联动、信息共享、责任共担。

组建跨部门的风险管理委员会时，风险管理委员会的领导应该由企业最高领导或供应链管理部门的最高领导来兼任，向下延展至各关联部门。各关联部门包括采购、质量、技术、生产等部门，可选择一个经验充足的人员作为各部门的风险责任人。如果企业有集团采购中心和采购事业部，那么采购中心和采购事业部都应参与。

搭建有效的风险管理组织的原则有两个。

①把风险管理的职能提升到高级管理层。

②设立独立于业务部门的风险管理组织。

风险管理组织的搭建可以参见图3.1-1所示的内容。

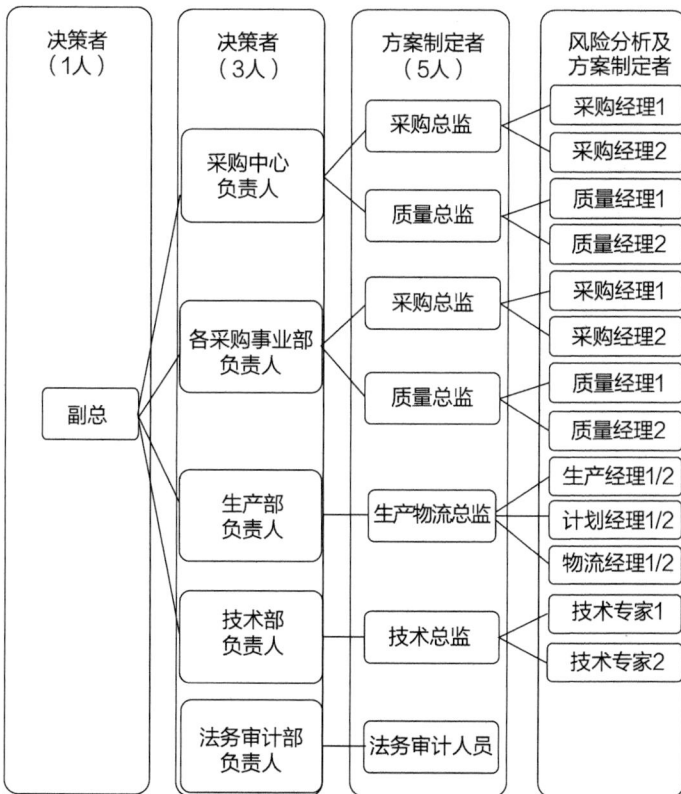

图3.1-1　风险管理委员会的搭建

3.1.2 供应链风险管理委员会的工作原则

供应链风险管理委员会在具体的工作过程中，应当遵循以下 5 个原则。

1. 平等交流

供应链风险管理委员会应尽量营造平等交流的氛围，不因职级来定话语权。在平等的环境下才能最有效地输出解决方案。

2. 扁平化管理

汇报层级建议最多不超过四级，扁平化管理有助于提高处理效率。决策级别总人数尽量控制在几人，不宜过多。

3. 轮换工作制

风险分析及方案制定者建议采取轮换工作制，如 7 月选取图 3.1－1 中编号为 1 的人员作为委员会成员，8 月则让编号为 2 的人员轮换。如此往复可提升人员的参与度和起到相互学习、交流的作用。

4. 风险管理的反馈机制

风险反馈的常规途径可参考图 3.1-2。

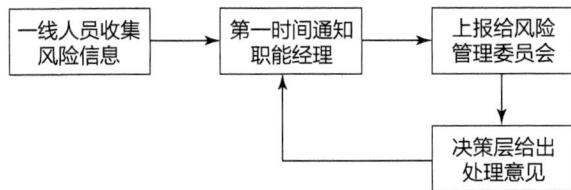

图 3.1-2　风险反馈机制

5. 定期分享和回顾

定期分享和回顾的频次依照企业实际情况来定。供应链现状趋于稳定时，可间隔时间长一些；事故频发的阶段建议增加会议频次。对成功的风险案例要实时总结并进行推广，对失败的案例也需定期反思总结。

3.2　供应链风险管理组织的职责

供应链风险管理组织担负着极为重要的责任，不但要做好管理协调工作，更要监控风险。因此，企业必须明确供应链风险管理组织的职责，让组织成员能够切实做好供应链风险管理相关工作。

3.2.1　供应链风险管理委员会的职责

供应链风险管理委员会是企业风险管理的头脑部门，管理供应链各流程和业务带来的风险。供应链管理风险是企业面临的所有风险中的一部分。供应链风险管理委员会成员除要熟悉供应链管理外，还要熟悉企业重要业务流程，具备风险监管的知识与经验，具备一定法律意识等。

供应链风险管理委员会向董事会负责，主要履行以下职责。

①建立并完善企业风险管理制度。

②审议风险管理组织的设置及其职责。

③审议风险管理策略。

④常规风险的干预、指导和提供重大风险管理解决方案。

⑤审议内部审计部门提交的风险管理监督评价审计综合报告。

风险按级别可分为一般风险、较大风险、重大风险。

（1）一般风险为低等风险，由各职能部门自行或者相互协助解决即可，可不启动风险管理委员会。

（2）较大风险视情况而定。若风险发生时，各职能部门已不能解决，则须第一时间启动风险管理委员会审议，协商解决。

（3）重大风险多数会对企业的运营和发展有恶劣影响，需启动风险管理委员会进行全局把控，启动重大风险应急方案等。在面临重大决策时一定要上升至最高管理者，以便进行统筹安排和调动资源。

3.2.2　供应链风险管理委员会中各关联职能部门的职责

供应链风险管理的各部门包括采购部、质量部、生产部、研发部、财务部、业务部、物流仓储部等。各职能部门首先须对部门内部风险进行全面的管理干预，其次须配合其他部门和风险管理委员会。

部门负责人须对更高级的管理人员负责，主要履行以下职责。

①避免管理过程中可能产生的风险。

②提前预知各种风险并做好应对计划。

③对已知风险做好管控方案和应急方案。

3.2.3　内部审计部门和法务部门的职责

内部审计部门具有审计和监督职责。内部审计部门应将企业所能够承受的风险范围和可忍受度进行分析评估并干预。

法务部门主要负责企业相关法律事务的管理，风险管控也是其最主要的职责之一。法务部门应针对供应链活动过程中的各种风险，包括合同管理、争议解决管理、知识产权管理等进行识别和预警。

3.2.4　管理部门间的配合协调

供应链管理涵盖从计划、采购、研发、生产、物流到营销的全生命周期，其中的每一个部门都需要严格把关，做好风险管理。各职能部门间应该相互履约和监督，有效地协调配合，坚决杜绝"部门墙"和相互推诿的现象，调动一切可行的资源，形成良性的互动互助。

3.3　供应链风险管理人员的技能素养要求

供应链风险管理作为供应链管理水平提升的重要内容，其对相关人员的技能素养也提出了更高的要求。企业对此必须选贤任能，招募合适的人才负责相关工作，并通过培训、交流帮助人才成长，使相关人员的素质能够满足供应链风险管理的要求。

3.3.1　供应链风险管理人才

我国在管理实践中，已经形成了一套全面而又系统的选人、用人方法。选人方面，由商周时期的"世官制"到春秋时期的"选贤任能"、战国时期的"军功爵制"和"养士制"、汉朝的"察举制"、隋唐至明清的"科举制"，再到现代的高考制度和多元化的国家选人制度，历经了多次变革，逐渐形成了知人善任、人尽其才、不任人唯亲的多元化选人制度。进入 21 世纪以来，随着现代化的逐步推进，很多企业在经济浪潮的沉浮中，也越来越意识到人才的重要性。

人才是企业发展最宝贵的财富，是一切的根本。人才的管理也是一个具有深度的命题。人具有很大的创造空间。如果雇员积极性调动得当，可以给企业运营环境注入无限的活力，为企业创造无数的财富。有一份调查显示，91% 的首席采购官（Chief Procurement Officer，CPO）认为人才是企业制胜的关键因素，如图 3.3-1 所示。

人才在具备一定技能的同时也具备人性上的弱点。迄今为止，即使关联研究很多，但仍然缺乏可以详细、准确地揭示人的全部心理结构及运行机制的结论。职场上的工作人员也不例外，他们同样具有人性当中的复杂性和多变性。其主要表现为：受制于成长和受教育环境，人才在事件信息的获取、处理输出及反应的风格方面都会不同。所以企业员工群体中也会存在优劣之分。

关注增长	创新能力	对成本的关注	人员素质
50%	39%	14%	91%
50%的首席采购官开始关注与企业增长相关的要素	39%的首席采购官愿意与供应商一同寻求产品或技术创新	将成本放在核心考虑因素的首席采购官比例下降了14%	91%的首席采购官赞成将战略、人才能力列为能够在未来取胜的最重要的前2项

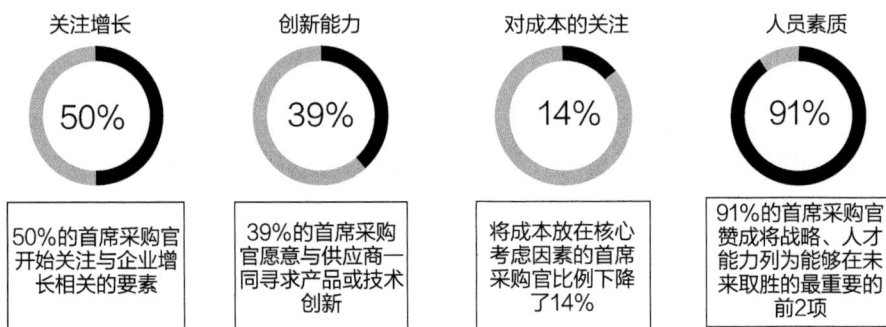

图 3.3-1　人才的重要性

优秀的供应链管理人才，在人才市场中更是难得。原因很简单，供应链管理在我国的发展时间相对而言较短，成功的企业更是屈指可数。供应链管理作为一个实践性很强的综合学科，专业人才的培养往往需要数年之久，时间之长、难度之大，可想而知。因此，企业应建立完备的人才引进和培养机制，要有十年树木的决心，坚持进行专业性和职业化的人才选、留、用、育，打造德才兼备的人才。

苹果公司在员工入职前有一道程序就是做背景调研，调查候选人是否有犯罪记录，在过去公司是否有不良行为和记录，一旦发现候选人有人品问题，就不予录用，从源头开始防范，避免品行有污点的人加入苹果团队，以保持团队的纯洁性。此外，大多数入职苹果公司的员工，家庭经济状况良好，对事业的成功、改变世界的欲望远大于对金钱的欲望，他们一般不会为了金钱轻易毁掉职业生涯和在信用社会中的声誉。所以企业在选人、育人、用人、留人的管理中，要做到软性和硬性的人才考核标准一起抓，做到把合适的人放在合适的位置上。

3.3.2　供应链风险管理人员的素质要求

除去供应链风险管理人才必备的专业技能外，企业在选人和用人时在道德素养方面尤其需要重点把握。在人才的专业技能和素养中间取得平衡值，当面临无法抉择的境地时，建议先考虑道德素养高的人才，其后期的专业技能是可以慢慢培养的。如果某雇员的专业技能很厉害，但道德素养或工作态度有问题，则很难扭转。

对于供应链风险管理人员而言，一是需满足职场人员的基本素养，二是需考虑风险管理本身的特质——动态发展、复杂、不确定性、高压性等特点，三是需注重培养某些特质化人才的要求。

1. 人才的基本道德素质

人才应当具备基本的道德素质，主要表现在以下几点。

（1）爱岗敬业。热爱本职工作，安心本职岗位，尽职尽责。每一位人才都应用严肃、认真的态度对待自己的职业，干一行爱一行。

（2）诚实守信。供应链的工作中会涉及很多敏感区域，诚实守信尤为重要。人才须谨遵言行一致的信念，不失信于他人。

（3）客观公正。在与供应商打交道时，实事求是、不偏不倚、公正客观是最基本的要求。

例如，某采购人员在采购一款通用标准产品时，参与报价的供应商有3家，其中A公司与采购人员关系密切，且报价明显高于其他两家。最终采购人员选择了报价最高的A公司。很明显，他（她）并没有遵循客观公正的原则，进行了暗箱操作。此举不仅直接损害了企业的利益，还有可能会导致后期合作中的风险。

（4）廉洁自律。不收受贿赂，不贪污钱财，时时进行自我约束，自觉抵制不良欲望。供应链的活动中除了企业自身的利益外，也会涉及投资者、关联企业乃至国家的相关经济利益，若不能做到清正自廉，必然会因一己之利损害第三者的利益。

2. 风险管理中的人才特质

风险管理对人才的素质又提出了更多特有的要求。

（1）高度的敏感性。风险的发生具备隐藏性，在初期往往很难被察觉，但等到完全觉察时往往为时已晚。风险管理人员如果能够具备"窥一斑而知全豹"

的能力，就显得难能可贵。平静的湖面往往暗流涌动，人才需要做到见微知著、一叶知秋。任何风险的发生都有其背后的导火索，高敏感度可以帮助风险管理人员及时感知到不良事故的苗头，快人一步，防患于未然。

（2）良好的沟通协调能力。风险从发生到完全受控的过程中，很多工作都需要依靠各级人员的沟通协调来处理。上级和下级的沟通，下级对上级的反馈；如何准确地描述风险，并及时进行横向和纵向的反馈；如何说服关联部门进行配合，如何调动一切可利用的资源；如何跟供应商或客户进行协商，让其全力配合，并且不产生反感情绪……上述种种都考验着一项关键的能力：沟通协调能力。

良好的表达有利于信息更好地传导；良好的沟通能力也能让受众快速理解管理人员想表达的意思；良好的协调能力则能在关键时候发挥作用，让事情的进展变得可控，按部就班而不发生混乱。

（3）一定的财务知识。风险最终的影响都会体现在公司的财务报表上。

管理人员需要具备一些基础的财务知识。以采购为例，除了常见的报价单上的价格数据外，当发生风险时，采购人员能够快速做出反应：按照公司的运营现状，判断公司的损失有多少，换算成财务数据是多少等。一定的财务基础知识可以规避判断上的误差，帮助管理人员第一时间做出正确判断。

（4）强大的抗压能力。风险绝大多数会有负面影响。此负面影响不仅针对公司，对个人而言，同样会影响工作业绩，甚至直接影响到个人关键绩效指标（Key Performance Indicator，KPI）或奖金等。所以，面对风险时，很多人容易陷入惊慌失措的状态，尤其是事态紧急的时候。在风险面前，具有良好的心理素质和强大的抗压能力很有必要。调整好心态才能更好地处理事务，不因情绪和心态的失控而产生次生事故，保持清醒的头脑，就已经成功了一大半。

（5）熟练的专业技能。在任何工作岗位上，专业技能都是必需的。例如，当发生质量事故的时候，管理人员能快速判断是产品本身的问题还是生产线的操作失误等。某供应商出现风险后，管理人员可以专业地推理、判断出风险背后隐藏的原因,并推测出影响的持续时长等。专业的判断可以使管理人员以最快的速度获悉风险背后的原因,从而能采取正确的措施,将风险的影响降到最低。

高效的风险管理组织和专业的人员是顺利开展供应链风险管理的基石。

3.4 流程管理与风险管理的关联性

流程就如同人体的血脉,《吕氏春秋·达郁》中有这样一句话:"血脉欲其通也,筋骨欲其固也。"意思就是只有血脉运行通畅,才能保证人体健康且有活力。同样,企业流程设计得合理,自然就不会"生病"。

流程管理是一种以规范化地构造端到端的卓越业务流程为中心,以持续地提高组织业务绩效为目的的系统化方法。战略决定流程管理,流程需要支持战略的实现,战略举措要落实到对应的流程上去。战略规划也好,价值链也好,最终必须与流程体系对接。流程管理本身要从顶层流程架构开始,形成端到端层级化的流程体系。企业内的一切流程都应以企业目标为根本依据:对外,面向客户,提高业务流程的效率;对内,面向企业目标,提高管理流程的效率。平衡企业各方资源,控制总体效率的平衡,实现企业总体绩效。

企业供应链运营体系也是由端到端的流程贯穿始终的,流程覆盖了从企业上游到最终客户的所有网状节点,流程规划设计的合理性既能够保证供应链各环节的高效运转,又有助于进行有效的资源规划和协同,在提高整体效率的同时也能够有效地降低运营成本。

供应链风险管理也是一个系统性的工作,覆盖了内外部各环节风险识别、风险评估、风险控制等工作。风险管理是一项目标明确的管理活动,确定好管理目标,才能起到有效的作用;否则,风险管理就会流于形式,没有实际意义。流程管理中风险管理的目标应与流程管理的目标一致,这样才能达到相互助力、相互成就的目的。

根据企业实际情况，可以将流程管理分为两种情况：一是企业重新架构供应链流程的情况，二是企业已经有较为规范、成熟的流程的情况。

3.5 企业重新架构供应链流程的风险管理

风险管理的根本原则是以预防为主，防患于未然。因此在流程管理中，也应从流程规划设计环节就将风险管理的防控原则有机结合起来，才能从源头上对其进行防控。新建企业或企业为新品类搭建供应链运营体系时、企业转型时、业务重组时等都需要重新架构供应链。在架构供应链运营体系时，必然会涉及流程的重新规划与设计。

惠普公司曾经通过采购流程的重建，建立了一套标准的采购系统与供应商的管理法则。其中有一点变化：统一与供应商签订总的采购框架合同，下属制造单位依照需求通过系统各自发出订单。此次变革带来的收益为：发货及时率提高150%，交货期缩短50%，潜在顾客丢失率降低75%；并且由于流程管理的高效性，采购成本大幅下降。

流程管理的重要性已经得到广泛且充分的认知，如何规划、设计供应链运营体系的流程，使得其运营效率最大化，成本最优，这里先提出流程设计原则。

（1）能在组织内高效、快速流转。

（2）端到端原则。

（3）全覆盖原则。

（4）简化原则。

（5）树立以客户为中心的理念。

（6）明确流程的客户和流程的目的。

（7）在突发和例外情况下，从客户的角度做出判断。

（8）关注结果，关注共同目标，基于流程的产出制定绩效指标。

同时，在流程规划设计环节就同步开展风险管控，将风险管理的理念和防控原则应用到流程规划设计阶段。风险管理在流程规划设计阶段介入的重要原则就是：识别关键控制点和关键流程，通过风险识别和风险定义来判断风险，界定边界，有效预防风险；能够通过风险管理来帮助提升流程管理的效率，共同发力。

在企业管理中往往存在一个误区：风险管理会降低效率，增加各种审批环节或审计环节，风险管理的目的就是合规，合规会牺牲效率和利润。风险管理的目标是以最小的成本获取最大的安全保障，这是与流程设计的目标一致的：以最小成本、最高效率满足客户需求。好的风险管理能够使流程规划设计更加合理。

在企业初创或重建的阶段，采取风险管理与流程管理结合的策略。

3.5.1　流程规划设计的目的和客户

供应链本身就是一条价值链，是为实现价值最大化而设计运营的一条复杂的价值链，通过对资源的获取、整合和协同，实现价值增值。因此对供应链的流程规划设计要非常清晰：流程规划的目的是满足最终客户的需求。在流程规划前，企业需要先确定自身是否能够清晰地把握住客户的需求，通过对客户需求的感知和准确定位去规划为客户服务的流程，这是前提。若不是以此为目的，为了建立流程而规划流程就存在很大的运营风险。

另外需要关注的是，企业应考虑供应链的流程设计是否能够有效支撑企业的供应链战略。供应链战略要与企业竞争战略相匹配，供应链战略确定后才进行供应链管理流程的设计。

如企业以成本优势为竞争战略，供应链战略就应该是精益供应链特性，若按照渠道供应链特性来设计流程，就会出现供应链设计无法有效支撑战略的问题，会出现企业无法高质量满足客户需求的风险。

因此，在流程规划设计阶段，风险管理须关注：流程设计的目的是否以满足客户需求为中心，是否能够有效地支撑战略。

3.5.2　重要流程是否端到端、全覆盖

流程管理在企业中扮演的角色一直都很重要。在任何一个企业，流程不是指一两个流程，而是一个流程库，一个流程体系。

（1）从大的方面来看，流程分为管理流程和业务流程。

（2）从重要性方面来看，流程分为关键流程和一般流程。

（3）从从属关系上来看，流程又分为主流程和子流程。

建立流程是一个庞大、系统的工程。流程管理渗透了企业管理的每一个环节，任何一项业务战略的实施都肯定有着有形（以流程文件呈现）或者无形的操作流程。传统金字塔型的组织结构和环节错综复杂的业务流程，已渐渐无法应付各种多变业务的挑战。同时，大量的研究也发现，流程与流程之间的割裂——特别是集中在跨部门和跨业务板块的流程衔接中——会导致企业内部存在着大量的意见冲突，于是只好借助大量的会议或其他更多和更复杂的流程来试图弥补和解决，沟通成本大幅上升，运营效率大幅降低。

因此风险管理对流程的梳理应该关注关键流程和重要流程是否能够端到端、全覆盖。

例如，供应商的全生命周期管理流程，是否涵盖了供应商开发、供应商验证、供应商管理、供应商评估、供应商退出等端到端，是否涵盖了涉及供应商管理的所有相关职能部门、职能岗位，是否有相应的绩效指标支撑，并体现企业对流程管理和运营结果的期望值等。

在重要流程和关键流程的识别中，可以使用二八原则去梳理。首先关注那些关键流程，它们的数目可能只占全部数量的20%，却对整个组织的绩效发挥着80%的决定性作用。因此端对端的流程覆盖不仅是在"流程管理"途中的每一站都做停留，更是在重要的地方、需要关注的地方去关注风险，这样既可以有效地分配资源到重点环节，又可以避免大而全、什么都想关注最终什么都没关注的形式主义。

确定了关键流程后，还须分析其在全套流程中的作用。例如：是否存在跨部门或跨职能管理中的割裂而无法顺畅流转？是否给予了关键流程足够的重视和关注，能让其在关键节点真正发挥作用？流程是否完整以及关键流程的设计是否合理且涉及重要风险点？

3.5.3 重要流程是否设置关键控制点

是否有不受控环节造成风险隐患，是否有不必要的控制点造成效率低下，关键控制点的审批控制是否有备案措施等？

流程关键控制点的设置是流程设计的重要环节，是一个取舍和权衡利弊的过程。关键控制点如同轴承一样，承担着承上启下的作用。关键控制点设置是否得当直接决定着企业流程运转是否顺畅。关键控制点设置过多、过于繁杂，则会严重降低效率，造成资源浪费，如沟通成本、时间成本等的上升；反之，不设关键控制点，也会造成流程失控，存在盲目决策的风险。

例如，某企业的采购订单下达流程中，生产性物料的订单由系统自动下达，系统根据销售订单系统自动生成月度物料需求计划（Material Requirement Planning，MRP），采购执行根据 MRP 向供应商下达采购订单。系统中能够下达订单的供应商都是合格供应商，并且是有年度框架合同的，明确供应品种、供应价格、供货比例的供应商。在此前提下，采购执行在订单数量 10% 波动内的采购计划均可直接下达。这一流程就将关键控制点事先设置好，直接嵌入企业资源管理系统。采购负责完成供应商寻源，负责向谁买、买多少、以什么价格买等关键控制点。经审批后由系统固化下来，采购操作的订单执行流程就不再重复审批，只要是正式的销售订单，一进入系统，就自动往下流转形成生产订单和采购订单。这样的流程设计就兼顾效率和合规，从源头把控，过程自动流转，可以保证月度订单从采购到生产到交付的周期性，以及与销售的同步同频。

而对于非生产性物料，则根据金额大小设置不同的审批权限。例如：10 万元以内的采购需求可由部门负责人审批后提交采购；10 万元以上的则需要进入项目评价，由其他专业部门和专家对需求进行评价——是否必须、是否在企业内其他环节有可利用资源而不必新购、是否可以由其他替代方案解决需求。经过这样几个问题，必须要立项的进入项目审批，相关职能主管部门审批后再执行。

非生产性物料的需求是自下而上的，由每个使用主体独立提出，需要进行资源规划和平衡，减少不必要的需求和复杂度，为企业节省成本。特别对于大型集团多生产单元、多职能部门的非生产性物料，其资源规划和统筹就显得更为重要。集中管理调度平台往往是管理此类需求的好办法：风险管理对此类流程的梳理往往不仅要关注效率和客户满意度，更要关注经济成本；关注需求的合理性；关注流程管理是否过于复杂，造成成本的上升或浪费了采购资源。

这里还有另外一个普遍的现象：很多企业的流程关键控制点设置都是领导审批。领导必须书面签字，如果领导出差，可能连申领一个办公用具或者正常的休假都没法进行审批。

流程到了这个节点就只能等待，如果一个审批链上涉及多个不同领导审批，而多个领导同时都在的可能性更小，这样的流程是非常臃肿和可怕的。所以，关键控制点流转的备用流程，既要可选择，又要可控，并能满足客户需求。如果客户可以等那没关系，如果客户不能等，就需要在流程设计上考虑关键控制点的合理设置以确保可以顺利流转。企业可以运用信息化的手段，如手机签批、多长时间未审批系统提醒、领导出差授权其他人审批等方式来保证效率。

不管是关键控制点的设置，还是备用流程的设计，从风险管理角度看都要遵循满足客户需求和总成本最低的原则去审视和评价合理性。

3.5.4　风险控制边界设定是否合理

是否有过宽不受控风险，过严又效率降低和成本上升的风险？

上一小节所举例的生产性物料订单数量范围10%的波动值，和非生产性物料10万元的审批权限设置，就是常说的风险控制边界。这个边界是对长期执行数据的分析结果，不是随意确定的。风险控制边界的合理设置可以给流程执行起到有效、合理的缓冲，这也是在风险可控的范围内。例如，10%的订单数量波动，一方面考虑了生产实际，另一方面也考虑了生产环境的波动性。如果不留一点余量，生产过程的异常造成物料消耗超出正常水平，配套率不够，就无法按订单数量交货，影响对客户的承诺交付数量。另外，由于市场波动，在正常订单以外经常有加急订单和插单情况，那么预留的这部分余量也可以应对一定的市场波动。

为什么是10%而不是20%，也不是5%？根据长期的生产数据和物料消耗数据分析以及市场波动规律，这个水平是近几年的相对合理水平。超额采购会造成库存周转率指标下降，资金占用水平升高，影响供应链运营绩效；低于10%又会造成对异常偏差的处理成本上升，如总是要加急采购、补货采购，反而会造成生产停滞，采购成本、配送成本等增加，也会造成供应链总成本的增加。

所以风险控制边界的设置反映了管理水平，也反映了各环节协作水平是否还存在提升空间。合理的风险管理方式是设置波动边界，并不断收窄，趋近中心水平，减少波动。这样可以倒逼整个供应链去提升管理水平，加强协作，进而提升整体运营效率，减少风险。

3.5.5 流程规划设计中部门职能的切分和协同是否合理

是否存在职能重复和无人负责的真空地带？

流程梳理是流程管理的基础工作，流程梳理聚焦企业重要流程，便于发现流程的价值与流程环节的问题，是流程再造、企业变革的必由之路。在流程梳理中将各流程环节对应到部门及岗位后，可以转化为对部门及岗位职能的要求。

在此过程中，需要注意梳理流程无法涵盖的职能。可以将职能梳理作为辅助手段，用以保证部门与岗位职能的全面性，这也是风险管理在其中的作用。运用风险管理方法可以在流程梳理的过程中，去审视部门与岗位职能的完整性，避免因人设岗，也可以避免流程无法覆盖岗位的职能，而造成流程无效和无法有效流转的问题。

例如，在供应商管理中，质量部门和采购部门都会承担管理责任。质量部门负责合格供应商质量表现管理和提升管理、供应商开发中的质量体系评审、供应商审计中的质量评审、新供应商物料测试评价方案的规划、现场考察方案的组织实施；而采购部门负责供应商的日常管理、新供应商的开发、成本优化管理、供应商绩效跟踪、供应商优胜劣汰的管理，以及组织评审团队对供应商进行现场审计，配合其他部门的管理工作等。

在上述案例中可以看到：供应商开发、评审、管理流程等存在跨部门、跨组织的问题。那么在这个过程中的职能分工和流程设计，就要考虑关联性和合理分工。在流程管理文件中要明确各部门自身的职能要求，流程设计中的权、责、人，需要关联配合的关键点，设定考核指标，否则就可能出现重复管理，或者大家都不管的真空现象。

3.5.6 绩效指标设置是否与流程输出相关联

绩效指标考核是企业的管理手段，合理的绩效指标可以有效地承接公司战略目标，又能够有效激励团队和个人自我管理、自我成长；但是不合理的绩效指标则会挫伤个体的积极性。不合理的绩效指标也会产生"部门墙"的现象，导致各人自扫门前雪，造成协同和沟通障碍。而供应链流程是贯通企业上下游的，主要流程都是跨部门、跨组织的，绩效指标的设置就更要关注供应链的整体绩效。

例如，质量部门的绩效指标一般是质量成本费用占比、物料合格率、质量偏差率等，而采购部门的供应商选择和物料的品质稳定性，物流环节中的包装、运输、储存等，也会直接或间接影响产品质量。如果采购部门或物流部门没有设置与质量相关的绩效指标，就会导致这两个部门的员工不关心质量，有可能出现为了局部利益而导致质量事故频发，影响企业在市场上的表现等风险。

同理，生产单元的绩效指标一般是设备综合效率（Overall Equipment Effectiveness，OEE）、废品率、成品率等，而采购物料的品质、上机适应性、稳定性都会与这些指标相关。有些物料进场检验是合格的，但是物料规格偏差值较大，会导致生产环节中的故障或意外停机，也会导致废品率增加。这种绩效指标如果只由生产部门负责，在采购部门的绩效指标里没有要求，也会导致采购不关心供应物料好不好用，只关心便不便宜，同样会降低供应链的整体效率。

流程决定绩效，在企业管理中可以通过动员、施压达到某些效果，但若不改变流程及其背后的规则，这种效果只是暂时的。企业应根据战略目标分解流程，规划、制定、实施流程并定期评估，在此基础上，制定绩效指标，通过绩效指标的分解和平衡，让各关联部门分工协作，确保流程按既定方式运作，并与战略目标有效承接。从流程到绩效，再由绩效反馈到流程，形成一个封闭的管理圈。

绩效指标设定的风险点需要关注诸如此类的效率风险和成本风险，以及部门协作间的权责划分的风险。

3.5.7　子流程的规划设置是否能够有效支撑主流程

供应链是一个涉及上下游和三流（信息流、资金流、物流）等复杂价值链的流程系统，在流程系统中有主要流程、关键流程，构成一个有骨骼、有脏器、有血有肉的生命体。一个复杂的生命体要健康、顺利地运转，就需要很多微循环系统和子循环系统去支撑。

每一个主流程都会有很多子流程支撑，子流程完成闭环循环后，主流程才会开始往下流转。例如，订单流程的子流程是供应商回复订单关键信息。下达给供应商的订单，只有在供应商确认收到，并准确回复交货期，并对关键信息（价格、数量、标准、包装等）进行响应后，才是一个有效订单。后续的接收、质检、配送等流程才能进行。所以在对主流程的梳理中，要关注子流程设置的合理性，是否形成闭环，是否有效支撑主流程的完整性。

对子流程规划设计阶段的风险管理，一方面要关注子流程是否能够有效支撑主流程，另一方面也要关注是否设置了过多不必要的子流程而造成效率降低。

跨部门、跨组织的流程往往会存在这样的问题：为了表示本部门的重要性，任何一个主流程进入本部门都要开始子流程循环，甚至多个子流程、多个审批节点。企业需要审视是否存在不必要的子流程，子流程上是否人为设置了过多的审批和流通环节。对于不必要的子流程，就要像对待盲肠一样大胆地切除。

以上七点是在流程规划设计阶段，从风险防控管理角度关注的要点。在流程规划设计阶段，需要更多关注流程的全局性、系统性、必要性、目的性、合理性等。

3.6　成熟企业的流程优化与风险管理

已经进入稳步发展的企业，一般已拥有完整的流程体系，其流程中的风险管理策略，也会与重新构建状态下的流程管理不一样，企业需要更多关注其合理性和优化的空间。

3.6.1　流程执行的偏差度优化

在流程管理实践中，相当多的企业重视业务流程规划，而轻视对业务流程的管理，导致企业内部管理出现常见问题：流程管理内容形同虚设；大部分企业制定了详细的流程管理内容，却没有执行力度，导致流程管理没有很强的约束力。

常见的情况如下。

流程规定一套，实际操作中执行一套。

随意更改流程，随意增加或者减少控制点。

流程效率低下，或者流程处于不受控的状态。

某些企业领导凌驾于流程之上，领导想怎么干就怎么干，完全置流程于不顾。

这就类似于把流程当成了花瓶、挂画放在档案室或存在抽屉里，等上级检查或者审计的时候拿出来晃一下，证明我们有流程。

无论什么类型的企业，流程管理都渗透到企业管理的每一个环节，任何一项业务战略的实施都有其有形或无形的操作流程。流程可以帮助企业更好地实现为客户服务的目的。供应链管理运营体系中，无论是计划的预测和制定，还是供应商的管理，包括质量、物流、研发、库存管理、售后等，都有其相应的流程支撑。

例如，计划预测和库存规划中，如何确定安全库存量、计划传递的频次、计划变动时供应商的配合、采购的前置期等，这些不但会影响甲方的库存管理，也会影响供应商的生产规划及能否及时交货。复杂的跨部门、跨组织的工作，常涉及大量信息的流转、传递、交互、反馈。如果没有严格执行流程，仅凭经验，这种运转会处于严重混乱状态，企业也迟早会被这种混乱拖垮。

在关注企业流程是否严格执行的过程中：一方面要关注绩效与流程的结合度以及对战略目标的承接度；另一方面要关注执行偏差度，是否存在说一套、做一套、考核一套，各不相关的状态。可通过企业内控管理来监管执行偏差度的问题。例如，通过关键物料抽样、流程核查、记录追溯、留痕管理审计等多种形式，去判别流程的执行偏差度。若发现了流程执行的偏差，就需要对流程进行优化，杜绝因流程管理的偏差而带来的供应链管理风险。

3.6.2 根据客户需求的变化而优化流程

在粗放式管理的企业里，流程往往形同虚设。在很多企业里，还存在另外一种更为普遍的情况：认为流程就是法，必须毫无偏差、毫无异议地严格执行。

在流程的执行中，企业即使发现效率低下、总成本居高不下也无所谓，因为严格执行流程就是合规，谁也不能对此质疑；至于整体效率和总成本，那是管理层考虑的问题。有些企业无论处于哪种发展状态，也从不思考流程变更的问题。企业已经发展到新的阶段，而流程却还停留在原始的阶段，已然无法适应新状态下企业的管理需求。这些情况给企业带来的损失和风险也不容忽视。

随着市场经济的不断发展和完善，现代企业的治理水平也在不断提高。当下，越来越多的企业向管理要效益，重视管理流程，但中兴事件又给很多国内企业敲响了警钟，供应链风险管理受到前所未有的重视，合规化经营和运营成为全球化竞争的一个前提。于是，很多企业又走向了另一个极端，认为合规就是不折不扣地执行流程。

流程是为战略服务的，企业的流程建立后并不是一成不变的。客户需求的变化、竞争态势的变化、企业管理需求的变化，都会对流程提出新的要求。企业的流程管理不是建立完就结束了，流程在建立后也存在运行、改善等不断优化、调整的过程，要通过"取消、合并、重排、简化"等对现有工作流程等方面进行持续改进。

（1）取消。对任何工作首先要问：为什么要干？能否不干？取消所有无附加价值的工作流程。

（2）合并。若不能取消，则考虑是否能与其他工作流程合并。

（3）重排。重排即根据需要对工作流程的顺序科学地进行重新排列。

（4）简化。简化指组织结构、工作流程的简化。

流程的梳理和反思是一个需要长期关注的动态工作。流程的优化是一个组织自我成长、不断学习的过程，企业需要不断审视流程，进而持续进行优化和调整。这样的组织运营效率一定优于长期墨守成规、不愿创新的组织。

常见的流程优化分析工具有鱼骨图分析法和5W3H分析法等。

1. 鱼骨图分析法

借助鱼骨图，可以从6个方面来寻找流程问题出现的原因。这6个方面是5M1E：Management（管理）、Man（人）、Method（方法）、Material（材料）、Machine（机器）、Environment（环境）。最终找出主要原因（流程瓶颈），并以此为问题特性，重复上述步骤，直至明确原因，形成解决方案。

因流程的优化关联到很多相关部门，在运用鱼骨图分析法时一定要邀请多部门共同参与，运用头脑风暴法进行讨论，才能准确找出优化的关键点。

2. 5W3H分析法

5W3H分析法是流程问题的重要思考工具，利用该工具可以从8个问题出发，对流程问题进行解析。

（1）5W。5W主要关注5个问题，即Who，What，Where，When，Why。

①Who：人。谁发现了问题？如工程师、作业人员、技术员。

②What：事物。什么东西出现了问题？如成品、半成品、机台、治具、物料。

③Where：地点。什么地方出现了问题？如地点、位置、方向。

④When：时间。什么时候发生的问题？问题发生持续的时间段或者发现的时间点。

⑤Why：原因。为什么这成为一个问题？只是解释为何会称之为一个问题。

例如，针对"一只没有盖子的容器是坏的"这一问题，在描述 Why 的时候，就应该表达成：因为这种型号的容器是有盖子的，而目前这一个没有盖子，故为不良品。因为不是所有的容器都有盖子，不能说没有盖子的容器就是坏的，要跟特定产品的特定标准去对比。

（2）3H。3H 主要关注 3 个问题，即 How，How much，How feel。

①How：方法。用什么方法量化异常的程度？注意：不是如何做对策和如何改进问题，因为 5W3H 是描述问题，而不是解决问题。

②How much：问题发生量。问题发生的程度有多大？例如：问题发生在哪些产品中？发生的量有多大？问题持续了多长时间？问题造成了多大的损失？可以用图表来表达 How much。

③How feel：客户感受。该问题对客户造成了什么影响？对公司内部的上下游流程造成了什么不良影响？

以上工具可以帮助企业将风险管理与流程管理进行结合，找出风险点或薄弱环节，并进行相应的优化。

例如，某企业实施集中采购，建立了采购中心。企业是上市公司，每年会邀请第三方审计机构对企业进行外部审计，采购中心作为重点审计部门。实际操作中发现，外部审计重规章，对流程的审计由于工作深入度不够和行业分工专业度不强的关系，不能很好地提出第三方优化建议。仅依靠第三方审计来做供应链的风控，已远远不够。供应链是关键环节，风险较高，如果出了问题再整改就会为时已晚。

所以，专业的流程规划只能依靠自身力量来设计，才能既满足业务需求，又能够给团队提供安全的工作环境。该企业一方面以战略承接和客户需求去设计流程体系，一方面也在思考内部流程的改善方案。经过不断的探索和创新，提出了内部流程审计的方法：采购中心分设寻源、执行、分析、非生产四大板块，各板块根据物料分类进行分工；采取每季度组建内控小组，交叉抽样审计的方法来开展工作。

如第一季度，由非生产执行一人、分析一人、寻源一人组成内控小组，对生产性物品采购占比最大的十种物料的上一季度样本进行抽样，即对每一个物料的框架协议、价格审批、季度订单、供应商确认、到货验收、质检放行、开票结算等全记录进行流程筛查。流程筛查内容如表3.6-1所示。

表3.6-1 流程筛查内容

序号	筛查内容
1	每一个订单是否在框架协议规定的条件范围内下达
2	框架协议和比例分配是否经过审批，框架协议是否录入系统
3	出现偏差是否经过审批才予以调整
4	系统是否允许给无框架协议物料下达订单
5	采购执行是否可以给无框架协议供应商下达订单
6	订单价格是否是框架协议价格
7	价格变更是否经过审批，是否录入系统
8	订单数量与实际需求数量是否存在允许偏差
9	超过设定限度的备货订单是否经过审批
10	付款核销是否与订单合同匹配等

物料按流程进行全部梳理，异动按流程管理进行审批等，经过循环往复的内审机制，起到了较好的流程管理和风险控制的效果。

（1）采购中心的每个人每年都会参加两到三次内审，既是审计别人，也是审计自己。每次审计都对流程和关键控制点进行一次梳理，就如连续培训，不断提醒自己和他人严格执行流程，进行异常监控和偏差控制，将风险控制在萌芽阶段，既保护了自己，也保护了团队。

（2）通过内审不断地发现原有流程的漏洞和不合理点，验证后即可进行及时优化和调整，保证流程能与战略目标高效连接。

（3）不同岗位的交叉内审，促进了各岗位之间的协作，即使是不轮岗，每个岗位都知道其他岗位的工作流程和关键控制点，明白怎样高效协作才能利己利人，也促进了流程的高效执行和绩效的提高。

第4章
供应链风险的管控步骤

全面风险管理的意义就在于将不确定性和变化所产生的影响控制在可接受范围内，以保证企业能够稳定地实现其战略发展目标。

4.1　供应链的风险识别及原因剖析

为了保证风险的可控性，从管理流程出发，可以将供应链风险管控步骤分为事前识别、事中管理、事后实施评价。风险一旦发生且带来不良影响，挽回的代价是非常昂贵的。如何与风险这个敌人成功地斗智斗勇，事前、事中和事后的管理缺一不可。图4.1-1所示为风险管控步骤。

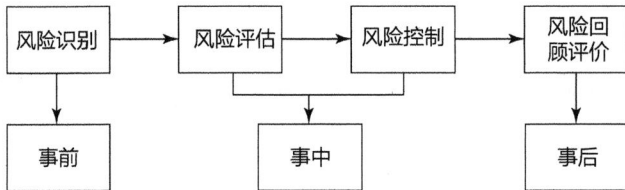

图 4.1-1　风险管控步骤

若能在风险发生前，就能准确、及时地识别其动态并有效地管理，可大大降低风险带来的影响。风险的事前管理很重要。

对企业而言，风险如果能在第一时间被识别并采取措施应对，就有机会用最低的成本、最快的速度来解决风险。事前识别的效果要优于事后的弥补，但第一时间进行风险的识别并不是一件易事。

风险发生的原因往往比较复杂，尤其是重大的风险事件，各种影响因素相互交织在一起，除了能够显现出来的表象外，背后隐藏的那部分往往更加致命，但很难被一眼识别。在纷繁复杂的日常工作中，如何保持清晰的思维，并在第一时间发现风险及把握其背后隐藏的真实原因呢？除了保持对风险的敏感度和专业度外，这里介绍几种高效的识别方法。

4.1.1 供应链风险识别的 9 大方法

在识别供应链风险时，企业一般可以采用以下 9 种方法。

1. 专家法

专家法是一种易操作又实用的方法，其由美国著名咨询机构兰德公司于 20 世纪 50 年代初发明，又称为德尔菲法。专家法认为：拥有丰富经验和扎实技能的高级人才，在决策过程中能够基于丰富的经验和专业技术给予有效的主观判断。专家法可运用在风险的事前识别中，也可运用到其他各种决策制定中。

因为供应链管理的复杂性、延展性和传导性，在进行风险识别时，常常会发现风险背后涉及的影响因素非常复杂，且在不断变化，很难用定量的指标去描述和衡量。此时，利用专家法则可以通过专家的经验帮助企业拨开云雾，找到风险要因。具体运用流程如下。

（1）供应链风险管理委员会提出风险存在的可能性，并提供前期调查出的内容，及企业当下供应链管理运营的基础资料。提供的资料应该全面和完整，不得有遗漏和隐瞒。

（2）邀请若干名行业内外的专家共商。此处的专家可以是供应链管理专家，也可以是其他领域的专业人员，也可以是第三方机构的专家。专家的多样化可以提供多维度、多角度的分析与判断。风险管理人员以问卷的方式向专家提出问题，问题可以是与风险相关联的任何问题。专家依据问题本身及相关基础资料，提供建议。

（3）汇集、整理专家的意见，若有冲突点，可再次与专家进行沟通，重复以上流程。此轮可以依据实际情况进行一轮或者多轮。

（4）多次反复使意见逐渐集中，根据实际需要在某点停止，得到基本趋于一致的结果，并进行汇总分析，推断出风险点及其原因。

2. 分解法

分解法是分析问题时广泛使用的一种方法。它是利用图解的形式将大的问题分解成若干小的问题，特别是在面临毫无头绪的问题时，可以利用分解法从大到小进行瓦解，解开谜团。利用分解法可以将供应链风险所面临的主要问题层层分解，排除无关因素，让思路逐步明了，从而准确找到真正产生影响的风险及原因。

在图4.1-2中，若供应商A出现供货不良的持续事件，按照常规的品类质量改善方法进行优化后，依然没有效果。此时通过分解法进行分析，逐步排除不合理的推测，发现不良事件发生的原因是供应商内部经营不善。经营不善导致供应商的现金流不健康等财务问题，影响了上游供应商的正常交货，货品出现了残次品，最终影响下游的客户企业。这种情况下，企业可以对供应商A提供供应链金融帮扶和经营管理上的指导。

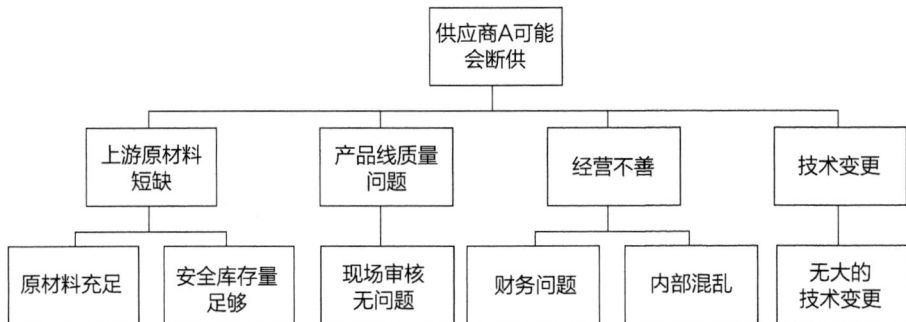

图4.1-2 分解法运用案例

3. 环境扫描法

环境扫描法，就是在一个复杂的信息系统中，搜集和整理供应链系统内外部各种事件、大趋势等信息，通过掌握供应链所处的内外环境的变化，辨别所面临的风险和机遇的方法。使用环境扫描法时，一旦风险信号被捕捉到，必须马上进行分析并做出反应。

环境扫描法要求参与的人员具备一定的耐心和专业度，因为内外环境信息量复杂且庞大，需要层层筛选，并使用数理分析、统计等工具，才能在大数据中发现环境变化的关键信息。此种方法常用于识别行业风险、环境风险等。

4. SWOT分析法

SWOT是英文Strength（优势）、Weakness（劣势）、Opportunity（机会）和

Threat（威胁）的简写，即针对企业供应链管理过程中的优势和劣势，以及内外环境所面临的机会和威胁进行分析，如图4.1-3所示。优势和劣势分析主要着眼于企业自身的实力与其竞争对手的比较，机会和威胁分析主要是把握内外部环境对企业可能带来的机会和危机。

图4.1-3 SWOT分析法

进行SWOT分析时，应该把所有的因素集中起来进行评估，按照优势和劣势、机会和威胁的分类，逐条列出，从而从积极面和消极面分别对供应链管理中的机会和威胁进行剖析，做到心中有数。

例如，世界知名的某穿戴类品牌，运用SWOT分析法来分析其在生产运营和供应链管理方面的优势和劣势，以及内外环境中存在的机会和威胁。

（1）优势：产品竞争力强，研发能力一直较强，产品在不断推陈出新；没有自己的工厂，可灵活选用外包生产场地；若当地人力成本上升，可快速转移至其他人力成本有优势的地方，有效地为企业节省开支。

（2）劣势：虽然说运动系列的产品范围较广，但市场反应最好的依然集中在鞋类产品，鞋类产品的销售波动对企业有很大影响。销售收入主要来自各零售商，不同零售终端的价格竞争压力最终会转移到企业，企业利润受到挤压。

（3）机会：企业知名度较高，拥有很多忠实的消费群体；可以在现有基础上继续拓宽产品范围，同时面向不同消费群体研发高、中、低端不同的产品线；鞋类等产品属于消耗类的穿戴品，消费需求将会一直存在，不会轻易发生行业周期衰退的现象。

（4）威胁：穿戴类消费品的市场竞争激烈，有很多类似的、可替代的产品；产品价格竞争激烈，在品质类似的前提下，消费者可能会货比三家，优先选择价格较低者；其产品销往全球各地，通过多种货币结算，在不同币种的汇率兑换中，可能会发生贸易损失；产品被模仿较多，山寨品扰乱了市场秩序。

通过以上分析，该品牌在供应链管理中面临的主要风险为：产品线过于集中，成本竞争力不足，产品竞争激烈，替代品的威胁等。那么，该品牌在后期的发展须重点关注以下几个方面。

（1）除去鞋类产品，需要布局其他有竞争力的产品线。

（2）持续不断地保持研发创新的优势，增强产品的独特性，以便产品能立于不败之地。

（3）持续关注全球各地人力成本的变化，选取最优的加工生产地。

（4）稳定质量，优化成本构成，始终保持产品在价格上的竞争力。

5. 问卷调查法

问卷调查法可作为风险管理的一项常规工作。问卷的设计以与风险相关的问题为主线，封闭性问题和开放性问题相结合，定期组织员工进行访谈，并收集和分析员工对风险的看法。各类员工均可参与，让他们基于一线工作的经历，阐述真实的感受并罗列出当下有可能出现风险的暗区，如内部流程或外部（供应商、客户）问题点。此方法可以帮助管理层更加系统、全面地识别风险。

企业使用此方法时，需要考虑的是如何最大限度地调动一线员工参与的积极性，让他们能够畅所欲言、言尽所知、言之有物，避免流于形式。

6. 纵向回顾法

历史是一面镜子，总是在不知不觉中就教会后人很多。很多现时事件都可以在历史的长河中发现其影子，有迹可循。

纵向回顾法主要就是通过梳理历史上曾经发生的案例，分析和总结其规律，进而识别将来可能发生的类似风险的方法。收集历史案例时，可以参考企业自身的历史事件，也可以参考行业内外的典型历史案例。通过历史案例的变化规律，来分析和整理导致风险发生的要因，进而反思企业内部是否存在同样的风险引发点。对于某些潜在危机的事件和成功干预的风险案例，也可回顾和学习其处理技巧。

在使用此方法时，要注意历史和当下的结合，必要时也需考虑新时代中新危机的变化。立足于历史，放眼于未来，方可知兴替。

7. 情景模拟法

情景模拟法就是拿出一个典型案例，通过情景设定，给出不同的变化方向，来讨论可能发生的风险的方法。这种方法通常需要用集中会议讨论的形式。讨论的过程中，需要跳出事件本身，运用发散思维，对所有可能性进行模拟，如大环境中的政治文化、市场经济背景若发生变化，或企业内的管理风格、风险管理方案若发生变换，在模拟的环境下讨论风险可能的走向。

以头脑风暴会议的形式来讨论，在模拟场景的讨论中发现一系列关联的影响因素，从而提前识别出某些潜在的风险。

8. 流程分析法

流程分析法，即通过梳理关联流程发现不合理的地方，对其中潜在的失效环节和薄弱环节进行风险识别并改善的方法。此种方法适用于企业内部的各种风险。流程分析法必须包含从起始点到终端的闭环流程链的分析。分析的过程中，首先要弄清楚流程的作用、流程的运转、流程的分工、责任部门等，发现其中可能会出现的失误和失效环节。部门间相互衔接的部分往往是风险考量点之一。流程分析法若运用得好，不仅可以识别出风险因子，也可以提升企业运营效率。

9. 财务报表法

财务报表法，就是根据企业的财务数据来识别和分析企业每项财产和经营活动可能遭遇到的风险的方法。此种方法不仅适用于供应链管理风险的识别，也适用于企业全局风险的识别。

财务数据本身是一种"会说话"的数据。企业的各项业务流程、经营好坏最终都会体现在其财务报表上。常见的三大财务报表就可以成为识别各种风险的工具。供应链是企业的价值增值链，无论供应链的哪个环节发生风险，最终都会反馈至财务数据上。所以，通过分析企业的财务数据，可对风险进行提前捕捉。例如，某供应商财务报表指数的异动，或突然要求更改付款周期等，都是其内部风险发生的征兆。

以上各种方法各有其运用特点，要学会灵活运用，必要时可将多种方法结合在一起。风险的识别其实也是一种试错的过程，并不是说只要使用了其中的一种方法就一定能立竿见影，让风险显形。在实际使用过程中，有时需要多轮尝试，方能达到最佳的识别效果。

4.1.2　供应链风险的企业内部原因审视

很多企业在分析供应链风险时，容易陷入一种误区：认为供应链风险一定或绝大部分是供应商引起的或客户端引起的，没有企业自身的问题。这种看法是非常片面和肤浅的。企业内部产生风险的原因会存在于每个管理节点，多数企业习惯掩耳盗铃，不能正视自身所存在的问题。

某食品公司曾经发生过用陈馅翻炒后再制成月饼出售的事件。该公司将卖不出去的月饼拉回厂里，刮皮留馅、搅拌、炒制入库冷藏，来年出库解冻搅拌，再送上月饼生产线。被媒体曝光后，消费者极其愤怒。虽时值月饼销售旺季，其销售额却一下子跌至冰点。

在面临如此重大的食品安全问题时，该公司却一直存在侥幸心理。在紧接着的官方申明中，该公司并没有深刻检讨自身的质量问题，而是认为：媒体的报道歪曲事实且有意针对，认为其中拍摄的视频片段存在着恶意剪接，不符合真实情况，公司要求对其保留法律诉讼的权利；公司绝对没有生产过发霉或变质的产品等。

不久，经过相关防疫和监督部门调查发现，其原材料的确存在各种质量问题，尤其是月饼中使用的馅料，存在使用过期原料的情况。随后该公司的成品库、馅料库全部被查封，公司也被责令全面停产整顿。

此案例中，该公司作为食品行业的龙头公司，对于质量风险的管控本应该更加严苛、更加敏感，事实却是，该公司对内部的各种食品质量问题一概视而不见，不采取弥补措施，反而一味地辩解。

通过对该案例进行复盘，能够发现该公司存在的主要问题如下。

（1）面对已成事实的危机，没有意识到问题严重性，却一味地辩解。

（2）面对问题时，把消费者的健康和权益全然抛于脑后，不检讨自身内部问题，也未及时采取整改措施。

（3）不断狡辩的态度，进一步加剧了消费者的不信任。

总结而言，该公司内部问题正是产生此次质量危机的主要原因：为了节省所谓的"成本"，抱有极大的侥幸心态，将积压产品回收，用过期馅料进行再加工；在事情曝光后，没有及时向消费者说明并致歉，反而进一步试图粉饰。企业内部管理从原材料采购、质量监控到生产制造、售后，都处于混乱状态，这才是导致过期馅料风波的根源。在上述任一环节，如果企业内部把控严格，就不会出现重大的质量风险危机。

前文列举的高田安全气囊事件同样如此，虽说事故的核心原因是安全气囊的推进剂选用错误，但高田公司在发现市场上出现了因安全气囊而导致的伤害事故时，同样没有引起重视，而是任由事态继续恶化下去。直到主机厂开始陆续因为安全气囊事件实施整车召回，高田公司依然抱有侥幸心态，没有及时采取有效的管控措施，导致事态继续恶化，最终迫使企业破产。如果在第一时间，企业内部能够重视起来，进行实时干预，更换安全气囊的推进剂或优化设计，那企业反而可能迎来转机。

基于上述案例的探讨能够发现，风险的形成一定包含企业内在和外在两个部分原因。而其中，企业内部原因主要与企业运营的各项职能和管理方式相关联。对此，可以从内部管理方向进行分析。

（1）内部管理目标合理性的审视。

（2）内部管理制度和流程的审视。

（3）内部沟通有效性的审视。

（4）管理人员技能和道德素养的审视等。

可采用鱼骨图来对企业内部管理进行剖析。鱼骨图是一个非定量的工具，可以运用在很多领域，它可以帮助企业从不同的角度出发，找出引发问题的根本原因。

如果发现某外购物料缺货，会导致生产停顿的风险，通过鱼骨图的分析（见图4.1-4），可以清晰地看到：该企业在自身的管理、生产控制、物料的分类管控、员工工作环境等各方面，都存在问题点。所以，解决生产停顿这个风险，不仅要督促供应商尽快补货，也要从内部开始进行有针对性的整顿。

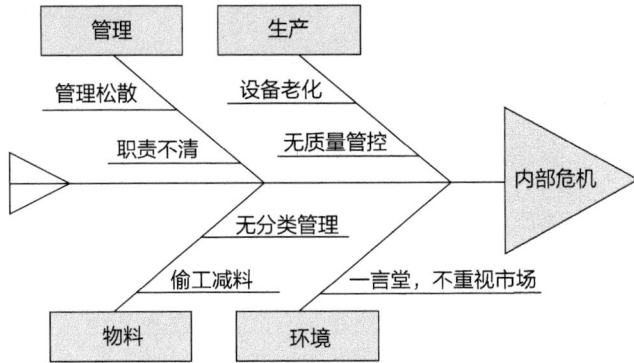

图 4.1-4　鱼骨图

鱼骨图考虑了 4 个主要原因，即"大骨"，在每个"大骨"的背后，又可根据需要进行拓展，详细地描述细分的要因。在绘制鱼骨图时，企业要结合全体成员的知识与经验去思考，鼓励发言，避免集权过多，营造开放的交流气氛。

鱼骨图的运用主要有以下优势。

（1）能够聚焦于问题的实质内容，找出根本原因。

（2）调动团队的积极性，有利于团队成员的相互学习。

（3）辨识导致问题或情况的所有原因，从中发现关键原因。

（4）分析导致问题的各原因之间相互的关联性。

内部原因往往是风险的重要原发性因素，企业千万不可忽略。作为供应链管理者，要有自查的能力，时时反省内部管理中的弊端和不足之处，切勿装聋作哑，或一味地把责任推卸给外部合作者，这样只会导致风险管控的失败。

4.2　供应商的风险识别及原因剖析

供应链管理中的风险纷繁复杂，每一种类型的风险都值得重视。不能说其中哪一项最重要或哪一项可以忽略，但在实际运作过程中，供应商则是风险发生频次更多的一个环节，是供应链风险管控必须重视的一部分。

供应商与企业的关系，是双方相互管理、相互协作，并在不断磨合中相互成就，一旦其中一方出现危机，势必会影响另一方。虽然在日常的供应商管理工作中，企业有管理制度和合同条款来约束，但随着合作过程中内外环境的变化，双方发展目标的差异化，以及各种变量的影响，都使得风险依然无法消弭。如何在平静的海面上识别出潜藏的各种风险，对于供应链乃至企业整体风险的管控都至关重要。

除4.1节所讲述的方法外，也可利用与供应商合作过程中的大量数据和绩效表现，从科学衡量的角度，运用数据来对供应商风险进行识别。下面介绍几种识别风险的逻辑方法。

4.2.1　财务损益法

财务损益法，就是利用供应商的合作数据，运用一定的逻辑运算，模拟其发生风险时对企业财务收益的影响，据此来判断风险发生的概率的方法。

运用财务损益法的具体运算逻辑为：以供应商为企业带来的财务损益额为横坐标，以供应商的年度采购金额为纵坐标；以供应商为最小显示单元，横纵坐标的限值以实际状况而定，计算出每个供应商所对应的横纵坐标数值，依据数值结果加以显示在不同的象限。不同象限则代表了不同程度的风险关注度，如图4.2-1所示。

需要注意的是，图4.2－1中的横纵坐标中间的切割值十分关键，是风险识别的分水岭，对此，可以依据专家法来确定切割值。对于财务损益额，不能简单地以五比五的原则来设定。

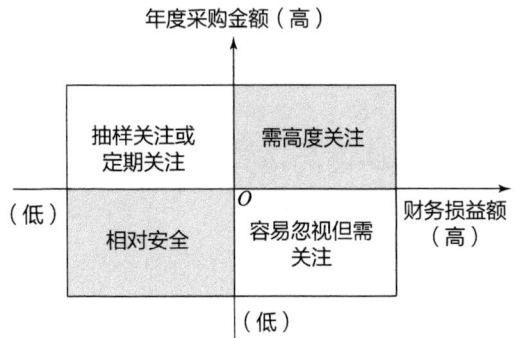

图4.2－1　财务损益法

在图4.2－1中，各名词解释和横纵坐标值的计算逻辑如下。

（1）年度采购金额，指供应商年度采购金额总和，包含所有采购品项。

（2）财务损益额，包含企业受到供应链中断所带来的最大可能的财务损失，及受负面影响带来的品牌价值最大可能损失。

财务损益额的计算公式为：财务损益额 = $\sum$［（完成品年销售额 × 恢复时间 ÷ 365）+ 恢复时间内额外增加的费用 + 可能影响的品牌价值］。

其中：

①完成品年销售额 = 该供应商每一个采购品项所对应的所有完成的年销售额。

②恢复时间 = 寻找替换供应商或替换物料的时间（安全库存消耗时间不计算在内）。

③恢复时间内额外增加的费用 = 寻找替换源中产生的额外采购或物流费用。

④可能影响的品牌价值 = 受信誉风险影响时企业股价的跌幅比例 × 总市值（若此项没有也可以不加）。

某供应商绩效数据如表4.2－1所示，在该案例中，该供应商的财务损益额的计算如下。

$$(3\ 650\ 000\ 000 \times 5 + 365\ 000\ 000 \times 10) \div 365 + 1\ 000\ 000 + 5\% \times 200\ 000\ 000\ 000$$

$$\approx 10\ 000\ 000\ 000 （元）$$

表4.2-1 某供应商绩效数据

供应商	年采购金额（元）	所对应的完成品销售金额（元）	恢复时间（天）	额外的采购费用（元）	可能影响的品牌价值
胶条	1 000 000	3 650 000 000	5	1 000 000	5%（股价跌幅），总市值2 000亿元
密封圈	2 000 000	365 000 000	10	0	

按照上述计算逻辑，可以计算出各供应商风险关注度所处的象限。不同的象限代表着不同的风险发生概率。象限分类可以帮助企业提前识别出各种潜在的风险。例如：右半边区域是高度关注的群体，其中，右上角区域需重点关注；左半边区域关注度可适当降低，但需保持常规的风险管理工作。

4.2.2 资源重要度分析法

资源重要度，即供应商所提供的资源在市场上的重要程度，其区分的标准为资源的稀缺度和重要性。按照供应市场环境的定位，供应市场常见分类如表4.2-2所示。

表4.2-2 供应市场的分类

项目	完全垄断	寡头垄断	垄断竞争	完全竞争
特点	只有一个供应商，供应商完全控制价格	供应商数量有限，卖方控制价格	供应商数量不多，采购方可能控制价格	大量的供应商想与企业合作，由市场控制价格
产品类别	水电、铁路或专利、版权所有者（药品、软件等）	钢材、铜、汽车、计算机、化妆品等	印刷品、奶粉、电子产品、啤酒、服装等	农产品（初级产品交易）、标准件（轴承）

（1）如果某类产品的供应渠道，因资源稀缺或技术难度大，市场上仅有一两家可以考虑，那么这一两家供应商即处于垄断市场。

（2）如果产品存在一定的技术特性，但拥有实力的供应商经过研发制造可以提供货源，那么这些供应商即处于垄断竞争市场。

（3）如果产品拥有标准品的特点，进入门槛低，供应商大多可以进行量化生产，那么这些供应商就处于完全竞争市场。

在把握了各供应市场的特征后，就可以将供应商（产品类别）作为最小显示单元对其进行汇总分析，如表4.2-3所示。

表 4.2-3 资源重要度分析法的运用

供应市场分类	产品类别				
	A 类	B 类	C 类	D 类	……
完全垄断市场	60%				
寡头垄断市场	40%	30%			
垄断竞争市场		70%			
完全竞争市场			20%	100%	

供应资源的重要程度与风险息息相关。从大方向上判断：垄断市场中发生风险的概率高于竞争市场；在垄断市场中，寡头垄断市场中的供应商发生风险的概率要高于垄断竞争市场中的供应商；在竞争市场中，垄断竞争市场中的供应商发生风险的概率高于完全竞争市场中的供应商。

以表 4.2－3 来看，依据各供应商（产品类别）所处供应市场的占比，可大致推断出：A 类供应商发生风险的概率远高于 B 类供应商。

4.2.3 供需依存度分析法

在供应资源重要度分析的基础上，可以更深入一步，从企业与供应商间的依存度来分析其与风险的关系。资源的重要度是从供应市场的重要程度来剖析的，而供需依存度则是分析供需双方对彼此的依赖程度。一个处于竞争市场的供应商，如果企业对其依赖度过高，如采购量巨大且种类繁复，发生风险的概率会比较高。

供需依存度的分析逻辑为：纵坐标为年度采购金额，横坐标为供应商与企业间的供需依存度；以供应商为最小显示单元，在资源重要度的基础上，罗列出企业与供应商间相互影响的关键因素，并进行加权打分，计算出每个供应商所对应的横纵坐标数值，依据数值结果加以显示在不同的象限。不同象限代表了不同程度的风险关注度。

图4.2－2中的横坐标是依据逻辑公式算出的供需依存度的数值，与图4.2－1中的财务损益额有所区别。横坐标中的供需依存度的切割点同样需借助专家法来确定，并非以五比五的原则来定。

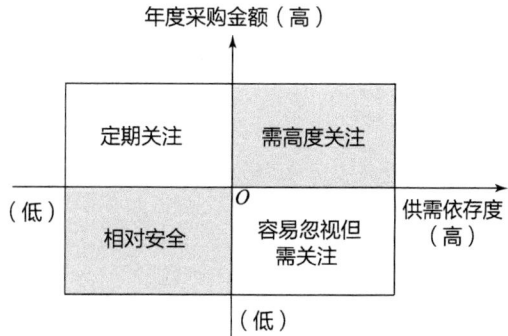

图4.2－2 供需依存度分析法

同时，在以供应商为显示单元时，需要区分同一供应商供应不同类别物品的情况。若A供应商同时向企业提供B物品和C物品，则A供应商＋B物品和A供应商＋C物品分别作为最小显示单元。

具体而言，供需依存度分析法中涉及的各概念解释及其计算逻辑如下。

（1）年度采购金额，即供应商年度采购金额总和，包含所有采购品项。

（2）供应商依存度，则需综合考量资源重要度和供需依存度。

供应商依存度的计算公式为：供应商依存度＝资源重要度＋供需依存度＝（供应市场环境×$M\%$＋物料可替代程度×$N\%$＋成本透明度×$O\%$＋单一来源工厂依存度×$P\%$）＋（采购占比×$W\%$＋销售占比×$X\%$＋合作年限×$Y\%$＋品类覆盖范围×$Z\%$）。

其中，资源重要度中的各项细节可借助表4.2-4进行理解。

表4.2-4 资源重要度分布逻辑

序号	评价要点	权重	评价要素	评分标准	分值
1. 资源重要度					
1.1	供应市场环境	$M\%$	根据物料品类特性评价该行业的供应市场环境	完全垄断（独家资源垄断）	5
				寡头垄断（少数几家资源垄断）	4
				不完全竞争（存在一定数量的供应商，但各有其特色）	2
				完全竞争（完全开放的自由竞争环境）	0

续表

序号	评价要点	权重	评价要素	评分标准	分值
1.2	物料可替代程度	N%	根据物料特性评价该产品可替代的程度	供应单一来源物资且无法替代	5
				供应单一来源物资且较难替代	4
				供应单一来源物资且容易替代	0
				供应非单一来源物资，行业或技术壁垒较高，不易替代	4
				供应非单一来源物资，受区域供货或某原因限制，不易替代	3
				供应非单一来源物资，无制约因素，容易替代	0
1.3	成本透明度	O%	供应商成本明细的透明程度	无供应商成本明细，只提供采购价格	5
				有供应商成本明细，但不公开	3
				有供应商成本明细，但缺失部分细项数据	1
				供应商成本明细完整、透明	0
1.4	单一来源工厂依存度	P%	依据单一供应商供货工厂来判断	单一工厂供货，无法转换至其他工厂	5
				单一工厂供货且可转换至其他工厂，但目前没有转换	3
				两个工厂同时供货	1
				两个工厂以上同时供货	0

供需依存度中的采购占比、销售占比、合作年限、品类覆盖范围可借助表4.2-5进行理解。

表 4.2-5　供需依存度分布逻辑

序号	评价要点	权重	评价要素	评分标准	分值
2. 供需依存度					
2.1	采购占比	W%	供应商供货金额占所属品类采购金额的比例	$W\% \geqslant 50\%$	5
				$50\% > W\% \geqslant 40\%$	4
				$40\% > W\% \geqslant 30\%$	3
				$30\% > W\% \geqslant 20\%$	2
				$20\% > W\% \geqslant 10\%$	1
				$W\% < 10\%$	0

序号	评价要点	权重	评价要素	评分标准	分值
2.2	销售占比	X%	供应商供货金额占供应商自身销售金额的比例	X% ≥50%	5
				50% > X% ≥40%	4
				40% > X% ≥30%	3
				30% > X% ≥20%	2
				20% > X% ≥10%	1
				X% <10%	0
2.3	合作年限	Y%	供应商与企业的合作年限	小于1年	5
				1年（含1年）至3年	4
				3年（含3年）至5年	3
				5年（含5年）至10年	2
				10年及以上	1
2.4	品类覆盖范围	Z%	供应商服务的品类数量	大于5个品类（品种类别）	5
				3到5个品类	4
				1到2个品类	2
				小于1个品类	1

表 4.2-4、表 4.2-5 仅为举例说明。在实际评价中，评价要素中的各考核维度（包括界限值的设定）以及权重和分值的设定，可依据企业的实际运营情况和供应商（产品类别）的差异，进行灵活调整，不能一概而论。但资源重要度和供需依存度中各维度的权重总和应保持为 100%。

最终通过加权计算，即可得出各供应商在供需依存度上的最终数值，即横坐标的显示值。依据横纵坐标的数值，可准确推断出各供应商（产品类别）所处的供需依存度象限，不同的象限显示着不同的风险发生概率。依据象限分类，企业可以提前介入并识别潜在风险。

4.2.4 方法使用需要规避的问题

运用以上 3 种方法进行分析时，需要注意：所有数据均来源于供应商与企业历史合作过程，优先选择新时段的历史数据；若数据发生改变，则需实时更新，以保证分析结果的准确度。

以上各种供应商识别方法，除了可以辅助识别风险外，还可以用于以下场景。

（1）在发现某供应商或产品类别风险发生概率较高时，运用逆向思维，直接依据评价要素逆推出背后的诱发因素，进而采取有针对性的措施进行干预。

（2）通过四象限逻辑图，可进一步对数据进行多方位的提炼总结，得出各种趋势或现象特点。

例如，在运用供需依存度分析法时，可对各产品品类进行总结（以供应商数量为单位），进而得出某产品品类中不同供应商风险关注比例。

在图4.2-3中，品类A所有的供货商中，需要a、b高关注的比例为30%，其余的为70%，则说明品类A总体可控。若a、b高关注比例大于70%，其余的小于30%，则此品类产品的风险较大，需要企业提前布局干预。

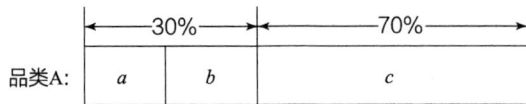

	← 30% →	← 70% →
品类A:	a | b	c

图4.2-3　风险关注比例

4.3　供应链风险评估

供应链风险评估是供应链风险管理的核心步骤。风险评估是在风险识别的基础上，构建风险评价指标体系，选择一定的方法建立模型，计算出各类风险对供应链运营的影响程度，对下一步风险管控措施的实施起着重要的指导意义。风险评估的主要目的在于以下几点。

（1）评估此风险发生变化的趋势。

（2）评估风险对企业供应链影响的范围和影响后果。

（3）评估企业供应链组织对风险承受的能力。

（4）评估企业对风险干预的优先级。

风险评估的方法无外乎定性和定量两种，具体则可分为简要评估法和模型评估法。

4.3.1　简要评估法

简要评估法以定性评估为主，以人的主观判断为主。

企业采用简要评估法时，应由风险管理委员会的相关成员或某风险强关联部门，通过集体讨论，取各家之长、避各家之短，最终进行意见表决，评估出已识别的风险对企业的影响值，一般按照高、中、低三个级别大致进行划分。此种方法的优势为评估速度较快；缺点为某些情况下评估结果可能不太准确，仅供参考。

4.3.2　模型评估法

模型评估法即在评估过程中导入相关模型辅助进行评估的方法。

失效模式与影响分析（Failure Mode and Effect Analysis，FMEA）模型是常用的风险评估工具。借助该模型，企业可以根据风险的严重程度、发生频率和检测等级等的乘积算出风险系数（Risk Priority Number，RPN）。RPN 数值愈大，则意味着潜在问题愈严重，也就意味着风险的危害程度愈严重。

FMEA 模型的建立，主要需要衡量以下 3 个要素。

（1）严重（Severity，S）程度是一个主观估计的数值，是客户（下游用户）或最终用户感知的风险影响或后果，其数值一般在 1 到 10，如表 4.3-1 所示。

表 4.3-1　风险的严重程度

分值	影响的严重程度		
	法规类	健康安全	预估的财务损失
10	不符合法规要求	危害到人身安全，死亡	1 000 万元及以上
8	小部分符合法规要求	大部分重伤	500 万（含）~1 000 万元
6	大部分符合法规要求	小部分重伤	200 万（含）~500 万元

续表

分值	影响的严重程度		
	法规类	健康安全	预估的财务损失
4	符合法规要求	轻伤	10万（含）~200万元
2	符合法规要求	摔倒、滑倒	10万元以下
1	没有可识别的影响	无人身安全影响	无收入损失

（2）发生（Occurrence，O）频率也被称为发生可能性，同样是一个主观估计的可能性数值，将发生在供应链运营的各阶段，其数值同样在1~10，如表4.3-2所示。

表4.3-2　风险的发生频率

分值	风险的发生可能性
10	完全可以预料，本公司本部门经常发生
8	相当可能，行业中发生，本公司也曾有过
6	可能，但不经常；行业中曾发生，本公司偶尔有过
4	可能性小；行业中偶尔发生，本公司偶尔有过
2	可能性小，完全意外；行业中偶尔发生，本公司从未有过
1	不可能；行业内从未发生

（3）检测（Detection，D）等级也被称为有效性，是一个控制有效性的数值，主要为风险被检测出的可能性和等级，取值范围在1~10，如表4.3-3所示。

表4.3-3　风险的检测等级

分值	风险被检测出的可能性	标准：通过过程控制来探测或检测风险发生的可能性
10	几乎不可能检测出	没有控制措施，不能探测
8	很低	控制方案不能控制潜在的风险
6	低	控制方案能控制潜在的风险的可能性小，且不能防止潜在危害影响后续的流程
4	中等	控制方案能控制潜在的风险的可能性大，但不能防止潜在危害影响后续的流程
2	高	控制方案能控制潜在的风险的可能性大，且防止潜在危害影响后续的流程的可能性大
1	几乎可以确定	控制方案能控制潜在的风险，且能防止潜在危害影响

以上 3 个维度中不同的分值对应着不同的风险表现含义，任何严重程度达到 10 的失效模式都是企业需要解决的首要任务。

评估风险时，依据以上三者的乘积，可以计算出最终的 RPN，RPN 范围为 1（绝对最好）～1 000（绝对最差）。不同的分值代表不同评估结果，如表 4.3-4 所示。

表 4.3-4　风险系数的分级

分值	判定结果
801～1 000	不可接受风险，需要应急战略管理方案
501～800	高度风险，需立即整改，以及相关预防管理方案
201～500	显著风险，需要整改，以及相关预防管理方案
76～200	一般风险，需要注意，以及相关监控管理方案
1～75	稍有风险，可以接受，加入监控管理方案

由此可见，分值越高则危害度越高。在具体应用中，企业可以根据自身情况制定风险管理措施。

例如，不可接受风险（RPN 为 801～1 000）一般意味着直接影响生产经营的人员死亡、重大财务损失、破产等，需要企业重点对待；而稍有风险（RPN 为 1～75）的事项，则只需监控。对于单项而言，每个单项值大于 7 的因子都需要采取相关预防管理方案，并集中关注风险程度较高的环节。

按照以上方法，企业可有效得出风险对企业供应链管理的伤害值，并根据 RPN 将风险影响分为多挡，如轻微、一般、严重、特别严重等，进而采取相应预防措施来减少或控制风险的影响及危害。如判断为严重程度较高的风险，企业则要及时给予关注，必要时可以采取一切可能的措施进行风险拦截。

4.4　供应链风险管控的措施

当完成了风险的识别及要因分析（发现问题）、风险评估（分析问题）后，企业接下来就要思考如何进行风险管控（解决问题）。

无论面对何种风险，都应该学会用科学的管理思维和强有力的手段去管控。对企业而言，供应链风险管控能力越强，面对突发事件的反应速度越快，其市场竞争力就会越强，此时，不仅企业本身会受益，其供应链上的合作伙伴也会共同受益，并真正建立起风险共担、成果共享的供应链运营生态。

风险管控的精髓是如何将风险给企业带来的损失降到最低。在已知的风险面前，企业可以借助一定的管理手段将高级别风险转化为低级别风险，如图4.4-1所示。

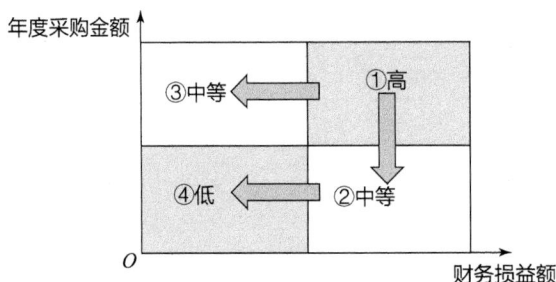

图 4.4-1　风险管控方向

针对如何转化并降低风险的影响，具体的管控措施如下。

4.4.1　加强企业的信息化建设，建立灵活的信息共享机制

企业在供应链管理中，应当充分运用信息技术建立信息共享平台，以实现企业内外部信息的充分交流和共享，减少信息传递不对称或失真带来的管理风险。快速、高效的信息传递通道，可以保证信息交流的客观性，同时给风险的预处理提供大数据分析的空间。

信息化建设可以让高效的沟通变成现实。其中，高效的沟通应为广义上的理解，不仅包含企业内部上下游的有效沟通，还包含企业与外部合作伙伴（客户、供应商等）以及外界相关方（政府、股东等）的有效沟通。

1. 企业外部信息化建设

企业在和供应商的信息沟通过程中，从供应商的准入到实绩管理，都可通

过线上管理软件来进行信息共享。同时，对于企业外部的合作伙伴，可适当开放某些接入端口，适量地在线上共享一些信息，以减少流通环节，减少双方电话或邮件沟通中的低效和信息失真，加快信息反馈的速度，提高协作的效率。针对风险管理的部分，有类似于供应商风险管理（Supplier Risk Management，SRM）的线上管理系统，该系统可有针对性地对供应商的异常表现进行实时监控，并适时给出风险预警提示。

2. 企业内部信息化建设

企业内部管理也可尽量通过线上信息化的管理软件进行操作。

例如，在生产经营过程中，企业可以通过 SAP 和 ERP 等类似的信息管理软件，来实现生产计划的安排、采购订单的传达和生产状态等信息的衔接和共享，人事、财务、销售等也可以同频接入信息化管理的软件系统，以方便部门内和部门间不同层级间的沟通和反馈，减少信息传递中的延误或失真风险，提高协作效率。

在大数据时代，信息化建设是实现数据的充分交流和积累的首要任务。企业可以利用大数据迅速发现事物变化的规律，以便提前防控。

例如，企业可以利用系统中的横向和纵向的数据积累，进行针对性的分析汇总，从而快速产生各种所需的报表，如经营、财务、质量、供应商表现等报表。报表可以提示风险变化的规律，提升风险处理的速度，使得企业面对风险能够抢占先机。

沃尔玛的供应链是典型的大型零售业主导型的供应链。沃尔玛对信息技术和信息系统建设的高度重视，是成就其成为商超零售领军人的重要保障，也是其对抗供应链风险的有效手段。基于信息化建设，一方面，顾客需求信息的变化可以高效反馈给沃尔玛，中间没有传递的失真；另一方面，沃尔玛也可在与供应商进行信息共享时实现无缝衔接，同时为供应商提供信息管理系统的软件支持等，从而稳固与供应链联盟合作的关系；沃尔玛的物流系统也通过信息化的管理，形成优质的系统，实现高效率、高准确度的物流。

在企业内外部信息化系统建设的过程中，企业需要注意的是，不论是来自企业内部还是外部的相关信息，都必须以一定的数据格式和时间间隔进行确认、捕捉和传递，以保证企业员工能够准确、及时地获取相关信息。在此过程中，企业所有成员都要理解自己在信息化控制系统中所处的位置及相互的关系，必须保持与内外部群体，如客户、供应商、监管机构和股东等的有效沟通，必须认真对待赋予自己的职责。供应链风险管理中信息交互间的完整、可靠与安全，是减少风险发生的重要保障。

4.4.2 规避外部环境的风险

外部环境的风险从某种意义上说，是人类社会发展进程中的必然产物。无论是政治、法律的风险，还是近年来经常提起的气候变暖、极端天气频发等环境风险，都是人类经济活动中不可避免的危机。无论经济体的强弱，无论处于何种区域，都无法忽视外部环境风险，企业要做好有效规避。

1. 自然环境风险的规避

自然环境风险是一个比较大的命题。

例如，自然环境中的天气是常见的影响供应链运转的因素。我国南方和沿海地带的夏季常见暴雨或台风天气，北方的冬季常见暴雪天气，中部地区的夏季则经常发生洪涝灾害……这些自然环境风险都会影响供应链中物流的正常运转，甚至带来人员和财务的重大损失。在面临此类自然灾害时，企业需要提前做出应对措施，如改变运输路径、加强中转仓和安全库存的建设、适当进行财产和人员的转移，以减少其带来的损害。

与此同时，自然资源同样意味着资源财富。大自然储藏着丰富的资源财富，但资源开发过度也引发了越来越多的环境风险问题。

因此，如何在经济发展和环境保护中取得平衡，已经成为国家战略乃至人类发展都不可忽视的重要课题。国家为此出台了各种与环境保护有关的法律法规等，企业也需正视环境问题，不仅要端正自身的价值观，建立可持续发展观，避免因贪图一时之利而破坏长久发展的环境，更要在严格遵守国家的法律法规的基础上，积极主动地做好工业"三废"（废水、废气、废物）的处理，避免破坏自然环境。同时，企业也需将正确的环境保护价值观和可持续发展观，传递给各层供应合作伙伴，通过一定的管理手段使供应链各环节都能严格遵循环境保护原则，避免因环境问题发生而使供应链中断的风险，力争共同营造出绿色健康的供应链生态。

2. 社会环境风险的规避

社会环境主要是指企业经营过程中的法律、社会、政治、经济等环境。企业通常很难改变或影响社会环境，但其经营活动却极大地受到社会环境的影响。面对此种情况，企业只能通过一定的管理措施来规避风险。

（1）加强与社会环境的沟通。企业应保持与社会环境的沟通畅通无阻。因此，企业内部需有专门研究社会环境的人员或与政府部门对接的人员，实时收集社会环境信息或国家相关的政策，保持信息沟通中的完整度和真实性，并及时进行分析过滤、找出关键点、梳理出社会环境的发展趋势，以便于企业随时根据社会环境来调整内部发展方向。

同时，作为社会环境中的一分子，企业也应该承担应有的职责：按时缴纳税款；多参与社会公益建设；积极正向地引导企业的社会责任感；必要时主动为社会经济的发展建言献策，为共同营造更健康的社会大环境而贡献力量。

（2）合理规避社会环境风险。对企业供应链管理而言，国家环境通常会直接影响供应链运营，如在选址时，企业不仅要考虑经济性要素，也需考虑当地社会环境的稳定性。若当地社会文明成熟度低、治安环境差、政治动荡，企业在运营过程中势必会面临更多无法抵抗的危机，这会影响自身生存。在选择合作供应商时，企业同样需要关注这一风险，避免因供应商遇到类似危机而波及下游企业乃至整个供应链。

企业需要慎重选择落脚点，不能仅因为便宜的人力成本而将企业置身于动荡的环境中。企业在进行工厂选址以及全球扩张时，对版图规划要慎之又慎；对合作供应商的选择，同样需考察对方所处的社会环境。

4.4.3　加强供应链的弹性建设

弹性并不是一个新的概念，它一般是指一个企业成功处理非预期事件的能力，这已经成为企业成功的关键因素之一。而一个具备弹性的供应链，也会更加游刃有余地处理各种非预期事件和风险，并可以在风险发生后快速恢复至正常状态，或者通过风险的历练，进入更能与风险和平相处的状态。

历史上，不乏通过迅捷反应的供应链管理成功应对风险的案例。

2018 年 5 月 2 日，福特公司的一家关键零部件供应商 M 在密歇根州的工厂发生火灾，直接导致福特公司三家工厂停产。其中影响最大的车型是 F－150 系列皮卡。F－150 是福特公司旗下的经典皮卡车型，也是 F 系列中销量最高的车型，居美国十大畅销车榜的榜首，连续多年获得美国最佳汽车称号，它的销量超过了其他任何一种大型卡车品牌。在 2017 年，福特公司 F－150 销售了近 90 万辆，平均售价为 4.6 万美元，全年创造了约 410 亿美元的销售额，占福特公司总销售额的 28%。这款车的表现相当抢眼，对于福特公司来说也很重要，是集团销售和利润最稳定的来源，是绝对不能停产的"生命线"。

由于 M 供应的零部件短缺，从 5 月 7 日开始，福特公司在密苏里州堪萨斯城的卡车装配厂关闭，有 3 000 多名工人暂时停工。5 月 9 日，福特公司在迪尔伯恩的卡车工厂也被迫关闭，影响了大约 4 000 名工人。F－150 只在这两个工厂建造，也就是说该车型全线停产。

造成停产事故的供应商一直为福特公司和其他北美汽车制造厂提供镁产品。据福特公司曾经的雇员爆料：福特公司 100% 的卡车散热器都来自 M 发生火灾的工厂。这名雇员曾负责北美地区采购的供应商技术支持。M 是北美地区镁散热器的最大供应商。镁是一种轻金属，比铝还要轻，使用镁合金能减轻车身重量，并有助于提高燃料燃烧效率，所以倍受各大汽车厂商青睐。但镁也是一种非常危险的材料，容易自燃，引起爆炸和火灾。在之前，M 的这家工厂已发生过一场小型火灾，所幸没有造成供应链的断裂。值得一提的是，M 是北美唯一有能力按福特公司要求生产镁散热器的供应商，也就是说它是福特公司在北美仅有的选择。

根据美国汽车销售分析师的消息，福特公司有 84 天的 F 系列卡车库存。从库存来看，虽然福特公司的销售不会受到太大的影响，但是当一款车型的销量占公司销量的四分之一时，任何生产供应的中断都会引起内部巨大的恐慌，特别是福特公司赖以生存的主力产品——卡车和SUV，公司的运营面临着重大的风险。公司财务对这些突发事件也异常敏感，根本经不起任何风吹草动。

供应危机事件发生后，福特公司快速采取了一系列措施。

首先，福特公司迅速组建了一支团队，负责翻新和重新安置生产汽车部件所需的模具。在5月2日火灾发生的数小时后，这支团队已经到达了M工厂附近待命，其搭起了帐篷在这里过夜，只等火灾熄灭，得到消防局的准许后，冲进厂房内抢救出一些最重要的设备。

同时，在危机之下，福特公司必须寻求一切能获得的援助，不管是从合作伙伴，还是从竞争对手那里。考验福特公司快速获取资源能力的时候到了。在找遍了美国、加拿大、英国、德国和中国的各种资源以后，福特公司和M很快找到了生产替代方案。此时，福特公司最担心的还是镁产品的产能，这是一种高度专业化的金属，解除危机的关键是多久能够恢复到原有的生产能力。

福特公司在英国诺丁汉找到了一个替代工厂，接下来的任务是把从火灾中整理出来的19副冲压模具空运到英国，这些货物的重量达到40吨，一般的货运飞机无法一次承载这么大的运量。福特公司为此找到了一款运输机——Antonov An-124，简称"An-124"。这款飞机由苏联安东诺夫设计集团出品，是目前世界上第二大的运输机，在性能上优于美国的C-5运输机。福特公司需要寻找一个可以让An-124起降的机场，为此联络到了在俄亥俄州的哥伦布市的机场，随后的工作是协调卡车和起重机，准备装货。数百名福特员工在全球范围内协调工作，在不到24小时内就安排好一切事情，井然有序。

5月8日，An-124装载着40吨的货物从美国飞向英国诺丁汉，在那里进行关键零部件的生产加工。随着零部件的供应回到正轨，福特公司宣布从5月14日开始，加工完成后的零件从英国每天空运回美国福特公司的工厂，只是这次不再动用An-124，而是转为以波音747货机执行任务。F-150的生产于5月18日和21日，分别在迪尔伯恩和堪萨斯城的工厂恢复，超级载重卡车的生产也在21日恢复。

在停产10天以后，福特公司终于可以恢复F-150系列的生产，也为此次断供事件画上了句号。

对该事件进行复盘，不难发现福特公司表现出的优异特质。

（1）敏捷供应链。在如此短的时间内，福特公司能够采取最合适的方案，恢复供应链。首先在于能够快速地分解任务，用精确的方式来执行物流操作，这充分体现出福特公司供应链的敏捷性和强大的执行力。同时，快速的反应能力也很重要，福特公司在危机发生后，第一时间组建专业团队，当日就赶往供应商现场待命，也为处理危机争取到了最宝贵的时间。

（2）供应链管理的成熟度高。在全球范围内，福特公司能够迅速调度各种供应商资源，包括替代工厂、运输资源，这说明其供应链管理团队成熟度很高。汽车行业的供应链管理有着相当高的成熟度，供应商纵向的管理也非常专业。

（3）生产流程的标准化。危机发生后，福特公司迅速找到了位于英国能够进行替代生产的工厂，这说明了此产品的生产模式的标准化，只要能够配备相关的设备，就可以转移生产，为供应链的及时、全面恢复提供不可或缺的条件。

（4）与供应商关系好。福特公司依靠其全球供应伙伴以及内部团队成功地完成了这次挑战，也突显了供应商关系的重要性。供应商关系管理是采购与供应商之间的管理纽带，目标是使企业和供应商之间的合作更加顺畅和高效。供应商关系需要合理地维护，良好的供需关系不仅可以加深双方的合作，更能在"黑天鹅"事件面前，帮助企业渡过难关。

打造一个具备弹性的供应链可以从以下几个方面入手。

1. 生产流程尽量标准化

流程的标准化可以分3部分理解。

（1）企业的生产标准可以在全球范围内通用。

（2）企业的生产流程标准化，生产流程符合海内外客户的需求，且保持着稳定的水准。

（3）企业生产产品的模块化，如同乐高积木，可以拆解为小模块，再进行多样化的组装，可实现产品的自由切换。

以上的生产方式，可以提升企业在面临风险时的应变速度，使企业能够灵活调整生产线或者生产地。

生产流程的标准化，可以帮助企业在突发情况面前灵活转产、及时复工，保障了供应链上下游的正常运转。

2. 安全库存的管控

在库存管理中，预测每类物品发生风险时需要恢复的时机，据此备好一定量的安全库存，也是一种应对风险的灵活措施。此理念和零库存的管理理念并不冲突。零库存的管理原则并不是要求库存一定要控制在"0"的状态，而是要求企业在考虑安全库存的基础上，少囤积一些不必要的库存，以免过多占用现金流。

需要注意的是，零库存管理其实就是建立在安全库存的概念之上的。安全库存又称保险库存，是指为了防止不确定因素而预计的保险储备量，可以为企业提供安全的保障，以应对各种突发风险。当风险来临时，合理的安全库存水平可以帮企业争取到一定的反应和补救的时间。

例如，联邦快递每天晚上有两架空飞机，一架从东海岸的机场出发，一架从西海岸的机场出发，同时飞往孟菲斯，次日凌晨它们又放空返航。与此同时，还有40架飞机刻意保持货舱有一半的空余空间，另有10架国内备用飞机和4架国际备用飞机随时待命。一旦发生意外情况，这些飞机就会派上用场。作为一个国际物流公司，这些随时待命空飞的飞机就是企业的安全库存。

一般而言，在出现以下4种情况时，企业需要考虑保持高水平的安全库存。

（1）缺货成本高或服务水平要求较高。

（2）存储成本要求较低。

（3）需求量的波动较大。

（4）提前期的波动较大。

在进行安全库存的设定时，可以参考以下计算原则：

$$安全库存 = 安全系数\ K \times \sqrt{最大订货提前期} \times 需求变动值。$$

其中：安全系数 K 可根据缺货概率，查安全系数表得到；最大订货提前期可根据以往的数据得到；需求变动值可用下列方法求得。

$$需求变动值 = \sqrt{\sum (各期需求量实际值 - 各期需求量平均值)^2 \div n}。$$

3. 供应链管理的成熟度

供应链运营过程中，除了基础的保障供应的功能外，企业对供应商的管理深度、对外部优质资源获取的能力、对关键节点的控制能力、与市场环境的联动等，都体现了其管理的成熟度。供应链管理的成熟度会影响企业在风险面前的反应。如在前面的案例中，福特公司在面临关键供应商火灾所带来的停产风险时，其供应链纵向和横向的管理成熟度让其能够灵活调动资源，而不至于陷入被动状态。

供应链管理的成熟度与企业的供应链运营能力成正相关的关系，也是衡量供应链管理水平和能力的重要指标。可以从不同的角度对管理者、管理层次、管理对象进行综合的管理评价。简单来讲，供应链管理的成熟度可以分为初始级、一般级、精益级。

（1）初始级。供应链管理过程常处于混乱无序的状态，没有体系化的管理，仅依靠个人经验和能力来反应。能保障基本的供应，但整体管理效率低下，资源浪费严重，且不能应对风险。

（2）一般级。有一定的管理规章制度和流程，在管理的过程中有章法可依，对于人员的能力和资质也有一定的要求，供应商选择和管理的过程中有企业自身的要求。

（3）精益级。企业自身运营的过程中能够做到精益生产，没有过多的鸡肋岗位。在与供应商合作的过程中，企业有完善且可量化的管理制度和流程，各节点间衔接良好，且一直处于持续改进的状态。同时有信息化的管理系统和合适的人才配备。

以上3种级别中，精益级能更好地应对风险，且效率更高。

例如，IBM就通过对领先企业的调查，总结出了在供应链演化及转变过程中的不同阶段，如表4.4-1所示。

表 4.4-1 供应链成熟度模型

序号	阶段描述	内容
1	静态供应链	业务无规范流程，人工干预多，信息处于部门内部对自身业务的事后记录阶段
2	职能卓越	部门内规范化管理，信息在部门内共享
3	横向整合	企业各部门间流程规范化，信息在企业内部共享
4	外部协同	企业与合作伙伴间商业流程规范化，信息在企业与合作伙伴间共享
5	随需应变供应链	根据客户需求自动调整生产、采购和物流计划，业务流程标准化、协同化，信息使调整过程灵活、可控

建立成熟的供应链管理模式，需要企业内外各环节一起努力，其重要内容主要包括以下几点。

（1）规范管理流程，减少人为主观因素的影响。

（2）精简不必要的岗位，减少流转节点间的摩擦。

（3）加强供应链管理中的信息化建设，实现信息内外的共享。

（4）对供应链管理人员严格筛选，保障实施中的公正。

（5）重视供应商合作伙伴的选择和管理，增加对供应商的管理深度，而不仅只是保障供货的基础管理。

（6）加强企业与外部客户和市场的联系，根据客户的需求进行精益化生产，快速、准确反应。

供应链管理的成熟度并非一朝一夕就能铸就，需要企业在日复一日的管理过程中，保持开放心态，加强与内外资源的合作和交流，并追求精益求精，不断反思、不断学习、不断改善，如此方能在循序渐进的过程中不断提升管理的成熟度。

例如，生产线上的设计布局应以精益化为主，减少非必需的周转时间和工序间的浪费时间；对瓶颈岗位和非瓶颈岗位进行合理安排，砍掉鸡肋岗位；严格管控同一决策层中管理者数量；上传下达的流转节点可以顺畅进行等。在与供应商合作中，减少不必要的提前期，减少不必要的管理环节，保证计划的准确性等。

应当明白：身形矫健是灵活反应的前提条件；浑身臃肿行动起来往往会很缓慢，面对危机时的快速反应就更无从谈起。

4.4.4　如何提升供应链管理工作效率

提升供应链管理工作效率，主要可以从以下 3 个方面着手。

1. 扁平化管理

当下企业中比较流行的扁平化管理，其核心就是提高工作环节中的沟通效率，营造高效的反馈机制，避免一言堂，避免过度集权化。

集权的优点是有利于指挥，但其缺点就是难以适应复杂变化的环境。在供应链管理中，如采购工作经常会面临各种突发事件、需要及时处理不断变化的事务性工作，如果这些都依赖集中管理就很难做到灵活应变。因此，企业应当将权力适当地释放给合适的人选，这也更有利于供应链在风险面前快速反应。例如，在汽车生产制造的装配线上，普通员工在发现紧急故障时，有权力按下红色的紧急按钮，以释放出事故发生的信号。

权力的释放除了可以提高供应链的反应速度外，还可以让员工有参与管理的积极感和荣誉感，提升员工工作的积极性。

2. 加强并行管理

并行流程的字面意思为多任务同时操作。在企业的供应链管理布局中，无论是生产、采购、物流配送，还是分销等过程，都可采用并行的管理模式。各部门既有上下连接的节点，相互之间的工作又可以独立进行，无须过多依赖。此种模式的意义在于，不同的职能合理分布在集中化的供应链中，企业可以同时观测到不同职能部门的同步运作。如果其中某一环节出错，相关信息会第一时间反馈至管理层和下一个关联部门，管理层可以快速决断，企业可以快速反应，从而降低供应链风险。

3. 灵活的人员配置制度

风险的对抗过程犹如战场杀敌，需要考验团队的凝聚力，也需要考验其是否具有先进的阵法，即人员的灵活配置与组织。

灵活的人员配置制度包含人员技能的多向培养，也包含可随时调整的组织架构。企业在培训员工时，除了强化员工的本职技能外，必要时也需培养其他领域的发散技能；组织机构则可在多元化员工技能的基础上，根据需要进行临时组合或调整。

企业常见的多功能工作小组就是一种很好的表现形式。多功能小组的工作方式为：从各部门抽调出合适的人员组建成一个工作小组，负责管理某专项工作。此工作模式可以保证在不影响本职工作的同时，多向化发展员工技能，也能集中资源去应对某些突发事件。

4.4.5 内外审计的重要性

原美国最大的能源公司——安然公司，此前因财务造假被揭露导致股价狂跌，并于2001年12月申请破产保护。安然公司的精神就是冒险，核心文化就是盈利，鼓励不惜一切代价追求利润的冒险精神，用高盈利换取高报酬、高奖金、高回扣、高期权。安然公司的崩溃并不仅是因为假账，也不全是高层的腐败，更深层次的原因是急功近利，内部控制形同虚设，外部审计更是内外勾结，层层设防却被简单攻破，安然公司在走向成功的同时也预掘了失败之墓。

那段时间里，除安然公司外，接二连三的各类大公司丑闻，彻底打击了投资者对美国资本市场的信心。为了改变这一局面，保护投资者权益，2002年美国国会和政府加速通过了《萨班斯法案》，该法案对在美国上市的公司提出了合规性要求，使上市公司不得不考虑控制各种风险。

即使如此，近年来，大型企业造假丑闻仍然不断：2011年日本奥林巴斯公司被曝隐瞒长达10多年的财务造假导致公司股价暴跌而退市；有140年历史的日本东芝，则在2015年被曝出从2008年就开始持续地做假账。会计舞弊以及审计失败案件频频出现，使日本在2015年修订了公司法，明确规定：企业经营者负有建立健全包括以守法为中心的风险管理体制在内的内部控制体系的义务。

我国则在2008年发布了《企业内部控制基本规范》，在2010年又颁布了配套指引。企业要盈利才能生存，但只有以"清白正当地盈利"作为企业经营目标，建立行之有效的内部控制体系，才能获得稳定且持续的发展。从企业营销、采购管理、品质管控、商品企划、研发设计，到财务管理、会计制度管理等每一个分工节点和业务流程，都应受到内部控制体系的监督。

1. 企业内部审计的发展

内部审计是社会经济发展的必然产物，它是随着外部竞争的加剧和内部强化管理的需要而不断丰富和发展的。

1936 年，美国颁布了《独立公共会计师对财务报表的审查》，首次定义了内部控制："内部稽核与控制制度是指为保证公司现金和其他资产的安全，检查账簿记录的准确性而采取的各种措施和方法。"此后美国审计程序委员会又对其进行了多次修改。1973 年，在美国审计准则公告第 55 号中，对内部控制制度的定义做了以下解释。

内部控制制度有两类：内部会计控制制度和内部管理控制制度。内部管理控制制度包括且不限于组织结构的计划，以及管理部门对事项核准的决策步骤上的程序与记录。内部会计控制制度包括组织机构的设计以及与财产保护和财务会计记录可靠性有直接关系的各种措施。

1992 年 9 月，美国反虚假财务报告委员会下属的发起人委员会（The Committee of Sponsoring Organizations of the Treadway Commission，COSO），发布了报告《内部控制整合框架》。该报告指出："内部控制是受企业董事会、管理层和其他人员影响，为经营的效率效果、财务报告的可靠性、相关法规的遵循性等目标的实现而提供合理保证的过程。"1996 年底，美国审计程序委员会认可了 COSO 的研究成果，并修改相应的审计公告内容。2004 年，COSO 发布《企业内部风险管理整合框架》，它拓展了内部控制，更有力、更广泛地关注企业风险管理这一更加宽泛的领域。

2. 企业内部审计的职责

企业内部审计机构，通常直接向企业管理层汇报工作；上市公司或投资公司收购的企业则向监事会，以及董事会下属的由独立董事组成的审计委员会报告工作。内部审计的审计范围一般涵盖了所有的管理流程，并通过确认和咨询的方式，对企业运营、内部控制、风险管理和企业治理进行评估与评价，以保证企业各项业务能按照正常的轨道来运行。

在企业的经营过程中，内部审计通过正常的管理和控制活动，以及员工履行职责过程中各活动的监控，来评价系统运作的质量。不同评价的范围和步骤取决于风险的评估和执行中的监控程序的有效性，企业人员发现内部控制缺陷要及时向上级报告，严重问题则要报告到管理高层和董事会。对某些企业来说，内部审计通常也会被赋予对潜在风险预防提出管理纠正的权利。

3. 企业审计的人员职责

为了充分发挥企业内部审计的作用，企业要明确各级人员的职责。

（1）管理层。CEO 最终负责整个控制系统。对大公司而言，CEO 可把权限分配给高级经理，并评价其控制活动；高级经理再具体制定控制程序和人员责任。小公司则可更为直接，由最高经理具体执行。值得一提的是，CPO 需要具体负责供应链体系和采购流程的制定、权限和职责的分配、组织构成、员工的技能和素质培养等工作，通过开展各项供应链的专业活动达到风险控制目标和绩效管控的目的。

（2）董事会。管理层对董事会负责，董事会负责设计治理结构，指导监管的进行。董事会应掌握有效的上下沟通渠道，设立财务、内部审计等职能，防止管理层超越控制，有意歪曲事实来掩盖管理的缺陷。

（3）内部审计师。内部审计师对评价控制系统的有效性负责，对企业的治理结构行使着监管的职能。

（4）其他人员。企业内其他人员同样需要肩负起内部审计职责，向企业提供审计系统所需的信息，从而实现相应的控制。对经营中出现的问题，如不合法或违规行为，其他人员有责任与上级沟通。

（5）外部人员。企业外部人员也有助于控制目标的实现，如法律部门、监管部门、客户、供应商、信用评级公司、新闻媒体、其他往来单位等，都可以起到外部监督的作用。第三方的审计人员也可提供客观、独立的评价。

4. 外部审计的重要性

相对而言，外部审计属于社会审计，其组织、资金来源都不受被审计单位的影响，因此相比内部审计而言具有更强的独立性。外部审计一般由经过政府部门审批的会计师事务所负责，如四大会计师事务所，每年都会为很多企业进行年度财务审计。外部审计也会更关注市场的变化，与企业的关系属于雇佣关系。在企业的风险管理中，内部审计和外部审计都起到了一定的作用。但内部审计对企业业务的管控作用，要远远强于外部审计。

4.4.6 完善企业的内部控制活动

在内外部审计外，风险管理的三驾马车中还有一驾马车，那就是内部控制。三者存在一定的逻辑关系：内部控制、风险控制、内部审计三者是"基础—分析—评估"递进关系或者叫因果关系。风险管理主要负责正确地分析评估进而采取有效的防控措施，就企业内部风险而言，则主要关注企业流程和管理方法。从控制方式方面来看，制度与流程正是为管理而生，那么内部控制就是为防止企业管理出现问题和错漏而制定。

内部控制体系的建设一直是国内外一些公司的重点管理内容，它对于全方位强化基础管理和提升公司治理水平都有积极的意义。如何从传统的复核、牵制等控制手段，发展到以财务会计活动为中心的会计控制，再经内部控制整体框架理念而上升至企业全面风险管理，这是现今企业十分关注的问题。

一般而言，内部控制体系需要从 6 大方面进行建立，如图 4.4-2 所示。

合规体制	风险管理体制	高效的职务执行体制
集团管理体制	信息保存管理体制	监视监察体制

图 4.4-2　内部控制体系

以上每个要素均承载 3 个共同目标：经营目标、财务报告目标、合规性目标。企业应当结合风险的评估结果，通过手工控制与自动控制、预防性控制与发现性控制相结合的方法，运用相应的控制措施，将风险控制在可承受范围之内。其控制一般包括以下几点。

1. 不相容职务分离控制

不相容职务是指职务本身既可能发生错误和舞弊行为，又可能掩盖其错误和弊端行为的职务。不相容职务分离的核心是"内部牵制"，它要求每项经济业务都要经过两个或两个以上的部门（或人员）的处理，使得单个人或部门的工作必须与其他人或部门的工作相一致或相联系，并受其监督和制约。

企业要全面、系统地分析、梳理业务流程中所涉及的不相容职务，实施相应的分离措施，形成各司其职、各负其责、相互制约的工作机制，具体包括以下内容。

（1）业务授权与执行职务相分离。

（2）业务执行与记录职务相分离。

（3）财产保管与记录职务相分离。

（4）记录总账与明细账职务相分离。

（5）经营责任与记账责任相分离。

（6）财产保管与财产核对职务相分离。

2. 授权审批控制

企业应根据常规授权和特别授权的规定，明确各岗位办理业务和事项的权限范围、审批程序和相应责任。

企业应当编制常规授权的权限指引，规范特别授权的范围、权限、程序和责任，严格控制特别授权。其中，常规授权是指企业在日常经营管理活动中按照既定的职责和程序进行的授权，特别授权是指企业在特殊情况、特定条件下进行的授权。

企业各级管理人员应当在授权范围内行使职权和承担责任。对于重大的业务和事项，应当实行集体决策审批或者联签制度，任何个人不得单独进行决策或者擅自改变集体决策。

例如，采购活动中审批权限可以按以下方式区分。

（1）常规采购活动的权限，可以按照级别进行授权划分，明确各授权人员的权责范围，禁止越权，并避免授权过程中人员设置复杂、臃肿。

（2）非常规或者重大事项的授权，如紧急采购或采购金额巨大、对公司影响深远的采购活动，则需要企业谨慎对待，应由多部门联合裁决，避免个人授权制。

3. 预算控制

供应链的活动范围包含从寻源到产品上市流通的全过程，其中每项活动的预算控制都极为重要。各项业务活动开展之前，需编制预算。编制预算时应当区分变动费用与固定费用、可控费用与不可控费用等。

预算可根据历史年度实际费用水平和预算期内的变化因素，结合费用开支标准及合理控制成本的目标要求进行编制。各项供应链管理活动应该严格控制在预算范围内，预算一旦制定就不要轻易修改。

例如：选择新供应商时，其成本应该控制在预算范围内；生产经营和项目投资回报等都需要在预算的范围内进行。

4. 绩效考评控制

在供应链管理的过程中，企业要科学、客观地认识供应链的运营情况，就应考虑建立与之相适应的供应链绩效评价方法和评价指标体系。

KPI 考核就是一种直观的衡量员工关键指标完成度的考核形式。绩效考核应包括考核指标的设定和最终完成情况的考评。

考核指标的设定不仅要突出重点和其自身的特点，更要能反映整个供应链的运营情况，而不仅只是反映单个节点的运营情况。健全、合理的供应链绩效指标必须上能支撑企业的竞争战略，下能指导员工有序而高效地完成日常工作，最大限度地激发员工完成工作的积极性，从而避免工作中出现疏漏或者怠慢等人为风险。

常见的供应链管理考核指标如下。

（1）交货能力。交货能力以按照客户要求的天数，或在客户要求的天数之前，或在原计划的交货天数之前执行订单的百分比衡量。

（2）订货满足率。订货满足率以在收到订单 24 小时内完成发货的订单百分比衡量。

（3）订货提前期。订货提前期以从客户放单到收到订货实际所需的平均时间衡量。

（4）订单完全执行率。订单完全执行率指满足全部交货要求的订单完成百分比。一般交货要求包括：按时、按质、按量交货，具有完整的和准确的单证，且货损符合订单要求。

（5）供应链响应时间。供应链响应时间指供应链系统对需求的响应时间。

（6）生产柔性。对上游企业，生产柔性是指达到所能承受的非计划的20%增产能力所需要的天数。对下游企业，生产柔性则是指在没有存货或成本损失的情况下，在交货期30天之前企业所能承受的订货减少百分比。

（7）供应链管理总成本。供应链管理总成本指供应链相关成本总和，包括管理信息系统、财务、计划、存货、物料采购和订单管理等成本。

（8）产品销售成本。产品销售成本主要指原材料购买和加工制造等成本，包括直接和间接成本。

（9）增值生产率。增值生产率一般采用人均增值率的指标，其计算公式为：人均增值率 =（产品销售总额 − 物料采购总成本）÷用工总人数。

（10）担保成本或退货处理成本。担保成本或退货处理成本指物料、劳动力和产品缺陷的问题诊断成本，或退货处理成本。

（11）可供应存货天数。可供应存货天数指以计提超储和过期损失之前的标准成本计算的存货总值，其计算公式为：可供应存货天数 =（原材料和在制品 + 厂内制成品 + 厂外制成品和样品 + 其他）×365÷产品销售成本。

（12）现金周转期。其计算公式为：现金周转期 = 存货供应天数 + 销售未付款天数 − 采购原料的平均付款天数。

（13）资产周转率。其计算公式为：资产周转率 = 产品销售总额÷资产总额。

企业不同阶段的发展侧重点有差异，在设定考核指标时企业关注的重点也有所差异。如选择成本领先战略的企业和选择以客户需求为战略导向的企业，两者的考核维度一定存在着较大的差异。如何合理设置供应链的考核指标非常考验企业高层的能力。设置考核指标的过程中，企业也需要对指标的权重进行分配，区分出重点指标和次要指标，让企业在执行的时候更有聚焦点。

在风险管理的过程中，各部门在落实企业战略、拆解考核指标时，也需要将风险管理的绩效作为考核指标之一。其体现形式可以多样化，但不可以缺失。企业在设定风险管理考核指标时可以与供应链的常规管理指标相融合，也可以单独列出。

例如：供应商在一定周期内事故发生的次数或者概率；客户交付能力之外的交付稳定性；生产效率外的生产稳定性和连续性；等等。

将风险管理纳入考核指标不仅可以警示其重要性，提升各部门风险管理的意识，也可以在绩效考核时，检验各部门具体的行动成果，判断其是否在风险管理的过程中采取了积极主动的措施。适当的风险管理绩效考核指标可以反向推动部门间合作，共同推进风险管理的落地。

需要注意的是，在对风险管理考核指标进行解读的过程中，存在着从上至下或从下至上的拆解或整合的动作，也存在着与部门指标相关联的情形。因此，指标体系须做到清晰透明，管理者要承担起指标解读的责任，避免发生解读上的断层或者缺失，造成 KPI 体系的混乱。

世上罕见不经历风雨就发展壮大的企业，而多见跌跌撞撞、蹒跚前行起来的企业。风险是每个企业都必须直面的课题。以上介绍的各种管控措施，其核心都旨在从内外环境和企业供应合作对象等多维度出发，助力企业夯实自身基础，修炼好内功，这也是企业应对各种风险之根本。

上下同欲者胜。企业所有成员都需要正视风险的负面性，端正心态，不惧怕风险、不逃避风险，在风险来临时上下一心，及时采取有效措施，这样才能不被风险打倒。每一次的风险，都是让企业变得更强大的一次机会。

第 5 章
供应商管理中的风险管控

在关于供应链风险管理的话题中，供应商的风险管控是不可忽略的话题。从大格局讲，供应商能够合理配置资源、有效地消除浪费，这一点在资源紧缺的现代社会具有十分重要的意义。放眼企业的实际运营，供应商对企业的价值和影响力同样不言而喻。每个企业都处于供应链中，不论是从商流、物流、信息流出发，还是对企业的内部管理而言，其管理活动的正常进行，都与供应商合作息息相关。历史上的供应链风险案例已经生动地诠释了：一旦供应商发生风险事故且企业没有及时干预，其后果不堪设想，往往会给企业带来灾难性的影响。

5.1 采购策略准备中的风险管理

供应商的很多问题并不像想象中的那么简单，也不能粗暴地以甲方的"权威"去硬性胁迫供应商配合。在合作、互信、共赢的基础上，与供应商建立多样化与个性化相结合的良好、和谐的合作秩序，才能使企业处于有利的市场竞争地位，远离供应链风险带来的困扰。本章将从供应商管理要点以及管理流程入手，详细阐述如何应对具体的供应商风险。

供应商管理的全流程，从大方向上讲，可以分为供应商选择和供应商实绩管理。很多企业也据此将采购部大致分为 Sourcing 和 Procurement 两个部门，虽然这两个单词都可翻译为采购，但 Sourcing 部门主要负责新供应商的选择，Procurement 部门主要负责供应商合作过程中的管理。

如果考虑供应商管理的初始出发点和终结端，考虑合作过程中的管理要点，则可以进一步将流程延展和细化为图 5.1-1 所示流程。

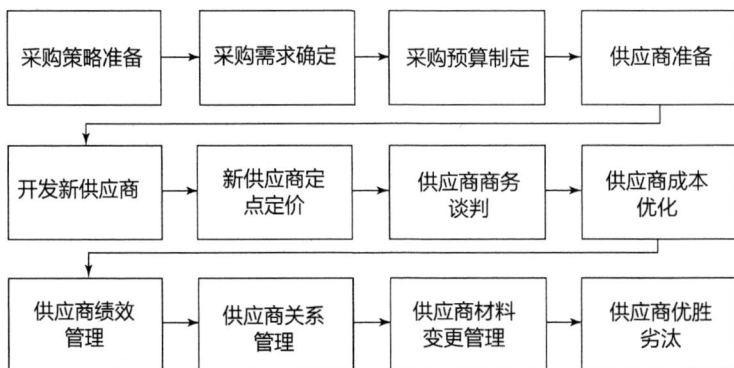

图 5.1-1 供应商管理流程

图 5.1-1 展现了供应商管理活动的全流程。从采购预算制定开始，就已经进入了供应商管理的范围，也进入了供应链风险管理的范围。例如，在采购策略或者供应商的准备阶段，虽然不涉及具体的风险应对问题，但是涉及风险的识别以及预防工作；在供应商准备过程中，如何制定新供应商的选择标准，以及制定后续管理的策略，都将直接影响合作过程中风险发生的概率。

以下对供应商管理全流程中的关键节点进行剖析。

供应商管理作为企业中的一个重要部门，跟随着企业战略的制定，也要制定相应的策略。从进入采购活动开始，就需要制定采购策略。策略是行进船只的灯塔，是采购活动的指引灯。方向性的策略一定要比具体行动方案先行一步。

若企业未来三年的战略核心为平稳发展，那么相应的采购策略核心就应当为选择质量表现稳定的供应商，质量考核指标应当成为供应商开发和实绩管理的重要维度。

若企业中短期的战略发展目标为迅速抢占市场，迅速抢占市场需要具备有竞争力的价格、有技术实力的产品，或者多样化的产品，那么采购策略就可以将供应商的成本优势或者其开发创新能力作为重点管理维度。

由此可见，采购策略是指引一切采购活动的根本。不同的采购需求下，供应商管理的优先维度也不一样，不应简简单单地将质优价廉作为选择供应商的唯一标准。只有紧跟企业战略制定出合理的采购策略，才能保证整个采购活动方向正确。

5.2 新供应商准备及准入的风险管理

供应商引入是采购绩效与战略实现的重要环节，在 OTEP 模型中强调"选择大于管理"，如何有效选择适合企业竞争战略与行业产品需求的供应商，是企业在采购策略中首先要解决的问题。在此过程中，企业要做好新供应商准备及准入的风险管理工作。

5.2.1 新供应商准备的风险管理

很多企业误认为只有在供应商实绩管理中才能进行风险管理。其实，从供应商准备开始，就已经进入了风险管控的范畴，准备阶段的业务活动若控制得好，后期发生风险的概率就会大幅下降。

企业对供应商的态度不能再延续那种"我是甲方你是乙方，你的存活和利润都靠我"的想法，这是极端错误的想法。事实上，如果看轻供应商，供应商在配合的过程中必然会以敷衍来回击。供应商是企业重要的合作伙伴，能给彼此带来更多、更好的成长空间，如果选择不当，则会对彼此甚至整个供应链都带来不可修复的伤害。

一旦供应商选择不慎，出现配合不良或因突发事件停止合作等现象，都将会引起巨大的供应链管理风险，双方都会因此付出很大的代价。所以端正对供应商的态度是新供应商准备的第一步。

1. 提前准备候选供应商

很多企业在开发新供应商时，受到环境和采购需求的紧迫性限制，总是着急地选择了一个"差不多"的供应商。此时，企业对供应商的资质、市场地位、客户评价或预期的生产能力都一无所知，甚至只是为了能够满足眼下的到货需求，在货品质量规范都没有的情况下，就着急引入。这里面就存在很大的风险，企业甚至可能遇到从价格、质量、产能、配送到管理的全方位"爆雷"，使企业手足无措，蒙受巨大损失。

有些采购负责人认为，这是在紧急情况下保证供应、生产的无奈之举。但始终要明确，保证供应是保证长期稳定的供应，而不只是一两个月的短期需求。在一无所知的情况下匆忙选择供应商，不仅无法满足保供的需求，反而会带来风险。

为了避免紧急采购需求导致临时选择供应商，企业需要提前准备一个候选供应商库，所有纳入候选供应商库的供应商，其资质和能力都已经经过企业的评估，只待合适的时机开展合作。若有紧急的采购需求，企业可以优先在候选供应商库中进行寻找，从容应对，找到资质较优的供应商，避免手忙脚乱。

如何准备候选供应商库呢？这就需要企业定期关注市场上相关供应商的信息，制作优质、合格供应商的目录。若有必要，企业可以在采购需求明确的提前期内，接洽相关供应商，甚至可以进行部分资质考核和现场考核，收集资质合格的供应商的主要信息，加入候选供应商库。此项工作的开展不受时间限制，可随时进行。

2. 明确供应商的选择标准

在选择新供应商时，涉及的企业部门较多，每个部门都有自身的利益出发点。这时，就很容易出现决策矛盾，导致企业无法给出一个明确的选择标准，或者采购部门夹在中间不断妥协，最终妥协至毫无原则、没有标准的状态，整个采购活动变得一片混乱。

选择标准应该在开发供应商前就明确。不同类别的供应商，不同产品的供应商，其考核特性不尽相同。企业需要根据自身采购策略和不同产品的采购需求，确定供应商选择需要重点考虑的标准，每个选择标准经讨论后形成统一的意见，并以文字的形式固化下来，用以指导新供应商的开发。此举可避免企业出现采购标准乱象，或者部门间为了争夺利益而出现不公正的倾斜，导致企业因标准不清与资质较差的供应商建立合作，进而造成后续风险。

5.2.2 供应商准入过程中的风险管理

新供应商的准备完成后，企业就需要考虑与合适的供应商正式开展合作的问题，即开展供应商准入管理。供应商准入包括对候选供应商更深入地考核，以及关于价格和质量技术等条款的谈判协商、合同的准备和签署等。此时离双方正式合作已经非常接近，准入过程中的每一步管理是否得当，都决定着双方后期的合作过程是否顺畅，是否会产生潜在的风险。

1. 新供应商的考核

企业在对新供应商进行考核的过程中，容易进入一些误区。

（1）不知道考核供应商哪些方面。

（2）不知道哪些考核内容是重点。

（3）在考核的过程中容易走过场。

第一个和第二个误区与专业技能有关，第三个误区则与工作态度有关。

供应商的考核应以线上和线下考核两部分结合为主，并以多部门联合工作的形式开展。考核前需设定考核目标，并制定考核计划；考核过程中需相互配合监督，以保证考核的公正性。参加考核的人员，不仅要掌握本部门的专业技能，还需对产品的关联知识和现场管理都有一定的了解，如此才能保证考核的质量和效率。

对于走过场这种工作态度的问题，如果企业都不重视对供应商的考核，不懂问题本质所在，就更谈不上后期管理。走过场掩盖的问题，都会成为以后随时可能爆炸的炸弹。

2. 供应商准入谈判

谈判是企业和供应商为了进一步达成一致合作，而采取的一种协商手段。谈判不等于聊天，谈判是严肃的商务沟通方式。供应商准入过程中的谈判，不仅涉及合作价格谈判，对于质量条款和技术要求、配送要求、售后以及其他合作要求都需要详细地协商。

谈判人员在谈判过程中，首先要能明确企业自身的诉求和对供应商的需求，在传达企业诉求时，要能够清晰地表达，不含糊其词，不遮遮掩掩，不该退让的坚决不能退让；其次要能够把握住对事不对人的原则，有张有弛，在谈判进展不够顺利的时候，及时调整谈判策略。谈判成功是双方合作的基石。

3. 合同准备

进入合同准备的阶段，也就意味着双方正式进入合作的起点。合同是双方在合作过程中的一种法律约束，具有一定的法律效力。采购合同一般条文众多，也容易因为条款不清而导致各种纠纷。合同中除了基本的商务合作条款之外，对于双方各项权责的约定，一定要清晰明了；对于产品合作期间的管理要求和管理目标也要言之有物，避免因条款模糊而出现各种纠纷。合同风险的分析与管理可详见第9章。

5.3　供应商绩效考核的风险管理

供应商正式成为企业的合作伙伴后，其在合作的过程中对质量和交期的控制可能会有所松懈。企业对其日常的绩效表现一定要建立相关的考核管理制度，这是供应商风险防控的重要一步。供应商的日常绩效考核，是企业掌握供应商动态重要的方法和工具。

供应商绩效考核一般由关联部门联合设计考核标准，并分别由责任部门进行周期性评分，最后进行加权汇总。评分的高低可以看出供应商在阶段内的表现水平高低。供应商的日常考核是持续性和周期性的工作，不能一时兴起来决定做还是不做，持续观察才能发现变化规律和潜伏的危机。

企业在对供应商进行持续考核时，需注意数据信息化的积累。日常的绩效考核中，某些微小事故可能不会引起重视，但当数据经过一定积累后，企业可以通过分析发现其中的变化规律，提前发现风险。

5.3.1　供应商绩效考核标准的建立

供应商绩效考核标准的建立很重要。一般而言，某些重要的考核维度是不可或缺的，如交付、质量、价格、包装、库存、内部管理、不良事故等。同时，企业可根据自身发展需要，对各供应商绩效考核指标进行差异化和细化。

在具体设定考核指标时，企业若出现毫无头绪或者分不清重点项的情形，可以遵循 SMART 原则：Specific、Measurable、Achievable、Result－based、Time－bound。其对应的含义分别如下。

（1）Specific，具体的。考核指标需要具体，不能泛泛而谈。

（2）Measurable，可度量的。考核指标的输出结果一定是可量化的。

（3）Achievable，可实现的。考核指标切忌设定得过高或过低，这样没有实际指导意义。

（4）Result–based，以结果为导向的。重视考核项的最终结果输出并对结果进行分析总结。

（5）Time–bound，一定周期内的。

企业按照以上原则来制定考核指标，可以让考核指标更具操作性，且能聚焦重点内容。在设定考核指标时，除参照 SMART 原则外，若各指标的重要度不一样，还需对其进行加权处理，如表 5.3-1 所示。

表 5.3-1　供应商考核标准

类别	序号	评估角度说明	备选指标			指标权重（1—5）	数据来源
基本信息	1	公司规模及发展趋势	公司性质	注册资金	公司规模	2	
	2		股东背景	成立年限	主要客户	3	
	3		主营业务	年销售额	近年销售趋势	4	
	4		行业地位	业内口碑	行业规划	3	
运营能力	5	公司生产能力及营运水平	设备状况	生产能力	生产工艺	5	
	6		质量体系	生产环境	仓储规模	4	
	7		物流路径	在库水平		4	
合作表现	8	既往合作过程中的优劣表现	合作年限	合作范围		2	
	9		近年绩效考核值			3	
	10		是否为战略合作	交易量变化趋势		4	
	11		产品合格率	质量事故率	售后反应速度	5	
	12		供货及时率	供货准确率		5	
供应成本	13	成本价格表现	交易额	成本透明度		4	
	14		供应市场环境			3	
	15		持续降本率			2	

类别	序号	评估角度说明	备选指标			指标权重(1—5)	数据来源
合规及财务	16	企业是否合规和具有财务风险	诉讼记录	行政处罚记录	负面信息次数	4	
	17		经营范围匹配度	企业风险预警评分		3	
	18		现金流	资产负债率	付款及时率	4	

5.3.2 供应商绩效考核的意义

如果供应商在绩效考核中的某项评分较低，意味着供应商单项表现较差，而如果多维度的加权评分较低，就说明此类供应商可能存在以下风险。

（1）在所有的关键维度表现都较差，整体配合水平都不高。

（2）在某一关键项发生了重大不良事件，导致此项评分接近于零。

依据考核的结果，企业可以筛选出持续表现较差的供应商，无论是供应商单项表现较差，还是整体偏弱的情况，均为风险的高发地带，企业应意识到其背后潜藏风险的可能性，对其要有足够的重视。

图 5.3-1 中，企业通过绩效考核发现供应商风险后，要及时采取相关的应对措施。若属于企业自身的问题，则启动内部整改；若属于供应商的重大不良问题，则需分别应对。这才是绩效考核的真正目的，企业切忌为了考核而考核，而要在考核的过程中发现隐藏的风险，及时跟进调整。

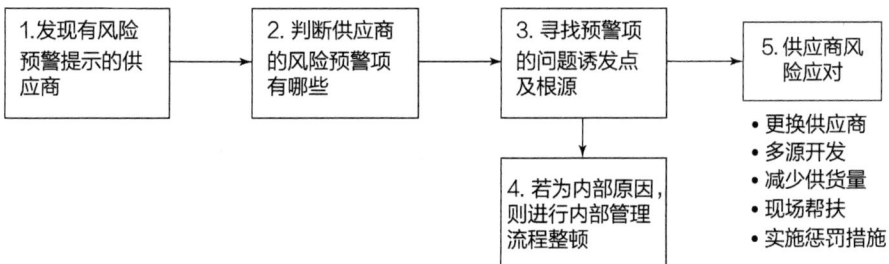

图 5.3-1 供应商风险管控措施

5.4 供应商整合与供应商变更的风险管理

企业常常因为内部各种采购需求，引入大量供应商以缓解燃眉之急。长此以往，供应商库里就累积了数量庞大的供应商，甚至存在部分"僵尸供应商"，其水平和能力也参差不齐。正式管理起来，采购经常陷入无头绪和各种慌乱的局面，精力也经常被透支却未见成效，事故频发。此时，需要对供应商进行有效整合，存良去莠。

5.4.1 供应商整合的风险管理

供应商整合的风险管理需要从数量和资质两个角度进行。

1. 供应商数量的优化

供应商数量总是比意料中的要多。一方面，是因为企业在面对采购需求时，前期准备不足，往往通过尽量选择多的供应商来寻求安全感。另一方面，因为企业长时间未对供应商库进行清理，所以存在大量的小分量供货的供应商；或者为了少量的供应需求，引入了多家供应商同时供货等。这些都很容易消耗管理精力，并产生一些管理暗区。

企业应当详尽地了解和把控每一个被管理的供应商对象，而在过于零散的供应商体系下，企业很难做到这一点，而那些鞭长莫及或者顾此失彼的地方正是风险的频发地。

定期对供应商数量进行优化，可以让供应商资源更集中、更加优质，减少管理资源中的不必要损耗，同时杜绝管理暗区产生一些隐藏的风险。如对某些物品实行集中采购，选择优质的集中供应商。精简供应商数量不仅可以减少风险，也可以带来价格上的优势。

对于生产类供应商中单源和多源的说法，也需正确理解。多源供货渠道的抗风险能力是要优于单源渠道的。但这里的多源不是多多益善的意思，而是相对于单源，可以按照需求适当增加一到两家优质的供应商。无论供应的产品是否处于重要程度，当同一类别产品的供应商数量过多时，就应该认真反思其必要性。

必须要理解，"Less is more"（少就是多），合适的供应商数量才是企业最佳的选择。

2. 供应商资质的管理

供应商资质若不能达到企业要求，也容易引发风险。企业需要适时对供应商的资质进行管理，管理方向主要包含以下两方面。

（1）对一些能力较弱的供应商有针对性地提供帮扶和支援，助其提升。如果在整改措施实施后，供应商仍无明显好转迹象，或仍达不到企业的要求，就可以考虑优胜劣汰，终止与其的合作关系。对帮扶之后进步较快的供应商则加强合作。

（2）对同一类别的采购物品，若背后存在不同资质的供应商，保留最优质的供应商，剔除资质差的供应商；或调整供应比例，向优质供应商倾斜，减少劣质供应商的比例，以保证供应商的整体水准。

供应商资质管理过程中，企业需认真考虑与其继续合作的可行性。虽说不轻易中断双方的合作关系，但对资质较差且频繁出错，无任何整改意愿的供应商，"刮骨疗伤"是唯一的风险管控方法。

5.4.2 供应商变更的风险管理

变更管理是供应商实绩管理中很重要的部分。在正式合作的过程中，随着市场需求的波动，基于企业对质量标准的卓越追求或技术的更新换代等原因，或由企业牵头，或由供应商牵头，都会主动提出一些产品变更需求。

变化易产生风险。变更的同时生产往往不会停止，在大批量的生产过程中，如果变更的某一个环节没有管控好，或沟通中出现了失误，都会影响生产的正常进行或产品的市场口碑，产生风险。

1. 变更管理原则

常见的变更可以分为技术变更、质量标准变更，及供应商主体信息的变更。技术变更会影响产品技术性能的调整、产品工艺的调整和商务价格的更改；质量标准变更会影响质量检测方法的调整；供应商主体信息的变更会影响企业对供应商的匹配管理，主体信息更改的背后也隐藏着合规风险。

为了规避这些变化中的风险，无论是企业主动发起的还是供应商主动申请的变更，都需要遵循以下管理原则。

（1）供应商或企业需公开、透明地共享变更过程中的所有信息。

（2）所有的变更都需进行书面申请，变更申请在得到关联部门或组织的许可后才可往下进行。

（3）变更过程中对于供应链成本、技术、质量、生产等影响，都需以会议的形式集体商议评估，汇总各方意见后判定其可行性。若收益大于风险则可继续推行，否则要给予否定的意见。

（4）变更的过程存在一定时间周期，并非一两日就可完成。在整个周期内，对于所有变更影响点都要持续跟踪，持续反馈改进。

（5）变更过程的管理要点需要书面文件记录，定时与各关联部门共享变更进程，变更完成时也需书面记录并呈交各负责人复核。

2. 技术变更管理

企业和供应商为了顺应市场需求，或者出于优化成本的考虑，都会主动引导某些技术变更。技术变更中会涉及原材料变更、局部性能更改、产品设计更改、价格的重新谈判等。此过程中，除了完成技术变更本身所需要的样品试制和功能检测外，更需保证产品质量和生产的平稳过渡，以及商务价格的顺利商定。

变更过程中，产品的样品试制和性能检测，需满足国家行业内的标准、客户的控制标准，并跟踪其一定周期内的表现稳定性；质量标准需要进行复核，必要时重新设定产品质量标准，并同步检测周边配套产品生产过程中的稳定性。所有的采购品都不是一座座孤岛，它们需要和其他半成品配合，才能最终组装成完整的完成品。如果其中一个半成品发生了变化，与之配套的其余半成品在配合过程中就会有发生风险的可能性，所以企业须检测周边整体性能。有时，生产线的格局也需进行局部调整，调整后内部生产的稳定性也需持续跟踪。

总之，技术变更并非只关注产品技术表现特性，而需要持续检测其质量表现、周边配套产品的质量稳定性、生产的稳定性、客户的反馈等。如此才能杜绝因为变更带来的下游风险。

技术变更中，很多供应商在成本管控的压力下，会私底下减配或更换低级的原材料。通过这种私下操作，供应商可以违规获取部分利润，也可以配合企业降低成本，很多企业在不被告知的情况下，短时间内无法识别出这种私自变更的行为；但这种情况一经发现，供应商通常也要付出极大代价。

（1）私下操作并没有经过企业正常的检测流程，没有严谨的管控过程，无法保证变更后的产品质量是否符合标准要求。如果产品出现问题，客户抱怨投诉，就意味着已经引发了严重的危机。而因为供应商的刻意隐瞒，企业已经错失了最佳的挽回时机。

（2）供应商私下操作的行为会严重损害供需双方合作中的信任，无论供应商是否告知，企业追根溯源起来，总有一天会发现这种行为。供应商在变更过程中，对可得利润的隐瞒、对产品变化的隐瞒，会让企业丧失对其的信任，影响双方的长远合作。

5.5 供应商实地评审的风险管理

无论是在寻找潜在供应商时，还是在进行供应商合作管理时，都不能单纯以通过电话、网络获取的信息作为决策依据。供应商资质在很大程度上决定了企业的正常生产运营，企业必须对供应商有更加清晰、准确的认知，而实地评审就是供应商风险管理中必不可少的一步。

5.5.1 供应商实地评审的必要性

企业与供应商交流的方式一般为电话会议和邮件。在这些常见的商业沟通方式中，用于交换的信息很容易被包装起来。如果没有足够的专业度进行去伪存真，过于信赖这种信息，就会产生合作中的风险。例如，没有真实有效地评价潜在供应商的资质，会导致后期合作中出现违反相关法规、供应中断、质量异常、关联交易、人员舞弊等众多问题。

古话云："耳听为虚，眼见为实。"实地评审可以让企业近距离了解供应商的经营实力、管理成效等，提供发现风险的良机，是有效识别相关风险的办法。

5.5.2 供应商实地评审的时机

供应商实地评审一般可以在寻源阶段和合作阶段进行，二者的评审重点也有所区别。

1. 寻源阶段

在寻找新供应商或寻源前期的样品开发、选品阶段，都需要进行供应商的实地评审，这是正式合作前必经的程序。一般情况下，很多采购部门都会事先准备新供应商的概况调查表，书面收集相关资料，但企业选择供应商不能仅采用备案资料的形式，必须进行实地考察，如考察供应商是否具备健康安全的生产经营场所、是否具备稳定的生产能力等。寻源阶段的评审是获取供应商资质最为直接的方式。

2. 合作阶段

与供应商正式合作后，也需定期对其进行评审。此时，评审的侧重点会有所不同，应主要集中在供应商持续稳定的供货能力和现场管理能力等。评审过程中应考虑成本效用原则，对于战略产品、合作金额较大的杠杆型产品、较重要的瓶颈产品必须采取实地评审。评审周期可以是固定的，也可以是基于合作中的突发问题进行针对性评审。合作阶段的实地评审是供应商问题解决、供应商能力提升的重要工具，也是决定双方是否继续合作的关键步骤。

无论是哪一阶段的评审，评审程序应保持一贯性原则，以相对固定且有序的程序开展，而非临时、随意的程序，流程要清晰，结论要明了。

5.5.3 供应商实地评审的工作程序

企业应根据需要编制评审计划，评审计划应提前发给供应商使其进行准备，便于提高实地评审的工作效率。评审计划中需确定评审人员、评审时间、评审内容和评审目的等内容。

1. 评审人员

参与评审的人员，需具备满足评审项目所需的技术、知识能力和较好的职业操守。人员方面，为达到事先预防和监督，一般建议由财务、生产、技术、品质、采购等相关部门委派适当人员，有时还需审计人员一同参与，以上人员共同组成评审小组。

（1）财务人员针对供应商财务状况进行审核，包括查看供应商的财务报表、了解财务管理和税务策划情况等。

（2）技术人员可以关注供应商的研发实验室、检验室、新品开发能力等。

（3）生产、品质等人员应关注供应商的生产制造现场，检查其生产现场的管理和环境安全、固定设备的使用情况、操作人员的作业水准，审核其来料检验、过程检验、成品检验的方案和记录。

（4）采购人员应对供应商及其上游供应渠道、采购品的成本构成、采购流程、库存周转、客户响应等进行审核。

为保证评审的效果，评审小组人员应事先就本次评审方案进行沟通，明确分工。

2. 评审时间

评审时间安排上，一般情况下不宜过长，需要把握重点，并采用随机抽查或穿插性测试的方式。时间分配上，可参考首次会议10%、文件审核30%、现场走访及取证50%、末次会议10%这样的比例安排。若评审前的准备不充分或时间安排不明确，极有可能出现被供应商牵着鼻子走的情况。例如，供应商主动展示各种大而空的内容，影响采购方评审的计划和目的，出现走过场的现象。

3. 评审内容和评审目的

评审内容上，相关部门需提前联合拟定，依据具体的需求，带着具体问题到供应商现场。评审目的方面，应明确实地评审的目标。实地评审涉及供应商的主体信息、经营能力、社会责任等多维度，一般来说包括以下几点。

（1）供应商主体信息。合法经营的证照或者相关资质证明是否齐备，对于法律法规明文规定的、环境保护、消防要求等硬性要求，供应商必须提供详细的原件，并记载证书有效期。

（2）供应商能力证明。所供货品或服务的详情和标准、合作意愿、质量保障能力、生产能力、研发能力、财务状况、现场管理能力等。

（3）供应商响应速度及处理程序的评估。对于不良事故的处理程序，对于客户的反应程序，事故的应急处理方案等。

（4）评审过程及取证的有效性评价。评审人员须遵循不相容职务分离、就职回避、关联关系等原则，评审结果须经企业高层授权人员审核。

5.5.4　供应商实地评审的注意事项

在供应商实地评审过程中，评审人员需注意以下事项。

（1）实地评审需严格执行审计程序，通过询问、查阅、现场抽样、现场走访、与供应商高层沟通等方式如实记录。实地评审要注意整体观察、个别详查、重点问题反复确认。

（2）为提高实地评审效率，可以由评审小组人员分别审查，保留独立意见，最后汇总形成审计报告。

（3）评审小组中审计人员或财务人员具有最终裁判权。对审计过程不符合程序或与事实存在较大偏差的，可提出否定意见。

（4）避免流于形式。部分企业固守甲方思维，认为去供应商那里就是赏脸，评审变成了走过场，浪费了通过评审发现问题的机会。

（5）对于现场问题的重视。实地评审过程中发现的问题，无论其大小都要引起重视，有后续的行动方案。

附表1：供应商评审调查表（供应商填写）

供应商名称				
地址		邮政编码		
法人代表		联系电话		
总经理		联系电话		
网址		传真		
提供物料		类别		□原辅料 □内包材料 □外包材料
1		基本情况		
1.1	公司的成立时间			
	注册资本			
	公司性质			
1.2	公司占地面积			
	厂房面积			
1.3	附公司的组织机构图（若选是，则请在表格最后附上图）			
	□是 □否			
1.4	请列出公司生产范围			
1.5	年正常生产天数			
	每天生产班次			
	每班生产时间			
1.6	通过的国内安全或质量认证情况			
	证书名称	证书编号		认证时间
1.7	通过的国际安全或质量认证情况			

续表

证书名称	证书编号	认证时间

1.8	公司质量体系为	
	□GMP 质量体系　□ISO 9000 质量体系　□其他：	
1.9	产品执行标准	□国际标准　□国家标准　□行业或地方标准　□企业标准
	执行标准编号及级别	
	产品合格率	（请填写年度的产品合格率）

产品主要质量和安全指标

序号	项目	指标	检测方法

1.10	请列出供应物料所在车间和同一生产线的其他产品

1.11	请说明避免混淆所采取的措施

2	人员	是	否	备注
2.1	质量独立于生产吗			
2.2	质量体系由质量控制和质量保证组成			
2.3	是否有培训体系			

续表

2.4	培训是否有记录			
2.5	人员结构			
	公司总人数			
	生产人员数量			
	质量人员数量			
	检测人员数量			
	技术人员数量			
2.6	质量部门负责人姓名、职位			
3	物料管理	是	否	备注
3.1	进厂原料的接收、入库、取样、检测、放行或拒收、储藏是否有书面规定			
3.2	接收原料时是否检查标签内容与实际一致，外包装是否完好，物料是否有污染情况			
	这些检查是否记录			
3.3	原料储存是否能避免混淆、交叉污染			
3.4	是否有合格供应商名册			
3.5	仓库的温湿度是否满足要求			
3.6	是否有供应商管理程序			
4	设施设备	是	否	备注
4.1	设施的选型、设计、安装是否最大限度减少潜在污染			
4.2	设施均完好能投入生产			
4.3	设施是否洁净有序，得到正确的维护、保养			
4.4	设备是否有唯一的编号			
4.5	请简要描述空调体系（如有）			
4.6	请简要描述水系统			
4.7	请列出主要生产设备及检测设备			

		是	否	备注
4.8	是否有年度维护、保养计划			
	若有，这些维护、保养行为是否记录			
4.9	设备计量是否经过校验并有标识			
4.10	设备的清洁是否有程序规定			
4.11	是否有高活性产品生产，如青霉素、激素等			
5	文件	是	否	备注
5.1	是否有规定怎样起草标准文件的文件			
5.2	历史标准文件是否保存			
5.3	标准文件是否定期修订			
5.4	QA 放行是否有文件规定			
5.5	标准文件是否受控			
5.6	是否有清洁规程			
5.7	谁负责文件的修订及发放			
5.8	文件存放在何处			
5.9	文件存放期限为多久			
6	生产与工艺规程	是	否	备注
6.1	是否有工艺规程			
6.2	是否包括物料名称及编号			
6.3	是否包括各起始物料反应方程式及数量比例			
6.4	是否包括生产车间及所用设备名称及编号			
	批生产记录	是	否	备注
6.5	每批产品是否有唯一可辨别的批号			
6.6	是否有程序规定批号的形成			
6.7	产品批号是否可追溯供应商原料批号			
6.8	生产原料和包装材料是否受控			
	生产控制	是	否	备注
6.9	关键工艺参数是否有人复核			
6.10	过程关键控制点是否有书面程序规定控制范围			
6.11	重点控制工序			

续表

	工序名称	控制指标
7	相关资质证明材料提供。企业提交调查表时，应同时提交以下材料	

(1) 有效期内工商营业执照、产品生产许可证（不须办理许可证的除外）、药品注册证等有效证件的复印件
(2) 企业法定代表人或负责人身份证复印件
(3) 标有关键参数的企业生产工艺流程图复印件
(4) 产品执行标准复印件
(5) 已获得 HACCP 认证证书、ISO 9001 认证证书、出口食品卫生注册（登记）证和其他证书（如有）的，提供证书复印件
(6) 企业组织机构图
(7) 审查要求提供的其他材料

填表者情况（请签名后返回）

职位	姓名	签名	日期

以下由本公司填写

QA 初步评价	1. 资质是否齐全　　　　　　　　　　　　　　　　是□　否□ 2. GMP/ISO/食品安全管理体系是否执行　　　　是□　否□ 3. 是否可以提供 3 批产品 COA 及样品　　　　　　是□　否□
	结论： □同意该供应商问卷内容 □不同意该供应商问卷内容 <div align="right">QA 签字/日期：</div>

附表2：供应商商务审计表（评审小组填写）

供应商标准评价表			记录编号：	
			发布日期：	
名称		产品类别		
联系人		电话		
地址				
评价项目	评价标准		分值	得分
技术	完善的产品开发设计控制制度，能自主设计、自主开发（10分）		0~10	
	设计控制制度不完善及规范，仅能开发简单的产品或部分零部件（5分）			
	仅能按照公司样板进行制造，无产品设计及开发能力（1分）			
生产工艺	现场文件受控，生产工序有作业指导书，现场员工均按标准操作（10分）		0~10	
	作业指导书不全面，部分作业指导书未及时更新，人员不完全按标准操作（5分）			
	无作业指导书，职员凭经验操作，领导凭口头指导（1分）			
设备维护与保养	完整的设备管理办法，设备的采购、操作和保养均能有效控制，不同设备进行不同级别的保养，设备经常处于完好状态（10分）		0~10	
	重要设备有保养计划，但设备管理办法不全，不能保证设备经常处于完好状态，有因设备损坏而停工事件（5分）			
	无设备管理制度，出大问题才进行维修，经常影响生产（1分）			
生产现场管理	完整的现在管理规范，如自检、互检、巡检制度，5S管理制度（10分）		0~10	
	完整的管理制度，但执行力度不足，导致产能波动较大或出现漏检等情况（5分）			
	无管理办法，任凭管理者口头指导，质量无法保障（1分）			
质量管理体系	质量管理体系完善，体系运行有效，质量手册和程序文件能认真执行（10分）		0~10	
	质量管理体系文件化，但不完善，体系基本能运行，质量手册和程序文件规定不够严谨（5分）			
	无质量管理体系文件，只有一些口头程序或习惯性做法（1分）			

续表

评价项目	评价标准	分值	得分
检验过程控制	产品检测标准化、流程化、文件化，品管员严格按照规定操作，检验结果有专人校对（10分）	0~10	
	关键检验过程能自主控制，但有时不能严格按照文件操作，检验结果由检验员一人负责填写（5分）		
	检验过程不严格，经常出现产品漏检或者缺陷产品流露在外的情况（1分）		
成本与价格	能改善流程、提高效率、降低成本、结合市场价格变化，产品售价稳中有降（10分）	0~10	
	对降低成本有认识，但措施或方法不到位，产品售价有小幅波动（5分）		
	采取降低原材料价格，产品质量不稳定，价格随市场波动大（1分）		
产品交付	完全按合同要求的期限和交货条件交货（10分）	0~10	
	基本能按照合同要求的期限和交付条件交货，偶尔有延误（5分）		
	经常延期交付，交付条件经常变更（1分）		
售后服务	良好的售后服务，主动调查客户需求，能及时纠正及改善客户投诉，并能将相关信息反馈给客户（10分）	0~10	
	及时处理客户投诉，但未能及时纠正投诉，同一问题多次被投诉（5分）		
	对客户投诉经常推卸责任，拖延很长时间才给予解决，类似问题经常发生（1分）		
组织管理	管理团队优秀，岗位职责明确，企业组织结构合理，离职率低于同行业平均水平（10分）	0~10	
	管理团队一般，组织结构不明确，岗位职责不明，一人身兼多职（5分）		
	管理团队较差，办事全凭领导指示，组织结构不全，岗位职责不清，办事效率低下，经常推诿（1分）		
评价结果	小计		

备注：总分100分，90分以上为优，70~89分为良，69分及以下为差

复核			审核		填表人	

5.6 供应商关系的风险管理

供应商作为企业的重要合作伙伴，与其保持良好的合作关系至关重要。企业一定要摒弃传统的简单买卖关系理念，在合作的过程中遵循平等合作、互相尊重、就事论事、长远发展的原则。世界上没有任何一种关系可以仅通过单方面付出就实现持续发展。

丰田汽车，无论是从销量还是从用户忠诚度来讲都是成功的典范。丰田为何能取得如此的成绩呢？如果从企业管理角度讲，得益于丰田生产系统（TPS），这是丰田拥有整个汽车行业较高利润率的根本原因。从供应链配合的角度讲，汽车零部件数量繁多，供应商体系庞大，丰田持续前进的技术优势、良好的产品口碑，其实都离不开供应商的大力支持和配合，稳定的供应商关系也是其制胜法宝之一。

丰田和供应商的关系，更像是长期合作伙伴，甚至是一个利益共同体。丰田在选择新的供应商时，前期考察会非常谨慎，一旦确认这个供应商符合标准可以进入合格供应商目录，合作关系就会长久维持下去，不会轻易更改。后期在对供应商的管理过程中，如果发现了问题，也会通过各种帮扶和现场支持的方式，帮助供应商解决问题，使其能满足企业的需求。这种互帮互助的合作方式，不仅有利于解决眼下的问题，更有利于加强双方的信任，形成共生共荣的关系。双方的信任关系一旦建立，后期在面临风险时，可以形成一股拧在一起的力量，有利于风险的快速解除。

5.6.1 深入了解，加强信息沟通

企业应重视供应商与企业间的信息交流，及时的信息沟通和双方的深入了解非常重要。交流过程中线上和线下的方式相结合，包含但不限于邮件、电话、

视频、会议和现场交流，而不能一味地依赖电话与邮件的沟通方式。

定期组织各种现场交流，以便更直接地了解供应商真实的运作状态。如供应商现场考察、供应商技术展会、供应商产品交流会、年中和年底的供应商大会等。

在发现问题时，第一时间深入现场进行调研，保持"现场、现时、现物"的务实精神。同时，开放甲方心态，多学习供应商在其专业领域的优势和特长，双方的持续深入了解是构建和谐关系的第一步。

5.6.2　建立平等、尊重、互信的合作态度

企业必须摒弃"甲方是大爷"等错误想法。平等、尊重、互信是一切形式合作的前提，无论是与下游客户的合作，还是与供应商的合作都应保持此态度。

企业应摘掉甲方的有色眼镜和放弃高傲的姿态，平等地与供应商进行交流：尊重其取得的成绩；正视其优缺点，相互信任；若出现合作危机，以积极的心态去处理，不轻易推卸责任；在供应商面临困难时，主动帮助。如此才能取得供应商对企业的尊重。

通过营造良好的合作环境，企业不仅可以避免供应商的某些主观因素带来的风险，而且在风险发生时，供应商也能主动配合企业共同出谋划策，协力处理风险。

5.6.3　建立战略合作伙伴关系

企业的战略合作伙伴，就如同人的左膀右臂，不只是一个称呼上的改变，更是对双方深层次合作的一种认可。企业需要战略供应商的鼎力协作，战略供应商也需要在企业的帮扶下实现突破。战略供应商与企业间的合作相对于普通供应商而言，应该有所升华：除了基础的供应合作关系外，双方应该能够共进退、共发展，相互成就。

企业可以在现行的合作伙伴中，选择表现持续良好、有发展潜力、忠诚度较高的供应商，进行权利和义务的共享，加强其与企业的黏性。适当的时候给

予战略合作伙伴褒奖，并对双方的责任和义务进行约束，形成共进退的精神。例如，企业将合作机会优先考虑给战略供应商，利益共担的同时也应该危机共度。好的战略合作伙伴在风险来临时可以主动伸出援手，成为企业坚实的后盾。

5.6.4 营造供应商间的良性竞争

企业除了要对供应商进行分类别管理外，如区分重点和非重点进行管理，供应商与供应商之间的关系也需要管理，局部的重点管理和全局的统一协调都非常重要。很多企业的供应商环境就如一潭死水：反正企业的要求是保供，供应商就那么几家，各人自扫门前雪就好了，其余的管不了。这种狭隘的眼光会导致整个供应商大环境逐步失衡，因供应商间竞争力不足而产生消极怠工等现象。

供应商之间也需要营造良性的竞争环境，让其感受到压力，不能"独宠"或者"偏宠"。水只有流动起来才清澈，一潭死水般的环境必然会滋生细菌。

营造具有竞争氛围的供应商环境，首先需要企业公平、公正地对待供应商，对供应商提出适当的管理要求，公示供应商的表现排名，给予其竞争压力。在竞争压力面前，供应商才会尽最大的努力以立于不败之地。相互间不断竞争、不断超越的局面，能促使供应商不断前进，改善其在配合过程中的表现，减少不良事故的发生。

5.6.5 准备备用计划

对易发生风险的供应合作伙伴，企业要有备用计划。备用计划是相对于原计划而言的，原计划是眼下正在实施的方案，但原计划可能失效，这就需要一套备用计划以备不时之需。因为风险具有动态性，如果原计划已经不能应对，此时企业可以迅速转换至备用计划，从而渡过危机。

5.6.6 建立对供应链合作伙伴的奖惩机制

由供应商导致的各种风险，除了要求其主动积极地解除危机外，事后也需要有严格的惩罚制度，小惩大诚，严格表明企业对风险管控的重视和决心。

例如，某供应商具备控制某风险的能力，但由于放任自流，风险最终传导给企业并带来了影响，此种情况需要有严苛的惩罚措施，或停止合作，或相当倍数的罚款等，以杜绝错误再犯。

对在风险管控中积极配合的供应商，企业则要给予其一定的奖励，如优先合作权、公开的奖励等。

5.7　供应商成本的风险管理

供应商的成本优化往往是企业供应链管理工作中的重要环节，也是很多企业采购部门绩效管理的重中之重。为了获取更优的采购成本，企业采购会以"八仙过海，各显神通"的方式达到降本的目的。其出发点都是为企业节约更多成本，实现更高的盈利目标。很多企业也靠着低廉的成本异军突起，杀出突围。

有一个大家都熟悉的理论：采购成本降低2%，销售利润可以提升10%。从数值的对比上，可以看出成本优化管理的重要性。

优化成本管理可以提高企业的经济效益，提升产品的竞争力，助力企业转变管理模式。但很多企业在具体的成本管理工作中，过于关注某些局部目标，容易顾此失彼，从而进入一些管理误区。

5.7.1　企业成本管理的误区

成本已经成为企业竞争优势的重要组成部分，但企业在进行成本管理时容易陷入以下误区。

1. 只重视成本而忽略其他

在各种成本数据越来越透明的当下，很多企业的成本推演已经越来越透明。在巨大的成本管理目标面前，企业往往倾向于把压力传递给供应商，以各种管理手段要求供应商降价，忽视了企业内部经营成本的优化。又或者，企业供应链管理在降低成本的压力面前，只关注成本优化，而忽视了其他供应链管理目标。

供应链管理涉及很多方面，成本只是其中一部分，全方位均衡地管理才能维持其良性发展，否则就容易出现：成本降下去了，质量事故上来了，技术研发也跟不上市场需求了。丢了西瓜，捡了芝麻，也让企业乱了阵脚。在均衡各项重点管理目标的前提下，合理的成本优化才是企业的管理目标。

2. 简单压价

在降本的过程中，有时因采购人员缺乏相关的专业性，只能靠甲乙双方的地位不对等，简单地强制性压价，进而导致买方和卖方的关系陷入紧绷状态，或者使供应商极度反感不愿意配合。

企业与供应商进行商务谈判是一种比较常见的降本方式，但商务谈判的成功是建立在采用了一定的降本谈判筹码基础上的，而不是威逼。要取得长期的成本优化效果，企业必须从管理手段入手，借助一些成本优化工具和方法，最大限度地调动供应商的积极性，共同商讨优化成本的方法。

3. 忽略了总成本的概念

在进行成本管理的过程中，很多企业往往只将注意力放在采购成本上，而忽视了供应链总成本的概念。要想使供应链管理成本总体达到最优，仅优化采购成本是不够的，必须要考虑除采购成本之外的成本。简单来讲，总成本的概念可以理解为内部成本和外部成本。

图5.7-1中，外部成本即采购成本，而内部成本则包含管理成本、财务成本、生产成本、营销成本、制造成本、损耗成本等。

这些成本都是企业应该优化的对象。供应链总成本的优化一方面需要供应商配合，另一方面则需企业关注其内部的管理程序是否高效合理。总成本的优越性能真正帮助企业开源节流。

5.7.2　如何应对企业成本管理的风险

为了有效应对企业成本管理的风险，企业可以从两个方面着手。

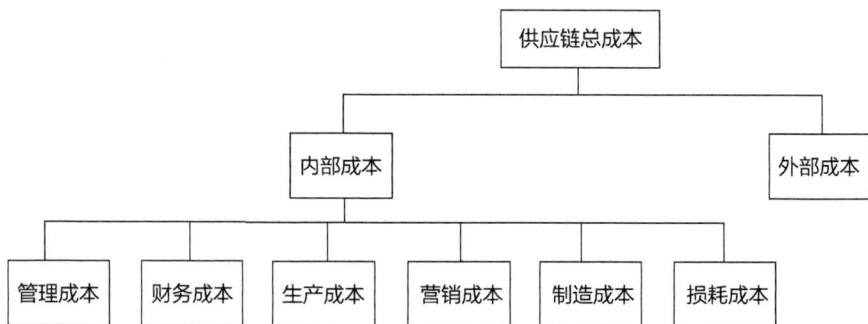

图5.7-1 供应链总成本

1. 调动供应商的积极性，共同参与

降本过程中，企业不能单纯依靠买方强制性的压迫，此举会给供应商带去敌对情绪，导致其有意制造事故而给企业的供应链管理带来风险。企业需要改变将成本风险直接转嫁给供应商这种武断的做法，要调动供应商共同参与的积极性，让供应商由被动的接受者变成主动的引导者，并以主人翁的姿态参与降本的工作。

同时，成本优化产生的收益在适当的情形下可与供应商共享，让其也能切实感受降本带来的好处。如此，供应商的积极性经过提升后，便可主动发起各种成本优化提案，并能及时跟进降本实施效果。

例如，类似产品研发和设计的关键环节，研发水准将直接决定产品的性能和质量表现，也决定着产品的各项成本大的框架，包含采购成本和生产制造成本等。研发和设计环节是成本控制的源头环节。在产品的研发和设计过程中，企业可以邀请能力较强的供应商一起参与，在早期充分利用供应商的专业度，减少设计环节中不必要的复杂环节，优化设计过程中的臃肿点，提升设计理念和设计水平。供应商也可在第一时间知悉产品设计的难点和要点，主动提出各种降本方案和配合企业的降本措施，从而减少后期双方配合实施过程中的摩擦风险，加快产品面市的速度。

2. 重视总成本概念，合理设计成本优化目标

成本风险包含影响供应链总成本的任何风险。总成本中的任何一项成本要素出现偏差，最终都会影响供应链全局。若企业只聚焦在采购成本上，则很有可能会出现其他成本居高不下，事后干预成本难以控制的现象，最终总成本也很难得到合理优化。所以供应链总成本的均衡管理至关重要。

根据企业的经营目标和发展策略，从供应链总成本的角度对各项成本进行梳理和统筹，找出其平衡点，并分析影响各项成本的要因。在此基础上，设定总成本中各分项的管控目标，其中应包含企业内部的各项成本管理目标和外部的采购成本管理目标。在合理的目标指引下，运用各种成本优化手段逐项突破，有效降本。降本的手段除去商务谈判外，也需从多维度出发，如从质量成本、设计成本、运输成本、内部管理手法等方面进行优化等。不同分项的成本管理可灵活采用不同的降本手段，全方位考虑，重点聚焦。如此，企业才能避免以偏概全的偏差风险，以及因局部成本管理失误而产生的并发风险。

5.8 招投标的风险管理

在全球经济一体化的背景下，国内外投资旺盛，我国的经济也迅猛发展，这些都带动了采购量的增加，为招投标行业带来了很大的发展空间。与此同时，招投标行业也隐藏着一些经济风险。

招投标是项目管理实施中的决定性环节，为了保证项目取得最终的交付成果，并能最大限度地满足客户的需求，企业需要对其进行严格管理。一些招投标机构采取不公正的竞争手段，给企业的发展带来了巨大的经济损失。因此，招投标机构和企业部门应重视招投标过程中的风险识别和防范，促进招投标工作安全、有序地开展，通过对关键环节的管控，提高招投标工作的有效性，杜绝风险的产生。

5.8.1 招投标过程中风险产生的原因

招投标过程中风险产生的原因主要有以下几点。

1. 信息的不对称

在招投标过程中，由于各种不确定性事件的出现，使得实际结果与预期目标会出现各种偏离。其中，招标方和投标方不完整的信息传递和不对等的信息交换，是重要原因。

2. 项目规划风险

在招标开始前，决策者一般都会制定相应的招标计划以及各种行动方案。为了使计划切实可行，需对其进行反复分析，并检查是否与企业决策需求一致、是否符合招投标规范，最终方可形成完整的招标计划。

招标计划的风险主要表现为：方案编制的缺陷，投标资格约束不清晰，招标程序所需时间的估计不足，招标程序控制不严格，等等。

例如，某医院医疗中心设备采购项目，项目招标小组决定公开发售标书7天，发售截止日期与投标截止日期一致。另外招标文件中规定：潜在投标人注册登记地不在丙市的，在丙市应有工商注册登记的服务机构和固定的专业维修人员，这一条在招标文件中作为废标条款之一。甲公司在该标书发售的最后一天购买了一份标书，发现当天便是投标截止日期，便向招标人提出延迟投标截止日期的申请。招标人答复：标书已经公开发售多日，因甲公司自身原因购买较晚，不同意延迟截标时间。经过开标、评标、中标人公示等环节，投标人乙公司未中标，提出质疑：招标文件中设定投标方必须是在丙市注册登记的企业，或在丙市应有工商注册登记的服务机构和固定的专业维修人员，此项要求作为废标条款之一，属于招标文件设定了含有倾向或者排斥潜在投标人的内容。采购人答复乙公司，由于采购设备涉及后期维保、培训等，需要本地化服务才能满足运行要求，以确保服务质量。乙公司及甲公司均不接受采购人的答疑，便向相关部门提出投诉。

《中华人民共和国招标投标法》规定：依法必须进行招标的项目，自招标文件开始发出之日起至投标人提交投标文件截止之日止，最短不得少于二十日；招标文件不得要求或者标明特定的生产供应者以及含有倾向或者排斥潜在投标人的其他内容。

上述案例中，项目负责人只想着加快采购进度，但在编制招标计划时，却出现了很多违规操作，反而影响了进度。

3. 专业度的缺失

由于招标人存在专业水平上的差异，对市场信息的掌握有时也会存在偏差，这些限制会导致招标人在采购过程中处于劣势，造成相应风险。

（1）不利于专业招标文件的制作。

（2）不利于与供应商的谈判。

（3）无法及时发现供应商的虚假行为等。

（4）在中标后，因对项目了解不够深入，未在合同中约定转包、分包等情况及责任，供应商后期钻空子做出违法转包和非法分包的行为，给企业带来一定的风险。

4. 突发事件的影响

招投标的过程中，受制于一些不可控的人或事件的影响，往往会出现各种突发事件导致招投标活动无法正常进行。

（1）投标人因交通拥堵无法按时提交应答文件，导致投标无效。

（2）评标当天评标专家因个人因素，无法正常参加评标活动。

（3）受自然灾害等不可控因素的影响，无法开展开标、评标活动。

5.8.2　招投标过程中的风险分类

招投标过程中的风险一般来讲可分为外部风险和内部风险。

1. 外部风险

外部风险主要指由国家政策调整或波动、国内外经济大环境变化、供应商的资质缺陷或各种欺诈行为所带来的风险。

2. 内部风险

内部风险主要集中在：招标人的业务水平不够，或者职业道德败坏；领导层决策失误；招投标程序控制不严谨，技术审核过于粗糙；合同条款约束不清；招标过程不能保证客观、公开、公正等。这些主观和客观的问题都会引起内部风险。

图5.8-1所示为招标采购风险分解图。

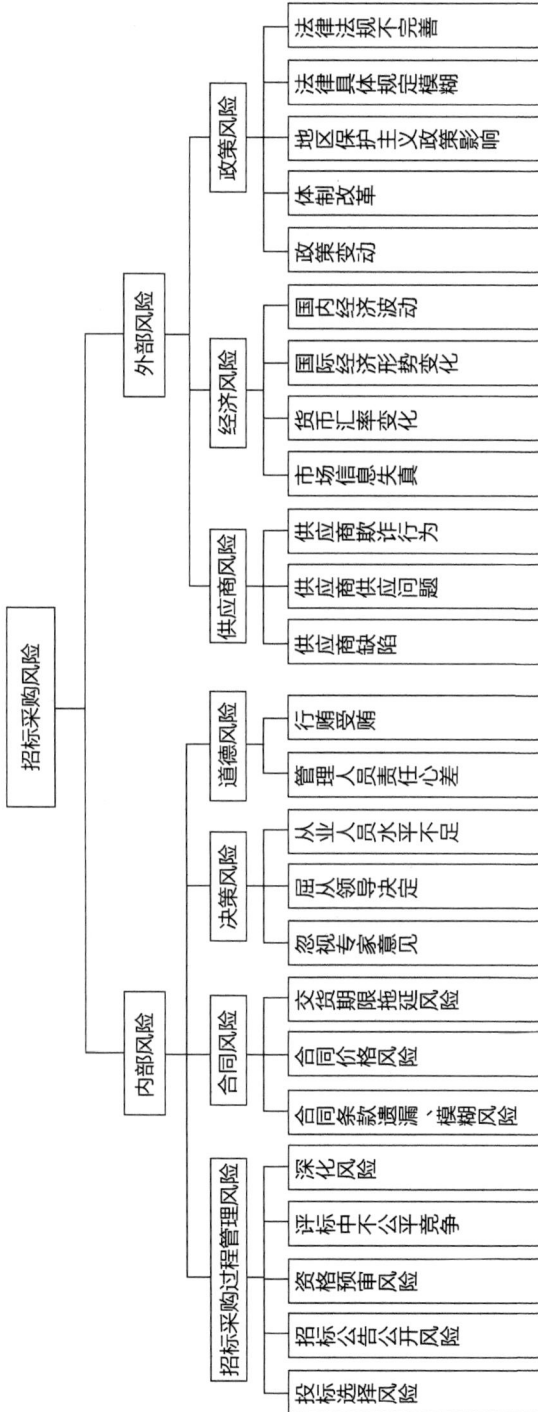

图5.8-1 招标采购风险分解图

5.8.3　招投标过程中的风险识别

招投标过程中的风险管控流程与其他风险管控流程类似，需要进行事前、事中、事后的管理。事前的风险识别很重要，通过对招投标过程中有可能发生的风险进行分析识别，可有效降低风险带来的负面影响，保证项目的顺利落地实施。风险识别的方法主要有以下两种。

1. 运用专家经验法

通过组建专家小组来进行招投标过程中的风险识别，并对风险进行评价和量化。专家实地考察后，结合项目招标的目标，提供建设项目的信息和工程状况，讨论项目招投标过程中导致风险的因素，如技术、工期、成本等，并进行风险量化评价。

2. 制作风险来源表

招投标人员将招投标工作中可能出现的风险进行全面罗列，同时涵盖风险发生的频率和损失的程度，如风险来源、发生的时间和次数估计，以及风险发生后造成的预估后果。这样就能够使工作人员对风险有详细的了解，以便于后期对风险进行干预和管控。

5.8.4　招投标过程中的风险管控

招标采购中的风险种类较为复杂，整个招投标的过程中又分为很多环节，每个环节的参与对象和管理重点均不同，各环节的控制是否得当都会影响整个招标的结果。与此同时，风险管理的决策依照项目不同的需求，往往需要在质量、进度、成本之间做出平衡，如何平衡却很难统一，往往又会出现各种变动和不确定的风险。

以公开招标项目为例，公开招标项目的采购流程归属于不同的管理团队，或在同一团队的不同部门或岗位间流转，并按照项目生命周期的阶段性进行节点划分，这些节点之间存在着一定关联性和逻辑关系。在实际操作中，各节点往往会因为各种失误或人为因素，而使各种工作发生混乱。

招标项目小组需要通过对采购需求和项目属性进行全面把控，结合历史数据信息，依据相关法律法规，组织参与技术交流，梳理清楚各节点的逻辑关系，有效增加风险控制点，以减少工作遗漏、工作混乱带来的风险。

1. 确定招标需求的风险

企业在招标前需要明确招标需求，将需求转化为具体的招标文件并包含技术条款和商务条款。招标需求不仅要专业、详细，而且要正确描述需求或标的物，如果招标需求的转换做得不好，就可能导致明明需要一只"白天鹅"，最后却招到一只"丑小鸭"的情况出现。

2. 招标方式选择的风险

企业需要根据具体的项目性质和法律法规的要求，来选择恰当的招标方式。除了公开招标和邀请招标外，还有其他多种不同的招标方式，每一种采购方式其实都会对应一种招标方式。不同的招标方式也会带来不同的风险，要注意针对性防控。表5.8-1所示为不同的招标方式面临的风险点。

表5.8-1 不同的招标方式面临的风险点

序号	招标方式	风险点
1	公开招标	1. 招标文件前后不一致，带来质疑风险 2. 规避招标带来的风险 3. 人员专业水平不足带来风险 4. 因资格条件、评分不合理带来异议投诉风险 5. 廉洁风险 6. 围标、串标风险 7. 可以投诉风险 8. 流标的风险
2	邀请招标	1. 因招标文件编制质量引起的风险 2. 垄断风险 3. 廉洁风险
3	比选	1. 比选文件前后不一致，带来质疑风险 2. 人员专业水平不足带来风险 3. 因资格条件、评分不合理带来异议投诉风险 4. 廉洁风险 5. 围标、串标风险 6. 可以投诉风险 7. 流标的风险

续表

序号	招标方式	风险点
4	竞争性谈判	1. 垄断 2. 谈判失败 3. 廉洁风险
5	竞争性磋商	1. 垄断 2. 谈判失败 3. 廉洁风险
6	询价	1. 垄断 2. 询价失败 3. 廉洁风险
7	单一来源	1. 垄断 2. 谈判失败 3. 廉洁风险

3. 公告发布阶段的风险

公告不够公开、公告的时间不满足法律的要求，或对不同潜在投标人公布有差异的公告内容，这些都会导致法律风险的产生。公告的时间必须满足法律要求，同时企业要对所有潜在投标人发布同等内容的公告，要遵循公告公开、透明、守时的原则。

4. 标书编制的风险

编制标书的过程中若存在指定品牌，排斥特定区域的潜在投标人的现象，都会导致潜在投标人投诉等法律风险，轻则需要重新招标，重则将受到处罚。招标人不得以不合理的条件限制、排斥潜在投标人，在标书编制过程中要避免出现以下误区。

（1）资格条件指定过高，或存在排斥潜在投标人的情况，导致投标人对公平、公正性质疑。

（2）因技术需求与实际采购标的有实质性偏差，造成无法达到原定质量目标。

（3）标书中的时间要求不合理，没能给足潜在投标人编制投标书的合理时间和满足法律规定的时间要求。

例如，某学校计算机室计划采购200台计算机，招标文件写明要求联想品牌的某型号计算机，这就排斥了其他品牌计算机投标人，会导致投诉风险产生。招标文件可以描述成"类似于联想某型号的计算机配置"，这样就规避了风险。

又例如，某建设施工项目招标过程中，业主初心是想选择资质更优的施工承包单位，设定资质条件为"必须为施工总承包一级资质"。但按照其工程实际需求，施工总承包二级资质足以满足其工程施工的各项要求，招标人设定更优的资质条件标准的合理性引起了质疑。

企业必须要注意，根据相关规定，招标人有下列行为之一的，属于以不合理条件限制、排斥潜在投标人：设定的资格、技术、商务条件与招标项目的具体特点和实际需要不相适应，或者与合同履行无关。因此，资格条件的设置需合理，不应脱离项目的实际需要盲目地提高，既排斥了合格的潜在投标人，又导致了社会资源的浪费。

5. 资格预审及答疑的风险

企业招标前对供应商的技术能力、履约能力等考察不足，也会造成招标结果难以符合企业真实需要的风险。如中标方放弃签约，或者执行能力不足延误工期，甚至中标方出现债务危机、企业破产清算等造成烂尾工程，导致双方诉讼的风险。

资格预审公告时段，企业要对质疑进行答复，而且要书面答复，并公开给所有参与资格预审的牵头投标人。如果企业有组织现场答疑，必须统一组织所有投标人参与，不得分别组织投标人参与。

6. 评标标准编制不合理的风险

招标项目在设置评标标准时，要充分考虑如何体现公平、公正，尽量减少主观评分的权重，增加可衡量的客观分值。企业在招标过程中往往采取的方法是：收到评定投标人的书面投标资料后，通过综合评分比较或者价格比较来选择中标人。

此时，如果企业在编制招标书时缺乏经验、评标标准设置得不够严谨，就很容易出现风险。例如，如甲、乙、丙三家供应商中，甲其实更符合企业的需求，但由于评标标准的缺陷，招标评标后却出现丙的评标结果最优，丙因此成为第一中标人。所以招标人需要对项目目标的很了解，有针对性地设定合理、可量化的标准，以便能够择优选择。

7. 投标过程中的风险

投标过程中，时间和地点在招标文件中已约定，不得随意变更；截止时间一般和开标时间设定在同一时间点，这样可免去招标人保管投标文件的责任。

投标开标时，对于截止时间后送达的投标书，应做无效标处理或拒收，企业不得宣读其投标文件，否则会引发其他投标人的投诉和质疑风险。

投标开标时，要保证投标人的基础数量，若投标人不足3家则不能开标，应依法重新招标。

8. 组建评标委员会的风险

在组建评标委员会时，需要防范以下风险。

（1）在组建评标专家团队时，团队成员一般都会相对集中，如果专家经常参加评标，就可能因为相互熟知而无法做出独立判断。此外，评标专家也有可能与投标人存在潜在的利益关系。因此，在评标过程中，企业要注意对评标专家的审核，防止专家团队做出不公正的裁定或导致围标、串标等腐败风险的产生。

（2）评委的资格是否满足项目的需求，其专业需要对口。如招标机电设备，不能选植物学的专家，否则可能导致投标人质疑专家资格的风险。同时评标专家的人数和人员构成应满足法规的基本要求。评标专家名单须严格保密，不允许向投标人泄露任何资格审查委员会或评标委员会名单。

例如，某招标项目评标委员会由5人组成，其中招标人代表1人、招标代理机构代表1人、经济及技术专家3人。评标期间，评委凭借其对本行业的了解，提出甲投标人的投标产品在今年年初才成功研发并正式投产，甲投标人的产品性能可能还不稳定，所以评标委员会一致同意以此作为依据否决其投标。

但实际上，该评标委员会的组成就已经违规。招标代理机构代表等同招标人代表，而招标人代表不应超过评标委员会的1/3，在本项目中，招标人代表实际达到2人，不符合规定。与此同时，评委使用招标文件中没有的评审标准进行判断，且属于主观判断，这种判断也不应作为评审依据。

9. 开标过程中的风险

开评标环节是整个招标采购实施阶段的重点环节，此环节管控是否得当，会直接影响招标采购项目能否顺利进行。开标阶段的风险控制一般如表 5.8-2 所示。

表 5.8-2 开标阶段的风险控制

序号	控制事项	是否为风险项	具体要求及应对措施
1	开评过程文件准备	否	工作人员需提前准备开评过程相关文件
2	设备调测	否	工作人员负责会场设备的调测，包括投影仪和会场内的摄像机调测
3	应答文件接收	是	投标人在指定地点递交文件。注意：密封不符合要求的不接收，应答截止时间后不再接收新的应答文件
4	评委、监督集合	是	评委、监督需要提前 15 分钟到达评审会议室，注意：评委不得接触投标人
5	集中保管通信设备	是	评委就座后，工作人员将评委个人通信设备及计算机进行集中管理，评审会议期间不得使用
6	初步评审	是	进行初步评审。注意：严格按照招标文件规定的评分办法进行
7	详细评审	是	评委根据应答人的应答文件进行详细评审，打分按照商务、技术的顺序进行，在商务、技术打分还未出结果前，不允许评委查看报价情况。每个供应商单独打分
8	商务、技术汇总	是	按照各评委的打分情况进行汇总，完成商务、技术分的汇总，并进行核对和签字。注意：各项分值的核对是否超出给分范围，是否汇总正确，是否出现了较大偏差
9	报价评审	是	评委按照评审标准对价格文件进行评审。注意价格评分的计算
10	汇总商务、技术得分	是	完成所有得分的汇总，算出排名，并进行综合打分表的核对和签字
11	出评审报告	是	根据所有的打分情况编制评审报告
12	签字	是	各评委按照要求进行所有过程文件的签字
13	信息保密要求重申	是	要求各评委对评审的详细信息和结果进行严格保密
14	归还通信设备	否	归还各评委的通信设备
15	评委离场	否	评委有序离场

与此同时，企业在开标前也需确认保证金交纳情况，没有足额交纳保证金的投标书不得唱标，唱标后要求投标人代表签字确认唱标登记表，以满足公开、公平、公正的法律要求，规避风险。

10. 评标过程的风险

评标过程中，各评标专家的打分都要给出详细的原因，谨遵公平、公正的原则，不偏不倚。同时，还需要对各评标专家打分的分值偏差进行监控。

一般而言，以下情况均违反了评标过程中公平、公正的原则：评标专家发现投标文件不符合招标文件规定、报价明显不合理或内容缺漏的情况而不指出；评标专家进行打分时，在没有合理理由的情况下，有意给某一投标人高分值，而压低其他投标人分值，或不按照招标文件规定打分。

当评分结果出现异常偏差时，企业要及时采取应对措施进行调整。

（1）若某一评标专家的评分结果，偏离超过全体评标专家的评分均值 ±20%，则该专家的该项分值，将被其他未超出偏离范围的评标专家的评分均值替代。

（2）若评标委员会成员的技术和综合实力的评分结果，偏离未超过评标委员会全体成员的评分均值 ±20%，但是与其他成员相比偏差较大，则分值无须剔除，但须说明偏差理由，并在评标报告中予以记录。

11. 确定中标人的风险

一般情况下，评标委员会推荐的第一中标人即为确定中标人，如果要确定其他投标人为中标人，企业必须有充分理由，否则会导致第一中标人投诉的风险。

在确定中标人时，企业可以采取以下判断标准。

（1）若该项目潜在投标人数多，出现奇高或奇低的异常报价影响平均价，则将投标人报价中最高和最低报价去掉，其余报价的平均值作为基础评标价。

（2）若基础评标价组中，单个投标人评标价高出或低出基础评标价平均价格20%以上（含20%），该评标价不计入有效评标价。

（3）若基础评标价组中，每个投标人投标报价与基础评标价平均价格偏差均在 20% 以上，则不做剔除，均计入有效评标价。

此外，某些时候，招投标中可能出现项目涉及标段多、中选供应商数量要求也多，但因为各标段地域差异、多工程施工难度有差异，潜在投标人因而不愿投标，导致因投标人数不足而无法开标的情况。

这种情况下，一般建议采取以下处理方式：若各标段参与最终综合排名的投标人数等于规定的中标人数 N，则实际中标人数 $= N - 2$，未分配份额依次增加给中标人 1 和中标人 2；若各标段参与最终综合排名的投标人数等于规定的中标人数 $N + 1$，则实际中标人数 $= N - 1$，未分配份额增加给中标人 1；若参与最终综合排名的投标人数少于规定的中标人数，则分析招标失败的原因，采取措施后重新招标。

12. 合同签订和履约风险

（1）合同签订风险。合同要在中标通知书发出后 30 日内签订。可能出现第一候选中标人不愿意签订合同的风险，放弃中标；或与排名第二的候选中标人商量放弃中标，把标让给排名第二的候选中标人，并让第二候选中标人补偿一定的金额给第一中标人。

此种情况则属于合同签订风险。企业要明确，在中标通知书发出后中标人放弃，且无正当理由不与招标人签订合同的，属于违约行为，招标人可以没收中标人的招标保证金，若未交招标保证金或招标保证金不足赔偿的，招标人可以让中标人赔偿实际损失。

（2）合同履约风险。其是指企业已确定各中标人的中标份额及对应的区域，但在后期可能存在因实施区域或实际工程量的变更，导致排名靠前的中标人中标规模下降，其执行份额反而低于排名靠后的中标人的风险。

此时，企业则可以采取以下处理措施。

①对各区域中标人的实际执行份额进行半年度监控，为保证各中标人的最终执行份额比例顺序与原中标份额顺序一致，招标人有权对中标人的服务区域进行调整，明确执行份额不一致时的处理方法。

②若某一标段的中标人在中标服务区域内，部分或全部份额无法正常履约，

企业可终止与该中标人在此标段的合同执行，并根据该标段中标人数量按照以下规则进行份额调整：对多个中标人的标段，根据中标排名分配给其余中标人，且优先分配给中标排名靠前的；若其无法执行被分配的任务，则依次顺延分配给其余中标人。在份额调整过程中，若是依法必须招标的项目，则需完成补充采购招标工作。

例如，某通信工程公司公开招标项目，采用综合评估法，评标委员会按照文件规定的评标标准进行评标，评标结果为：甲投标人综合得分第一，乙投标人综合得分第二，丙投标人综合得分第三。评标委员会于6月8日提交了书面评标报告。但由于乙投标人的报价比甲投标人的报价低，因此该公司在6月10日向乙投标人发出了中标通知书。此后，该公司的项目负责人又由于忙于一个重点项目，将签订合同的时间推迟到7月28日。

根据规定，招标人应当确定排名第一的中标候选人为中标人，排名第一的中标候选人放弃中标、因不可抗力不能履行合同、不按照招标文件要求交纳履约保证金，或者被查实存在影响中标结果的违法行为等情形，不符合中标条件的，招标人才可按照评标委员会提出的中标候选人名单排序，依次确定其他中标候选人为中标人。

在上述案例中，该通信工程公司具体的违规行为如下。

（1）招标人自行根据评标标准里没有的条款，根据报价将综合得分第二的乙确定为中标人。

（2）招标人应先进行中标候选人公示再确定中标人，且公示期不得少于3日，但该公司没有公示就在评标报告出具的2日后确定中标人。

（3）招标人和中标人应当自中标通知书发出之日起30日内，按照招标文件和中标人的投标文件订立书面合同，该案例中，发出中标通知书到签订合同时间超过30天，这同样违反规定。

13. 道德风险

招投标过程中还有可能出现道德风险。

（1）招标人和投标人串通的风险，主要有以下情况。

①招标人向某一个潜在投标人泄露其他投标人的信息或泄露标底；或者为某个潜在投标人，"量身定做"有明显倾向性的商务和技术性条款。

②投标文件截止时间后，让投标人补充、撤换或更改投标文件、更改报价。

③招标人指使招标代理机构为内定的中标人提供帮助，进行区别对待；或者与某一家供应商进行具体"实质性谈判"，并就敏感条款达成实质性意见。

④采取低价的方式，用大大低于成本价的低价中标，然后在项目履约中，通过增加工程量等手段，提高最终结算价格。

⑤由同一人或存在利益关系的几个利害关系人，携带两个及以上投标人的企业资料参与资格审查、领取招标资料，或代表两个及以上投标人参加招标答疑会，招标人视而不见甚至同意其继续参加投标等。

（2）投标人间的相互串通，主要有以下情况。

①投标人间相互约定价格策略和投标策略，相互约定轮流坐庄或给予未中标的投标人费用补偿等。例如：不同投标人的投标总报价异常一致，或差异极大，或呈规律性变化；不同投标人的投标总报价相近，但是各分项报价不合理，又无合理的解释。

②存在围标的行为：投标人法定代表人之间相互参股公司，或属于同一集团、总公司、协会，或属于利益同盟公司等。

③故意按照招标文件规定的无效标条款，制作无效投标文件。

④不同投标人的投标保证金由同一账户交纳。

⑤不同投标人的投标文件异常相似，如格式相同、字体一样、表格颜色相同，或投标文件的装订形式、厚薄、封面等相似甚至相同，甚至售后服务条款都出现雷同的现象。

⑥不同投标人的投标文件由同一台计算机编制或同一台附属设备打印；电子投标中，不同投标人的投标报名的 IP 地址一致或相近等。

在现行的经济环境和法律法规下，招标人需要加大招投标中的操作规范，对于招投标中的道德风险要及时干预。

5.8.5 招投标风险管理的注意事项

在招投标风险管理中，企业还需注意以下事项。

（1）企业要设立招投标工作的监督机制，加强监管的力度，完善招投标的管理制度和审批程序，通过科学的管理制度来降低和控制风险。同时，企业要建立项目管理责任制度和风险防控应急处理方案，建立招标项目投诉质疑案例分析制度。

（2）企业要提升员工的综合能力，加强员工的招投标业务素质的培养和提升；加强员工的项目操作经验的交流和总结。从事招投标的工作人员要掌握新的法律法规和相关的政策，应严格遵守招投标的操作流程和法律规范。企业需提升员工的业务风险意识，内部各部门要建立有效的沟通机制，共同对招投标的风险进行分析决策。

（3）企业要对员工的道德进行管理，对投标的保证金进行专人管理，按项目分别核算收支，设立投标保证金专户；加强发票和现金管理，标书销售人员必须领用由财务部门开具的专用发票，避免在销售招标文件环节业务人员直接接触现金，出现腐败。同时，企业可采取先进的招投标方式，如通过网络进行电子招投标。这样可规避部分人为风险，提高招投标工作的效率和降低成本。

第 6 章
质量风险管理

有这样一则寓言：少了一个铁钉，丢了一只马掌；少了一只马掌，丢了一匹战马；少了一匹战马，败了一场战役；败了一场战役，失了一个国家。仅仅一个铁钉导致的事故，造成的结果有可能就是失去一个国家，失去了全部，由此可见质量管理的重要性。

6.1 质量管理的含义及其发展历程

质量是什么？质量的本质是用户对一种产品或服务的某些方面所做出的评价。在用户的眼里，质量不是一件产品或一项服务的某一方面的附属物，而是产品或服务各个方面的综合表现。在不同的发展时期，质量管理的含义也各不相同。

6.1.1 质量管理的含义

日本著名质量管理学家田口玄一的定义：质量就是产品上市后给社会造成的损失，但是产品功能本身产生的损失除外。

美国著名质量管理专家朱兰的定义：质量就是适用性。

国际标准化组织在 ISO 9000:2000 中的定义：质量是一组固有特性满足要求的程度（明示的、通常隐含的、必须履行的需求或期望）。

未来具有挑战性的质量应该定义为"适于销售，有利可图"，质量等于顾客满意度和忠诚度加上避免缺陷的六西格玛。

更直观一点描述，对于我们日常生活中接触到的产品，可通过以下 6 种质量特性来判断其质量水平。

（1）功能：实现产品主要用途的特性。

（2）特殊性能：额外特性。

（3）一致性：一件产品满足相关要求的程度。

（4）可靠性：产品所具备性能的稳定性。

（5）寿命：产品或服务正常发挥功能的持续时间。

（6）美学性：外观、感觉、嗅觉和味觉。

　　例如，如何判定一辆汽车的质量水平呢？从以上6个角度来看，除了考量汽车是否能正常行驶外，还需要考量其特殊性能，即是否具有定位系统、防滑系统、安全防护系统等；一致性和可靠性方面，需要考量其是否符合制造规范，故障率是否较低等；寿命则是驾驶的里程数和汽车各零部件的使用寿命；美学性则为汽车内外饰设计是否符合美学要求等。这种整体的考量才是全面评判产品质量水平的标准。

　　质量管理的方法和工具一直处于不断探索和完善中，伴随着工业化的历史进程，质量管理先后经历了原始的检验阶段和今天的全面质量管理阶段。按照各位质量管理能手的管理纪年来分，质量管理可以分为图6.1-1所示的阶段。

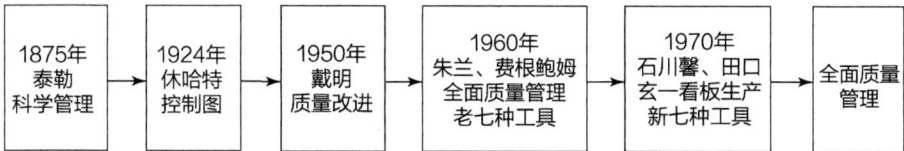

图6.1-1　质量管理发展历程

　　从图6.1-1中可以看到质量管理的阶段大致可分为：质量检验阶段、统计质量管理阶段、全面质量管理阶段。在泰勒、休哈特、戴明、朱兰、费根鲍姆、石川馨、田口玄一等众多质量管理能手的推进下，质量管理理念在不断追求卓越，整个质量管理对现代工业的推进和发展也功不可没。

6.1.2　质量检验阶段

　　质量管理进入科学管理的阶段，与美国的泰勒密不可分。1911年他发表了经典著作《科学管理原理》，在该著作中，他主张把产品的检查从制造中分离出来，成为一道独立的工序，这促成了质量管理的第一阶段——质量检验阶段。

6.1.3　统计质量管理阶段

　　20世纪40年代初，美国制定了一系列战时质量管理标准，其中就提到了统计质量管理的概念。相对于传统的检验管理来说，统计质量管理不仅是概念的更新，更是质量管理方法的一次飞跃。

6.1.4　全面质量管理阶段

全面质量管理（Total Quality Management，TQM）于 20 世纪 60 年代初由美国著名专家费根鲍姆提出。它是在传统的质量管理基础上，随着科技的发展和经营管理上的需要，发展起来的一种现代化质量管理。

石川馨先生是日本著名质量管理专家，也是特性要因图（因果图）的发明者、品管图（Quality Control Circle，QCC）之父、日本式质量管理的集大成者，是 20 世纪 60 年代初期日本"质量圈"运动著名的倡导者。石川馨认为，质量不仅包括产品质量，从广义上说，还包括工作质量、部门质量、人的质量、体系质量、公司质量、方针质量等，全面质量管理就是全公司范围内的质量管理。

实践证明，全面质量管理的确取得了不少的成就。当下全面质量管理已成为一门系统性很强的学科，也被全球各大企业广泛接受和提倡。

日本的经济腾飞，除了日本企业意识到人力资源的重要性以及对制造业成本的精准控制外，还有一个重要原因就是全面质量管理的推广。意识到人力资源的重要性主要表现为日本企业开始积极利用员工的创造能力；成本管控使得产品价格在市场上极具竞争力；而石川馨及其同仁所倡导的"质量管理人人有责"，也使得彼时的日本产品开始在全球名声大噪，获得了全球消费者极大的认可。

美国是"车轮上的国家"，从 20 世纪初的福特汽车开始，美国汽车行业就进入了蓬勃发展的阶段。福特汽车创造发明了最具代表性的 T 型车，并首创了流水线生产方式。美国的汽车工业随着福特汽车的发展正式拉开了序幕。随后，在几十年的快速发展和竞争中，美国汽车市场最终形成了三足鼎立的局面，通用、福特和克莱斯勒构成了俗称的"三巨头"。此时，美国的汽车市场几乎完全由三大汽车公司控制着。

但在 20 世纪 70 年代到 90 年代，日本汽车大举进入美国市场，势如破竹，给美国汽车市场造成了巨大冲击。"三巨头"此后便陷入了长期的衰退，亏损开始出现，克莱斯勒面临几乎破产的危机。直到美国政府通过提起反倾销法案强制日本方面"自愿"限制汽车出口数量，克莱斯勒才免于倒闭，但美国保持多年的第一大汽车生产国的地位也一度被日本抢占。到现在为止，以丰田为代表的日本汽车公司依然表现不俗。

日本制造业的崛起带动了其国力的逐步增强，不光是汽车行业，其他诸如电子电器、精密机械、造船、钢铁、化工、医药和通信等很多行业，都在国际市场上有很强的竞争力，出现了后来者劣势赶超的现象。

6.2　质量风险管理及其重要性

现代企业的发展史，几乎就是一部质量风险管理的演变史。随着商品经济的不断发展，市场对商品质量的要求在不断提升，某些行业甚至达到"吹毛求疵"的地步。在这种局面下，优质已经成为市场竞争的准入门槛，如果无法做好质量风险管理，甚至质量事故频发、产品质量低劣，那企业也必将被市场淘汰。

6.2.1　什么是质量风险管理

随着经济水平的提高和收入的增加，消费者对产品的关注点也从数量的多少转化为质量的好坏。良好的质量口碑意味着良好的市场占有量，如今的企业都深知其重要性。

新的统计数据表明，各类企业濒临倒闭的主要原因有质量事故、宏观政策的调整、资金周转不灵、政治风险、经营不善等。其中质量事故导致企业倒闭的比例高居首位。任何行业中，质量管理都是企业管理的命脉；产品一旦在消费者心中形成了质量低劣的印象、失去了口碑，企业想扳回一局，在市场上站稳脚跟就非常困难。

1980 年 7 月，NBC（美国全国广播公司）在黄金档时间播出了一个名为《日本能，我们为什么不能》的电视专题片。日本几乎不产原材料，工业原材料可算赤贫，而在美国市场上，到处都是日本的产品，汽车、家用电器、照相机等都不用说。20 世纪 40 年代，日本人以制造伪劣产品闻名，日本制造一度就是品质低劣的代名词；而时至今日，日本制造已经是品质优秀的代名词。

节目中的镜头：在美国的高速公路上、街头、停车场，到处都是日本品牌汽车。

记者现场采访：为什么要买日本汽车？

现场回答："日本汽车省油。""日本汽车质量好又美观。""日本汽车价廉质优。""日本汽车使用方便。""日本人服务态度好，售后服务质量高，用起来放心。"……

后起之秀的日本产业是靠什么和美国竞争的呢？答案就是"质量"。美国著名市场调查公司 2003 年对美国汽车市场进行了调查，共有 5.5 万名美国车主参加了调查，受访者中使用汽车的平均年限约为 3 年。37 个汽车品牌中，平均每百辆车中有 273 个质量问题。问题最少的 10 个汽车品牌中有 5 个日本品牌、4 个美国品牌、1 个德国品牌。质量最好的 3 个品牌是丰田公司的凌志、日产公司的无限和通用公司的别克。

"平均每百辆车中有 273 个质量问题"，这些质量问题就是质量风险和危机。质量管理的全生命周期贯穿产品的研发、采购、生产、销售等各环节，无论哪个环节管理不善，导致质量偏离设计初衷、不符合标准，最终都会反映到完成品上。而完成品的质量问题则会给企业带来很大的经营危机，削弱企业的竞争优势。所以如何在质量管理过程中进行风险控制，就是质量风险管理所讨论的主要内容。

质量管理的核心就是对危机和风险的干预。

质量风险是指在产品设计、研发、生产、储运、销售、使用的整个生命周期内存在的，可能导致产品质量特性偏离预期要求或目标的负面影响。

质量风险管理则是系统化的管理，是管理方针、规程和实践的系统应用，用来识别、分析、评价和控制整个产品生命周期内的质量风险。

6.2.2　质量风险管理的重要性

1999年，某汽车公司生产的"探险者"越野车经常发生车毁人亡的严重翻车事故，总共导致174人丧生。经过分析发现，翻车事故可能与轮胎的性能有强关联性。由于发生事故的"探险者"越野车大多使用的是凡士通公司生产的轮胎，所以有人开始指责凡士通轮胎的安全性问题导致车祸频频发生。

但凡士通公司对这样的指责始终不能接受，该公司认为问题的关键是客户汽车存在设计缺陷，是汽车本身的安全性问题导致轮胎爆裂及翻车事故。在接下来两公司举行的会谈中，凡士通公司坚决表示不会参加客户公司此次轮胎回收活动，会后，其首席执行官约翰·拉姆帕在致客户公司的信中说"我公司认为你方一再强调凡士通轮胎存在安全问题，是为了引开对'探险者'越野车安全性调查的视线"，并表示不再向其供应轮胎，两公司长达一个世纪之久的合作至此结束。

汽车公司召回的大部分轮胎都出自凡士通公司在伊利诺伊州的分厂，据说这批轮胎是在工人罢工期间生产的，或许这影响了轮胎的质量。可是没人能解释：为什么凡士通轮胎频频在这个客户的汽车上出事故，而安装在其他厂商的汽车上却没什么问题呢？客户公司否定了凡士通公司对其"探险者"越野车安全性的质疑，因为在两年前，客户公司便把轮胎订单分给凡士通和固特异两家轮胎生产商，可发生的质量问题中，涉及凡士通轮胎的占了1000多起，而涉及固特异轮胎的仅有2起。

其实，在这次风险事故中，客户公司与凡士通公司早已在同一条船上，本应同舟共济，团结起来快速解决问题。可自从轮胎事件爆发后，两家公司都在相互指责，相互推卸责任，最终导致合作终止。

最终，客户公司独自承担了1300万只轮胎的回收费用，同时在当年的第二季度出现了明显的利润亏损，而整个回收过程也至少需要9个月，这意味着必须暂时关闭3个制造厂，才能保证有足够的轮胎换下召回的轮胎。受此影响，客户公司的汽车销量大幅度下滑。

凡士通公司的日子也不好过。虽然这家汽车公司的订单仅占凡士通公司市场总份额的5%，但在该汽车公司宣布对凡士通轮胎的安全性失去信心后，其他汽车制造商也对凡士通公司失去了信心，虽没有最终的定论，但没有公司敢冒险再大量使用凡士通轮胎，这已经威胁到了凡士通公司的生存和发展。

反观整个处理过程，双方都将矛头指向了对方。客户公司拒绝承认安全事故与自身有任何关联；而凡士通公司也并没有很清楚地解释，其工人罢工是否对生产质量产生了影响——只有消费者的安全一直都在受到威胁。

在整个事件发展的过程中，在风险事故已经发生的情况下，双方对质量风险都没有足够的重视。作为供应链中的重要合作伙伴，双方没有达成协作的模式，也没有对风险事故采取任何的控制措施，而是相互敌对、相互指责，消费者的生命安全并没有被摆在首要位置，市场的负面反馈也被忽视。最终的结果极其不好：两家公司招致数百起诉讼，数百万个轮胎被召回，两家公司都被公众形象受损等问题困扰。

质量风险一旦处理不好，其影响都是波动性的，并且具有牛鞭效应，逐层放大。上述事件刚发生时，双方其实有足够的时间来处理，如果足够重视、团结协作、共同分析事故发生的真正原因，并采取应对措施，是不会导致两家公司名誉和利益都受损这类恶性情况发生的。

企业都知晓质量风险管理的重要性，但在具体的管控措施上，却容易陷入一定的管理误区。

1. 头痛医头，脚痛医脚

常见表现为：一旦出现重大质量事故就开始紧张，想办法、想对策；没有出现质量事故就认为万事大吉。

在未发生质量事故时，企业从不对质量管理方法进行梳理，不对供应商质量管理问题进行解决；对于任何质量不良现象，不是追根溯源，而是浅尝辄止，浮在表面，治标不治本。企业既没有事前的预防措施，也没有系统性的主动管理模式。

2. 全员质量管理意识薄弱

很多企业认为质量管理就是质量部的责任，应该由质量部全权负责，与其他部门无关，全员质量管理的意识淡薄。

质量风险管理是贯穿整个产品生命周期的。从研发理念的提出到最终的量产，从设计阶段、制造阶段、使用阶段到售后阶段，这其中的每一阶段，都可能发生质量风险。

质量部是公司质量管理的窗口，但在日常的工作中，企业的每一个员工都应该自觉担当起质量监督员的角色，切实遵循全面质量管理推行的管理理念。

（1）质量第一。

（2）面向消费者。

（3）视下道工序是消费者。

（4）用事实数据说话。

（5）全员参与，质量问题人人有责。

3. 官本位思想严重，靠直觉管理

质量管理是一门很科学、严谨的管理学科，但在企业中，却经常出现领导说了算，或者片面地依靠经验、直觉来管理的情况。

企业在处理某些质量事件时，仅有一些主观陈述的概念和笼统的评价，并无准确、详尽的基础质量数据作为支撑，凡事以"差不多"为判断标准，甚至包括质量目标的设定都可能是领导临时想出来的。这样的管理方式当然无法规避质量风险。

质量风险产生的要因、过程缺陷、改进措施，企业必须弄清，才能通过严格的定量分析找到有效的解决方案和改善方案。

4. 重认证、轻系统化管理

在质量风险的管理过程中，从质量策略开始，企业就应该清晰地制定质量目标，并通过一定的管理手段保证目标得以实现。

质量认证是对产品质量的一种佐证，但只是质量管理中的一个关键点。很多企业忽视了系统化的管理，只是紧盯着产品质量认证这种快捷的表现方式，抓小放大。

其实，持续、完整的系统化管理才有助于增强对抗风险的能力。

图 6.2-1 中，在质量管理的过程中，从质量管理策略到质量管理目标，再到具体的质量管理活动，缺一不可。

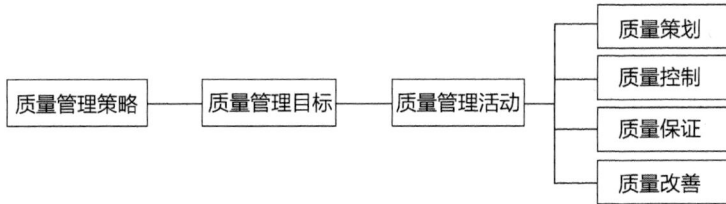

图 6.2-1　质量管理流程

（1）质量策划。质量策划指制定具体的质量管理目标，并规定必要的运行过程和资源以实现目标。其中应包含：产品策划（对质量特性进行识别、分析，并建立其目标、质量要求和约束条件）；管理和作业策划（对实施质量体系进行组织和安排）；编制质量计划和制定质量改进规定；等等。

（2）质量控制。质量控制指通过一定的作业技术和活动，来管理质量全过程中的影响因素，如常说的人、机、料、法、环。

（3）质量保证。内部质量保证的目的是使企业最高管理者产生信任；外部质量保证的目的是使顾客或第三方产生信任。

（4）质量改善。质量改善是通过改进质量管理的过程来实现的，致力于主动寻求改进机会，而不是等待问题暴露。质量改善效果评价依据3个方面：顾客满意度、过程效率和社会损失。质量改善是企业追求卓越质量水准必经的一步。相比质量保证，质量改善更偏向于主动管理。质量改善可以是日常工作中主动性的改善，也可以是发生质量问题后的被动改善。在与供应商合作的过程中，企业也可以主动引导其进行质量改善工作。

6.3　质量风险的识别和分析评价

质量风险管控的具体过程，包含风险识别、分析评价到风险管控的全过程。但在具体的管控方法上，必须运用专业的质量管理工具。

6.3.1　质量风险的识别

质量风险的识别可以从以下方面入手。

（1）质量风险识别要围绕"将会出现什么问题"，系统地利用各种信息和经验，来识别人员、设备、原料、工艺、环境、检测等环节存在的风险，找出将会出现的问题。

（2）质量风险的识别范围是质量管理体系的相关活动，涵盖人员与培训、文件规程、设施设备、校准验证、信息系统、原料采购、验收储存、生产操作、分析检验、产品销售、售后服务等。

（3）质量风险识别应关注已经发生的类似风险事件，特别是同行业、企业内部出现过的质量风险事件，并针对已发生的质量问题从人、机、料、法、环、检测等方面进行系统的原因排查。

（4）质量风险识别和质量问题排查采用的方法，可以有头脑风暴法、调查表法和分解法等。头脑风暴法即多人自由论述，阐述可能发生风险的质量管理点；调查表法为通过调查表的方式收集目前质量管理中存在的危机；分解法为逆推法，通过表面的质量问题分解出背后隐藏的真正风险。

6.3.2　质量风险的分析评价

质量风险评价要围绕"问题发生的后果"进行，将风险分析的结果与风险评价准则进行比较，通过定性的分析和定量的分析，综合考虑风险影响和风险概率两方面的因素，将质量风险对项目乃至企业的影响进行全面评估。

按照风险事件的后果严重程度和风险发生的可能性，质量风险一般可划分为特别严重、严重、中等、一般、轻微等级别。

质量风险评价小组完成对质量风险的分析后，再确定质量风险评价结果。质量风险评价的结果，应该能够指导风险管控措施的实施和满足风险应对措施的需要，否则，企业需要做更深入的分析。

6.4 质量风险的管控

质量风险管理是一个系统、复杂的管理工程，不是简单地去比对各种质量指标；也不是简单地给供应商开质量罚单，相互推卸责任；更不是蜻蜓点水般应付了事。企业需要对各类质量风险刨根问底，并采取针对性的管控措施，从而在质量风险面前游刃有余。

6.4.1 人员技能建设

质量管理人员在不同的场合需扮演多重角色，如消防队员、工程人员、审核员、辅导员、协调员、检验员、项目工程师等。在面临风险时，专业的技能和人员的综合素质更是必需的。

（1）活跃的思维能力及系统分析方法。

（2）良好的沟通能力、全局意识及危机处理能力。

（3）过硬的质量专业知识、产品知识及工艺知识。

（4）良好的团队意识及培训和指导组员的能力、包容组员的态度。

（5）质量管理的自我驱动力。

人员技能可以通过培训和适当的实践锻炼进行培养。质量风险面前，除了运用过硬的专业素养去对抗风险外，还需拥有良好的心理素质和开放的心态。质量带来的危机往往都是看得到、摸得着的损失，在关键时刻，相关人员保持冷静的思维和全局观也至关重要。

6.4.2 加强团队合作意识

质量风险的有效管控，仅靠质量部门是无法实现的。企业内部管理的过程中，上一道工序应该视下一道工序为顾客，杜绝质量问题流转到下一道工序，坚决执行"三不主义"：不接受、不制造、不流出。

企业应营造全员参与的氛围，强化全员参与质量管理的理念，让大家意识到：无论处于何种工位，你的工作都与质量风险管理息息相关，部门与部门间、个人与个人间均需紧密配合。

大雁每年要克服困难飞行很远的距离。它们是如何做到的？答案就在于团队合作。

每当有大雁展翅拍打时，其他的大雁立刻跟进，整个鸟群抬升。借着"V"字队形，整个雁群比每只大雁单飞时，至少增加71%的飞行距离。在此过程中，每只大雁都秉持着主人翁意识，当领队的大雁疲倦了，它会退到侧翼，另一只大雁则飞在队形的最前端。

QC（Quality Circle）小组又称质量圈，是一种很好的团队管理工作方式，它是目标管理、行为科学及重点管理方法在企业质量管理中的综合运用，是一种重要的群众性的质量管理方法。当前，很多企业已经把 QC 小组作为一种常规化的管理手段，会定期组织相关人员举办 QC 小组成果发表大会。

QC 小组的管理模式有两大优点。

（1）质量问题一般多呈现多面性和复杂性的特征。在解决质量问题的过程中，小组成员都拥有共同的目标，以合作的方式代替个体努力，能更快速、更容易地到达目的地。彼此之间可以互相推动，避免思维的固化和单一化，从而创造更多的工作成果。

（2）让参与人员有主人翁的意识。在企业的质量管理过程中，最忌讳各种官僚主义所带来的局限性和错误性。QC 小组可以让每位成员轮流担任领导并共享领导权，让成员从不同的角色去思考判断，反思质量管理方法的有效性；同时，每一位成员都有可能成为小组的领导，展示和表现其多方面的才能。员工的积极性可以被充分调动起来，其解决问题的效率也会大幅提升。

QC 小组成员可以跨部门组成，选择一个质量命题，大家群策群力进行讨论，以寻找最佳的解决方案。在此过程中，每个参与者都会加深对质量管理的相关认识。跨部门的协作也能更全面地剖析质量问题，发现一些隐藏的质量危机。同时，QC 小组发表大会中的成果展示与分享，也会给公司内外关联人员带去很好的风险管理启发。

6.4.3　重视质量策划

质量策划的过程包含着对下一个周期内的质量管理活动的总筹划，对接下来的质量管理活动具有指导作用，可以让质量管理活动变得井井有条，不至于临时抱佛脚。其详细内容一般包含以下内容。

（1）设定质量目标。任何一种质量策划，都应根据其输入的质量方针或上级管理目标，以及顾客和其他相关方的需求和期望，来设定具体的质量目标。

（2）确定达到目标的途径。实现目标的过程可能是链式的，从一个过程到另一个过程，直到目标的实现；也可能是并列式的，各个过程的结果共同指向目标的实现；还可能是上述两者的结合。事实上，任何一个质量目标的实现，都需要多种途径。

（3）确定相关的职责和权限。质量策划是对相关过程进行的一种事先安排和部署，过程的实施必须由人来完成。所以，各部门和人员的权责必须落实清楚，一定要落实到具体的部门和负责人，避免实际工作中出现相互推诿和瞒天过海的现象。

（4）确定所需的其他资源，包括设施、材料、信息、经费、环境等。注意，并不是所有的质量策划都需要确定这些资源。但是如果有需要，则一定要纳入质量策划的范围，并提前筹备。

（5）确定实现目标的方法和工具。在质量策划中，根据需要规划可能会使用的方法和工具。工业发展到现在，经过长年累月的积累，企业可采用的质量目标实现的方法和工具有很多种，一般情况下，由承担该项职能的部门或人员去选择具体适用的方法和工具。

（6）确定其他的策划需求。如约束质量目标、具体措施完成的时间，检验考核的方法，评价指标，文档记录等。

6.4.4 过程质量管控

现代质量管理的奠基者休哈特认为，产品质量不是检验出来的，而是生产出来的，质量控制的重点应放在各管理过程中。过程是将输入转化为输出的相互关联或相互作用的一组活动。从研发、输入到产品输出中，不是单靠产品质量检验或生产中的质量管理就能实现风险控制的，各质量关联过程的全面管控才是最有效的管理模式。

图6.4-1中，与质量管理的关联过程涉及整个产品的生命周期。从设计研发开始到产品的问世，都需充分考虑质量风险因素。如市场调研中用户对质量特性的需求，设计方案中质量可靠性的设计，采购过程中对供应质量的把控，生产制造中对质量差错和线边缺陷的预防，售后服务中对质量的维护，等等。这些过程都需要严格管理。

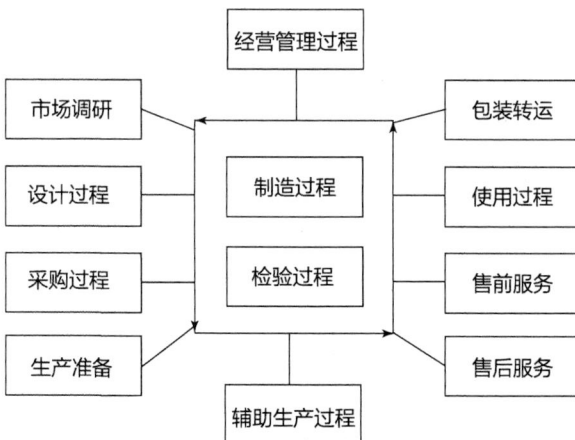

图 6.4-1 经营管理过程

（1）设计过程中的质量管控主要聚焦在：通过详尽的市场调研展开产品设计工作，市场调研需充分了解产品发展趋势以及质量防控要点；在工艺准备和试制试产中保证技术文件的质量，做好标准化的审查工作以及督促遵守试制研发的工作程序。

（2）制造过程和检验过程中对于质量的管控与其他经营管理过程紧密相连，相互影响。制造过程中制约质量表现的因素众多，如工艺文件、人员、设备和工装、供应商的配合、方法和环境等。

企业需通过质量分析来掌握质量动态，并建立管理受控点。其中需重点关注：生产线工序的质量控制、质量防差错体系的设计、线边工艺中质量缺陷的预防等，并严格执行各质量检验工作，定期组织设备检修工作，保证设备在使用过程中的质量。

（3）生产制造的辅助过程，如采购、仓储、运输等，重点在于保障供应和转运途中的质量稳定性。企业需做好采购供应（包括外协准备）的质量管理，保证采购质量，严格检查验收入库物资；按质、按量、按期地提供生产所需要的各种物资（包括原材料、辅助材料等）。在生产制造的辅助过程中，如何管控供应商的质量表现乃是重中之重。

（4）成品下线后的售后服务过程也与质量风险管控有关，且不容忽视。售后配件的保证、售后问题发生的概率、售后质量反馈响应的速度，能够给消费者带来最直观的体验；售后服务的质量不仅依靠产品自身的质量，也需要人为地进行干预管理，才能保证市场对产品质量的满意度。售后服务的成熟度直接决定着消费者对产品质量的信任度和亲密度，决定着企业销售市场的稳定性。

6.4.5　用数据和事实说话

质量风险管理的过程中，尤其要注重运用定量的数据。不能领导说了算，也不能用"差不多"的心态来敷衍了事，更不能忽视科学的管理措施。

质量管理的每个环节，都需要建立在科学的数据管理的基础上。数据的收集、整理、分析、总结及规范化记录，可以帮助企业分辨关联因素的逻辑关系，找到根本原因；直观明了的数据也可帮助企业提升风险管理效率，减少不必要的浪费。

在全面质量管理的活动中，用于收集和分析质量数据、确定质量问题、控制和改进质量水平的常用工具如表 6.4-1 所示。

表 6.4-1　质量管理的工具

旧七种工具	新七种工具
排列图	关联图
因果图	亲和图
调查表	系统图
直方图	矩阵图
控制图	矩阵数据分析法
散点图	过程决策程序图
分层法、流程图	网络图

这些工具应用在具体的实际工作中，不仅科学实用而且高效。旧七种工具适用于在生产现场、施工现场、服务现场解决质量问题。新七种工具是对旧七种工具的提炼和升华，适用于管理人员决策，如怎样收集数据、明确问题、抓住关键、确定目标和手段、评价方案、制定切实可行的对策计划等。下面介绍新七种工具。

1. 关联图

关联图又称关系图，由日本应庆大学千住镇雄教授提出，是用来分析事物之间"原因与结果"和"目的与手段"等关系的一种图。

质量问题的影响因素多种多样，且相互影响。分析中可能会出现重复分析、摸不着头脑等现象。关联图能够有助于理清事物之间的逻辑关系，并找出解决问题的办法。

图 6.4-2 所示的关联图由圆圈（或方框）和箭头组成，其中，圆圈中是文字说明部分；箭头由原因指向结果，由手段指向目的。文字说明力求简短、明确且易于理解，重点项目要用双线圆圈或双线方框表示。

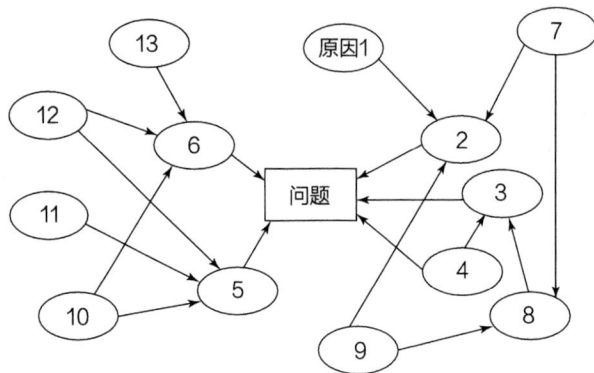

图 6.4-2　关联图

关联图适用于多因素交织在一起的复杂问题分析和整理。它将众多影响因素以一种较简单的图形来表示，这易于抓住主要矛盾、找到核心问题，也有益于集思广益，迅速解决问题。使用关联图时需注意：一定要提出与问题有关的所有因素，并进行简要表达；把因素间的因果关系用箭头符号做出逻辑上的连接，进而掌握全貌和找出重点。

2. 亲和图

亲和图又叫 KJ 法，由日本川喜田二郎首创，是通过将大量收集到的关于未知事物或不明确事实的意见或构思等资料，按其相互亲和性（相近性）归纳整理，使问题明确，求得统一认识和协调工作，以利于解决问题的一种方法。

其适用范围不仅包括质量管理中问题的发现和对策的制定，也适用于市场调查和预测、企业方针与目标的制定、研发的革新和效率的提升等。

亲和图的运用优势体现在以下几点。

（1）从混淆的状态中收集资料，整合以便发现问题。

（2）打破现状，产生新思想。

（3）掌握问题本质，让有关人员明确认识。

（4）团体活动，对每个人的意见都采纳，提高全员参与意识。

3. 系统图

系统图是指把要实现的目的、需要采取的措施或手段，系统地展开分析，并绘制成图，以明确问题的重点，并寻找最佳手段或措施的一种方法。系统图一般由方框和箭头组成，形状似树枝，所以又名树形图。利用系统图可以系统地掌握问题，寻找到实现目的的最佳手段，广泛应用于质量管理中，如图6.4–3所示。

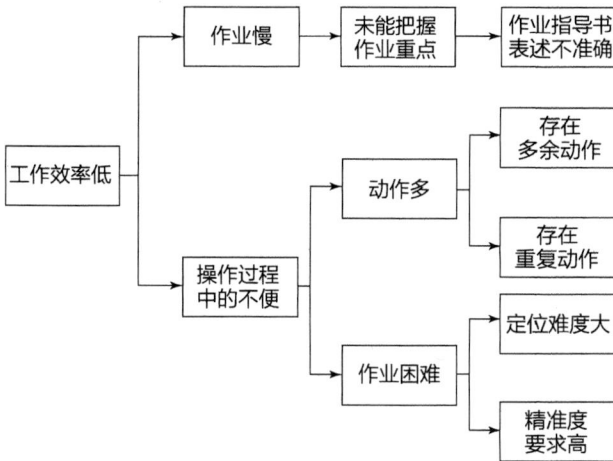

图6.4-3　系统图

系统图适用场景常见于质量管理因果图的分析、质量保证体系的建立、各种质量管理措施的开展。

（1）开发新产品中，将满足用户要求的设计质量系统地展开。

（2）质量目标管理中，将目标层层分解和系统展开，使之落实到位。

（3）建立质量保证的体系中，将各部门的质量职能展开。

（4）在减少不良品方面，有利于找出主要原因，采取有效措施。

4. 矩阵图

矩阵图是利用数学上的矩阵表示因素间的相互关系，从中探索问题所在并得出解决问题的设想的方法。它是一种通过多因素综合思考，分析探索问题的好方法。

运用该方法时，可以从多维问题的事件中，找出成对的影响因素，排列成如图6.4–4所示的矩阵图，使各因素之间的关系清晰明了；然后依据矩阵图中因素间的相互关系来分析，以确定关键点。

图6.4-4所示的矩阵图中各符号的表达意思为：◎、▲表示关键点，即关系比较密切的地方；R代表行因素；L代表列因素。

	L_1	L_2	L_3	……	L_i	……	L_m
R_1							
R_2	▲						
R_3			◎				
……		▲					
R_i					◎		
……							
R_m							

图6.4-4　矩阵图

（1）制作矩阵图可以按照以下步骤进行。

①列出各种复杂的质量因素。

②把成对因素排列成行和列，表示其对应关系。

③选择合适的矩阵图类型。

④在成对因素交点处表示其关系程度，一般凭经验进行定性判断，可分为3种：密切、较密切、一般，并用不同符号表示。

⑤根据关系程度确定必须控制的重点因素。

⑥针对重点因素做对策表。

（2）矩阵图法的使用场景主要包括以下情况。

①保证产品质量特性，保证质量管理机构之间的体制可靠性。

②明确产品的质量特性与试验测定项目、试验测定仪器之间的关系，强化质量评价体制或使之提高效率。

③当生产工序中存在多种不良现象，且具有若干个共同原因时，可弄清其相互关系，进而一举消除。

④多变量分析中，研究从何处入手以及以什么方式收集数据，如研制新产品或对老产品进行改进时寻找切入点。

5. 矩阵数据分析法

矩阵数据分析法是对多个变动且复杂的因果进行解析的方法。矩阵图上各因素间的关系如果能用数据量化表示，就能更准确地整理和分析结果。这种可以用量化数据表示的矩阵图法，叫作矩阵数据分析法。

矩阵数据分析法的原理是通过确定需要分析的各个方面，在矩阵图的基础上，在每个行和列的交叉点中，用数量来描述这些因素之间的对比，组成数据矩阵，并进行定量分析，确定对比分数，将多个变量转化为少数综合变量，得出有价值的规律或结论，确定哪些因素较重要。

在需要对候选方案进行选择进而决策时，往往需要对几种关键因素加深考虑，权衡其重要性，此时可以通过矩阵数据分析法进行更详细的加权系数计算，以便形成最终决策。

6. 过程决策程序图

过程决策程序图又称 PDPC（Process Decision Program Chart）法，是随事态的进展分析能导致各种结果的因素，并确定一个最优过程以达到理想结果的方法。过程决策程序图如图 6.4-5 所示。

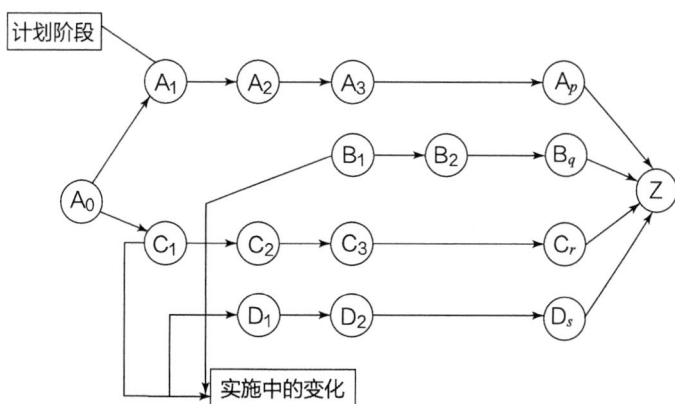

图 6.4-5 过程决策程序图

此方法要求在制定计划或进行系统设计时，事先预测可能发生的障碍，从而设计出一系列对策措施，以最大的可能引向最终目标。

过程决策程序图实施的过程中，可以通过顺向和逆向两种思维模式来预测可能发生的事故或障碍。顺向思维法即按照事物发展的顺序来推导；逆向思维法则是，假设质量管理中最终出现了不良的结局，逆向推测可能会有哪些因素导致这种结局。该方法可用于防止重大事故的发生。

通常，过程决策程序图可分为两种制作方法。

（1）依次展开型：一边进行问题解决作业，一边收集信息，一旦遇上新情况，立即反映出来。

（2）强制联结型：在进行作业前，为达成目标，把所有过程中被认为有阻碍的因素事先提出，并制定出对策，将它标示于图上。

过程决策程序图的运用过程中，具有动态管理和可追踪的特点，并且运筹帷幄、料事于先，能预测较少发生的重大事故，并在设计阶段预先考虑应对措施，同时从整体上掌握系统的动态并依此来判断全局。

7. 网络图

网络图是编制最佳日程计划、有效实施进度管理的一种科学的管理方法，其工具是箭条图，故又称箭条图法。运用网络图时，具体是利用统筹法，通过网络图的形式反应和表达计划的安排，选择最优方案；并组织协调和控制生产的进度或费用，达到预定目标。

其中，运用此方法的核心为如何将项目进行分解，判断不同项目之间的逻辑性，并进行优化调整。

例如，生产一个零部件的步骤为：工序1—工序2—工序3—工序4。一个箭头代表一道工序，箭头下的数字表示该工序所需的时间；将这些箭头按照顺序首尾衔接起来，可算出需要的总时间为70分钟，如图6.4-6所示。

若图6.4-6中有些工序是可同步进行的，则可做出另一种衔接关系，如图6.4-7所示。

图 6.4-6　常规流程图

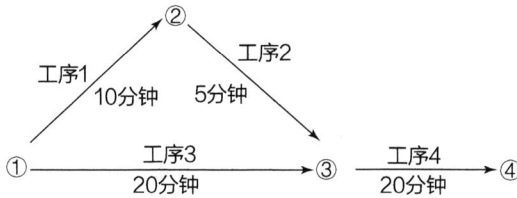

图 6.4-7　网络图

在使用网络图时需要注意：节点间不出现循环现象；节点间只有一个箭头；箭头必须从节点引出；编号不能有重复。

图 6.4-7 为经过优化后的网络图，其所示完成工作的时间为 55 分钟，总共节省了 15 分钟。上述仅为一个简单的案例；在复杂的项目质量管理过程中，各流程节点间，一样可以通过上述方法判断相互之间的逻辑性，并进行优化，聚焦重要维度。

通过以上描述，可以看出网络图的优点：项目及组成部分一目了然，便于跟进项目进度，抓关键环节；能足够准确地估计项目的完成时间，并进行时间约定；各组织人员的地位和作用清晰明了，可对其简化管理，使管理者的注意力更聚焦。

6.4.6　加强对供应商的质量建设和对客户质量需求的聚焦

图 6.4-8 中，企业对质量风险的管控，不仅需要关注自身内部的质量管理风险，更需关注供应链的两个重要合作伙伴——供应商和客户的质量管理。对最终客户质量要求的满足必须通过企业内部和外部相结合，才能创造最好的管理成效。内外缺一不可，不能厚此薄彼。

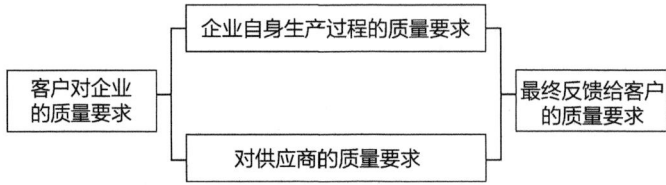

图 6.4-8　客户与供应商质量管理的传导性

1. 供应商的质量管理

供应商是较易发生质量风险的对象，供应商的质量管理也不等于来料检验加质量事故处理。常见的供应商质量管控工具有产品质量先期策划（Advanced Product Quality Planning，APQP）和控制计划（Control Plan，CP）、失效模式与影响分析、测量系统分析（Measurement Systems Analysis，MSA）、统计过程控制（Statistical Process Control，SPC）、生产件批准程序（Production Part Approval Process，PPAP）等。它们分别适用于产品开发、产品试制、产品量产等不同的质量管理阶段。

与此同时，企业在具体的管理过程中，必须将质量体系认证、质量标准制定、质量考核、质量改善等手段结合运用，实现供应商质量的全面管理。

（1）质量体系认证必须满足国家、行业和企业的要求，体系认证是供应商向公众证明其质量体系符合标准的全部活动。

（2）质量标准制定是企业对供应商产品质量水平约束的一种方式，通常可通过各种量化指标记录追溯指标进行体现。质量标准一旦确定就不能轻易更改，需对供应商进行准确宣导并严格贯彻执行。常见的质量标准有产品合格率、返修率、六西格玛等。

（3）质量考核包含企业对供应商现场质量管理的考核（供应商现场审核）以及供应商质量执行标准的考核。

（4）质量改善是企业针对供应商风险问题而发起的一种主动或被动式的质量改进活动。改善过程中，可采用戴明环等工具对改善效果进行复盘和推广。企业对供应商质量的管理应始终处于一种精益求精的状态。

企业不仅需要对供应商质量实现全方位、无死角的管控，灵活运用各种管理工具，同时，也需要培养供应商内部独立处理质量问题的能力。供应商内部的品质管理流程和质量保证手段，必须能够与企业的需求同步；企业应根据供应商的实际情况定期提供各种质量扶持活动，帮助其提升质量管控水准。这样，才能保证供应商与企业间的良好配合，共同实现质量管理活动中的双赢局面。

2. 聚焦客户质量需求

全面质量管理理念中一直强调需重视客户的质量需求和满意度。客户满意度是指，客户通过对某产品（或服务）的可感知的效果（感知质量）与他的期望（认知质量）相比较，而后所形成的感觉状态。满足客户的需求是提升客户满意度的前提。

客户满意度状态一般分为以下 3 种。

（1）如果效果低于期望，需求得不到满足，则客户不满意。

（2）如果效果与期望匹配，需求得到满足，客户就满意。

（3）如果效果超过期望，需求得到超值满足，客户就忠诚，非常满意。

从客户满意度和质量需求入手，企业需做到重视产品质量与客户满意度之间的匹配，根据市场动态不断追求更卓越的质量水准。

质量管控的每一个环节都需严加把控，避免不良品的流出。无论是产品还是服务，一旦发生高频次的质量不良或者低频次的质量事故，都会在客户群体中产生放大效应，引爆客户的不满意情绪。重视客户的质量需求和满意度，可以反向促使企业重视质量管理中的缺陷，督促企业提前积极消灭各种质量危机。

企业对客户质量需求的满足要永远不能拘泥于现状，要基于更高、更远的视野去追求卓越。市场和客户的需求都处于动态变化中，企业不仅要考虑客户当前的需求，更应深入思考市场和客户未来的需求，并提前布局。

为实现提前布局的目标，企业应持续改进管理手段，加强与市场和客户的交流，主动推行各种质量改善方法，弥补质量管理过程中的缺陷或堵塞漏洞，以保证所供应产品的质量，使企业始终处于不败之地。此过程不仅有助于提升企业内部质量管理的水准，也使得企业能够先人一步，提前感知变化，做好风险防范。

6.4.7　六西格玛管理

六西格玛（6σ）管理最先由摩托罗拉于 20 世纪 80 年代提出，并在 20 世纪 90 年代得以大力发展。6σ 管理在总结了全面质量管理的成功经验上，提炼了其中流程管理技巧的精华和最行之有效的方法，形成了一种提升企业竞争力、追求持续进步的管理哲学。该管理法在通用、戴尔、惠普、西门子等众多跨国企业的实践运行中，都被证明是卓有成效的，已成为国际上炙手可热的质量管理模式。

美国质量协会前主席曾说："六西格玛很可能是这 100 年来，我们学到一切关于品质理论的集结总成。"

杰克·韦尔奇曾经说："六西格玛是通用电气至今所采用的最重要的创新……它是我们公司未来领导力的基因组成部分。"当杰克·韦尔奇在通用电气公司引入六西格玛管理方法时，他告诉高层主管，他们 40% 的年终奖金将根据他们在实施六西格玛管理方面的投入和业绩而定。通用电气公司开始实施六西格玛管理培训战略后，全面进行完善和改进。通过 5 年的实践，通用电气公司的质量水准得到了很大提升，也获得了巨大的经济收益。

1. 六西格玛管理理念

图 6.4-9 中，σ 代表标准差，标准差用于描述各种可能的结果相对于期望目标值的波动程度。6σ 不仅研究"平均"，同时更关注"波动（散布）"。在第一象限、第二象限和第三象限中的分布值，要么是波动太大，要么就是偏离目标值太远；只有在第四象限中的分布值才是理想的情况。

我们希望通过 6σ 管理达到的目标：每一百万个机会中只有三四个错误或故障。

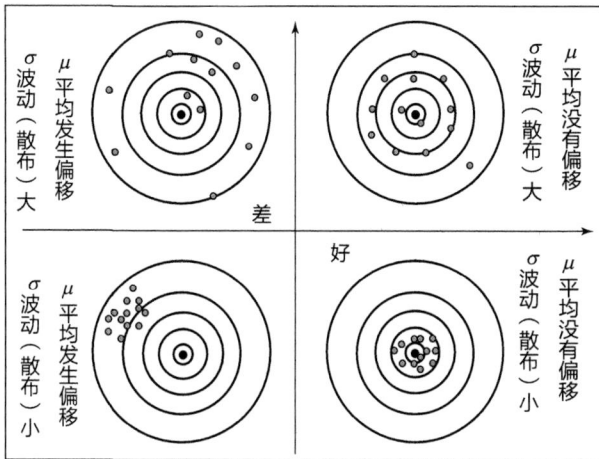

图6.4-9　六西格玛管理法

2. 六西格玛管理的运用指导意义

六西格玛管理系统是一个以客户为关注焦点、以数据为基础、以统计技术为突破口，使SLPOC（供方、输入、过程、输出、客户）达到最佳效果的管理系统。

（1）六西格玛管理帮助企业建立了目标和测试客户满意度的标尺。作为一种有效的统计测量工具，六西格玛是一个统计测量基准，它告诉企业目前自己的产品、服务和过程的真实水准如何。

企业不仅可以用六西格玛管理对产品的质量进行定量测量，还可以对企业内部的一些管理指标，如劳动工时、销售额、管理成本等进行测量。通过此方法，企业可将自己与其他类似的或不同的产品、服务和过程进行比较，从而知道自己处于什么位置。管理人员可以知道偏差值，明确努力的方向。

（2）六西格玛管理同样可以帮助企业在提供无缺陷的产品和服务方面确定更高的目标。六西格玛管理所追求的目标是把差异性减缩到这样一个程度：6倍西格玛。

在很多产品、服务和流程中，这意味着非常显著和极其有价值的改进。在给内外部客户提供产品或服务时，都可以通过六西格玛来进行反思，企业输出的产品或者服务的质量是否与99.999 7%的完美的西格玛目标之间有差距。可以通过比较各环节西格玛的水平和业绩，让企业朝着接近完美的目标方向努力。

第 7 章
技术研发中的风险管理

    人类社会的每一次进步都离不开技术的发展和革新，从远古时代的钻木取火，到后来的石器时代、铁器时代，再到今天的工业自动化时代、人工智能时代，科技的进步促使人类文明一步步向前，不断突破原有的桎梏，攀上更高峰。人类社会的脚步不停歇，科技创新的活动就不会停止。

7.1 技术风险的含义与影响因素

科学技术是第一生产力。对企业而言，技术不仅能推动企业生产力的发展，更是企业核心竞争力的重要组成部分。如果说质量风险的管理可以保障企业在前进的道路上稳步向前，那么企业的技术竞争力将会决定企业在前进的路上能走多远。但是，企业的技术研发和创新之路并非一帆风顺，很多企业因为没有把握正确的方向，或因技术实力不足被时代无情淘汰，偌大的基业，可以一夜间冰消瓦解。正所谓："眼看他起朱楼，眼看他宴宾客，眼看他楼塌了。"

索尼手机掉队的故事正是技术风险的典型案例。

在诺基亚手机"霸市"的年代，索尼也曾生产过功能机，并紧跟在诺基亚和摩托罗拉之后，挤进了市场前三，属于第一梯队。但随着市场的变化，智能手机悄然诞生。大环境一变，各大手机厂商也进行各种调整。

苹果引领了智能手机的发展趋势，诺基亚采取了优化塞班的措施，三星因为垂直整合，拥有手机核心元器件的生产能力，并且也推出了多款智能手机……在各大手机公司都在风头上抢占优势地位时，索尼却很难拿得出有吸引力的技术亮点。

相比于苹果软硬结合的打法，索尼也为此做出过努力，奈何转型一直太慢。例如，索尼曾试图专心研制手机玻璃防水机身、圆形的金属电源键、多色设计等，把功能机时代的一些优势生搬硬套至智能手机。

然而，智能手机更新换代的速度很快，索尼固化的设计思维无法紧跟时代需求，更忽略了智能手机互联网产品的属性，无法加速对手机产品自身软硬件的革新。因此，索尼产品在功能和配置上一直不如其他竞争对手，但价格一直居高不下，如此折腾，市场自然不买账，销量一路下滑。

索尼也曾推出过 MD 播放器，却被苹果的 iPod 打败。原因何在？因为索尼缺少在软件和互联网上的研发，更缺少各部门的整合：硬件、软件、内容等部门都在竭力维护自己的利益，导致内部山头林立而很难打通。

在推出一款可供用户自由下载音乐的数码音乐播放器时，索尼为避免影响自己的音乐产品销售，竟然特意设计了一种独有的文件格式，而不是当时流行的 MP3 格式；相对而言，苹果则要求 iPod 能够支持第三方应用程序，以便在更多的国家和地区出售。孰优孰劣，立见分晓。

此过程中，我们从不否认索尼在产品质量上孜孜不倦的追求。但因为其僵化、封闭的思维模式，缺乏创新的视野，导致其在市场竞争中逐步落于下风。

盛田昭夫时期的索尼还是重要的技术创新者，在电视、数码相机、音乐播放器和游戏机等市场遥遥领先。盛田昭夫曾说："因为任何事情都处在迅速的变化之中，不仅技术在变化，而且人们的观念、思想、时尚、爱好和兴趣也都在变化。任何一个公司如果不能及时地把握这些变化，就无法在商界中生存下去，在高新技术领域里尤其是这样。

"由于新产品质量的可靠性和先进性已成为很平常的东西，从事工业生产的人们就又面临新的挑战。必须创造更具有诱惑力的产品，以争取消费者。显然，如果谁不去想方设法改善向消费者提供的产品，就别指望在商界生存，而要这样做，就必须有新技术。"

在技术革新愈发加速的信息化时代，技术风险已经成为企业不可忽视的重大难题。面对技术研发必需的成本投入，企业该如何确保相关投入能够发挥相应的价值，又该如何规避技术风险的产生，这些都是企业需要解决的问题。

7.1.1 什么是技术风险

爱迪生的每项发明创造都要经过数百次的失败才能迎来最后的成功，而企业在技术创新的道路上，毫无疑问也会历经重重险阻。

企业的技术发展同样面临诸多风险，如因思维僵化而无法把握技术革新点，或因外部环境不确定或内部不适应而导致新技术无法成功落地，又或者受制于内部决策方向失误而导致新产品研发失败，再或者因研发实力薄弱、技术不成熟而导致革新失败等。

无论哪种情况，失败的研发行为都会给企业带来一定风险。技术风险不仅会影响新产品上市后的竞争力、研发成本的投入与回报，而且可能影响企业未来的发展定位。面对内外环境变化，怎样选择适合自身发展的技术创新战略并使之有效实施，已经成为企业必须解决的重要问题。

综上，技术风险是指在研究开发过程中，由企业外部环境的不确定性、技术研发项目本身的难度与复杂性、研发者自身能力与实力的有限性，导致的技术研发活动中止、撤销、失败或达不到预期经济目标的可能性及后果。

7.1.2　影响技术风险的因素

1982年美国麦迪克领导启动了斯坦福创新计划，对美国工业技术创新进行了全程研究，得出了决定技术创新项目成功与失败的8大风险因素：①市场知识的获取；②计划的制定；③开发中的组织与协调；④市场营销；⑤创新管理；⑥产品的边际贡献；⑦早期市场的进入；⑧新产品的技术及市场与企业现有产品的接近度。

日本学者调查了几百个技术开发实例，发现其中失败的原因并非全是"技术性"的，其中技术方面、生产方面、市场方面的原因各占三分之一。

在关于我国多家国有企业的258项新产品开发项目的成败因素的分析中，有6项因素具有特殊意义：①有足够的资金；②营销人员的技术熟练程度；③研发人员的技术熟练程度；④生产技术人员的技术熟练程度；⑤产品广告的作用最小；⑥充分满足用户的要求和善于预测发展趋势。这些都是企业新产品研发中常常要面临的问题。

企业新产品研发的进程大致如图7.1-1所示。

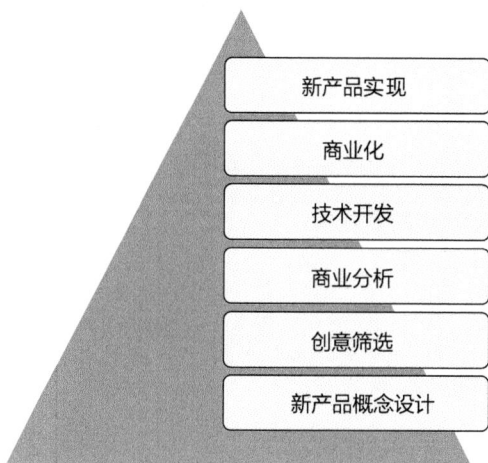

图 7.1-1　新产品研发进程

图 7.1-1 中，从新产品概念设计到最终的落地需经过层层验证，会受到各种因素的影响。美国布兹·阿伦和哈米尔顿咨询公司根据 51 家公司的经验，总结出从新产品的设想到产业化成功，平均每 40 项新产品设想，约有 14 项能通过筛选进入经营效益分析；但符合有利可图的条件，得以进入实体开发设计的只有 12 项；经试制试验成功的只有 2 项；而最终能通过试销和上市而进入市场的只有 1 项。

7.2　技术风险的分类

可以把影响技术创新的因素分为可控因素和不可控因素，以及可回避因素和不可回避因素。一般而言，政策与法律的变化均为不可控因素，技术进步的趋势及消费者的需求变动均为不可回避因素。

7.2.1　以常见的技术风险影响因素特征分类

按照常见的技术风险影响因素特征，可以将技术风险分为以下几类。

（1）环境政策风险。环境政策风险主要来源于外部环境中政策的波动、法律法规的变化、政治环境的变化等。

（2）市场风险。市场风险主要来源于早期是否对市场有充分的调查、是否把握了市场上消费者需求的变动，以及市场上竞争对手的冲击、产业结构的更新迭代、营销人员的技术熟练度等。

（3）资金风险。研发资金是技术研发取得成功的必备条件。研发项目所需的先进设备、优质材料、研究人员工资待遇等都需要大量资金支持，没有一定数量的研发资金作为保障，技术研发就不可能取得成功。

（4）技术风险。企业对新的技术方向的认知、研发过程中人员技能的专业度、企业自身的核心技术竞争力等，都会影响研发的输出效率，决定着新产品最终在用户眼中的相对优势，以及是否能够被顺利接受。

（5）生产风险。当新产品进入大批量的生产试制过程时，生产计划的制定、生产资源的组织与协调、生产设备配置、生产现场设计规划，也会影响新产品最终顺利落地。

（6）组织风险。研发人员的专业技能、研发团队的合作意识，以及企业如何搭建研发团队、提供什么样的工作环境，会影响研发人员工作的积极性和主动性，以及最终的工作效率。

7.2.2　以新产品研发的不同阶段分类

按照新产品研发的不同阶段，技术风险又可以分为以下几类。

（1）创新概念提出阶段风险。这一阶段主要为技术思想的突破，企业并无太多的投入，风险损失不会很大。最有可能带来的风险为：因为技术创新的思路把握不准确或概念提出的方向错误，导致企业错失了良机。

（2）商业分析评估阶段风险。创新概念提出后，企业通过调研来评估其实施的可行性。这一阶段主要的风险为：企业因为资金的限制导致调研不够深入；或者因为信息掌握不足而导致调研结果的准确度有失偏颇。这些风险与市场机会间存在着相互替代的关系。

（3）新产品开发阶段风险。这一阶段的技术风险对技术创新的结果起着关键性的作用。开发阶段的风险主要集中在企业的技术实力、人员研发水平、研发资源是否充足、新产品工艺的可靠性、技术成果是否稳定等方面。对大部分企业而言，这些风险都是致命的，很可能会导致技术创新活动直接中断，或以失败告终。

（4）规模生产阶段风险。当新产品进入大批量的生产阶段时，此时的风险主要来源于生产要素和市场的变动。如厂房、生产线、工人、设备、原材料等是否配备齐全，市场中人力成本的变化、材料价格的变化、货源的变化是否都在可控范围内等。企业也很容易因为这些资源的不足而导致创新活动的夭折。

（5）新产品商业化进入市场阶段风险。新产品进入市场后，企业的营销能力、替代品之间的激烈竞争、模仿者的恶意竞争、市场需求的波动，都会给羽翼未丰的新产品带来威胁，也会导致企业的投入与产出比不能满足预期要求。

总而言之，在整个技术革新的过程中，风险无处不在。但随着创新活动的推进，风险给企业带来的影响会逐步减小。

7.3　技术风险的 5 大特点

相比其他供应链风险，技术风险具有一些独有的特征，企业需要正视技术风险的特殊性，而非将之与其他供应链风险混为一谈。

7.3.1 主观性和客观性

企业技术研发工作的主要实施者是技术人员，但技术人员受限于自身技能、思维方式、信息传递渠道、工作环境、组织结构等因素，难免会出现工作误差。以人为主导的行为不可能像机器一样进行精密的管控，所以，从某种程度上说，这些人为主观因素产生的风险是无法避免的。

从客观的角度看，新技术研发是建立在现有的科技成果基础上，以获取一定的企业利润为目的的创新活动。创新是一种把从来没有过的生产要素、生产条件、生产资源、生产能力等重新进行组合，并引入生产体系的过程。新元素本身具有未知性，在相互组合的过程中不可避免又会发生各种不确定性，所以必然会产生风险。纵使抛开一些主观因素，设定技术研发的过程中不会受到人为主观因素的影响，不会受到企业管理手段的影响，也不会受到内外环境的影响，但客观因素带来的风险仍然不可避免。

7.3.2 不确定性

企业在投入科研的时候都不能保证百分之百的可预见性，也不能保证投入即有回报。科研是一个与时间赛跑的过程，而企业等不起的恰恰也是时间，一些企业往往等不到研发出新产品就已被市场淘汰。

从某种程度上讲，每一次的技术革新工作，都是一次关于风险与回报的对赌，需要面临很多不确定性。

（1）技术成功的不确定性。新技术在诞生之初都是不完善的，也无法完全预知其上市后的表现。能否在现有的技术知识条件下，按照预期目标成功都是不确定的。

（2）生产制造的不确定性。新产品研发出来后，如果在生产过程中受到一些未知因素的影响，不能成功地组织相关资源顺利进行量产，也会导致新产品和新技术不能成功落地。

（3）新技术生命周期的不确定性。现代社会科技发展日新月异，一项新技术的生命周期和被替代的时间往往由市场决定，企业难以准确预测。如果企业创新不能跑赢这场淘汰赛，所有的付出都是白费功夫。

（4）配套技术的不确定性。新的技术发明完成后，在商业化的运作过程中，都需要一些专门的配套技术的支持才能进行转化，若所需的配套技术不成熟，也可能带来风险。

7.3.3 影响程度的模糊性

技术风险带来的损失有大有小，导致风险的原因也是复杂多样的。严重的技术风险可能导致项目的整体失败，甚至会威胁企业的生存；轻微的技术风险同样可能会影响产品的局部性能或者导致项目的延期。

技术风险产生的原因可能是研发人员设计理念的失误，可能是图纸公差范围标注失误，也有可能是新样品实验模拟环境中的失误等。这些失误在某些时候影响极其细微，而在另外一些时候可能带来很严重的后果。

新产品研发的过程本身就是一个不断试错的过程，所有标准的建立都处在不断探索的过程中，风险的影响也处在不断摸索的过程中。所以，在产品研发成功之前，很难如质量风险一样，用一个明确的指标去准确地量化和判断技术风险。

7.3.4 过程性

不能只是狭隘地理解技术风险只存在于研发阶段，进入生产后就万事大吉。如前文技术风险分类中所示，技术风险存在于从技术开发到产品实现的全过程。即使新产品研发成功，在一定的周期内，新产品、新技术与内外环境也存在一个磨合的过程，企业需要对产品、工艺制造、售后进行持续跟踪和改进。

在新产品研发的不同阶段，风险的来源和影响都会有所不同。例如：开发的重点，在于产品的表现性能、测试的可靠性和安全性；工艺控制，则包括产品的工艺标准、工艺难点、工艺柔性；设备材料的准备，包含专业设备、产线的配备；组织人员的准备，需要进行组织控制，确保人员到位；生产制造，则关注产品组装流程、工序控制；产品进入市场后，企业还要规避恶意竞争风险。其中，每一种风险都有可能导致新技术不能正常落地。

7.3.5 企业类型不同，影响不同

技术风险对不同企业的影响是完全不同的。相比生产密集型的制造型企业，高新技术类企业更容易受到技术风险的冲击。

生产密集型的制造型企业的竞争优势往往是低廉的人力资源、大规模的生产资源等；企业的技术输入大部分时候来自客户，企业只需调配组织各种生产资源、把握产品制造过程中的质量水准即可。

但对于高新技术类企业或开发型企业而言，竞争优势就是不断推陈出新的产品或者技术含量高的产品。其研发活动非常密集，研发投入也较大，在产品开发利用的活动中，往往需要面对更多的不确定性、技术的时效性和市场需求的波动等重重危机。这类企业往往会更关注各类技术风险。

7.4 技术风险的识别

企业在对技术风险进行识别时，除了沿用供应链风险识别中常见的几类方法外，需要重点关注以下几方面的风险识别。

7.4.1 内外环境的风险识别

在技术革新过程中，企业需要时刻关注外部和内部环境的变化，坐井观天的局部思维和闭门造车的封闭思维都是不可取的。内外环境中的一些因素可以决定技术研发的展开时机，确保企业技术研发能以最快的速度、在一个安全的环境下顺利有效地推进。

（1）外部环境包含：宏观政治和经济形势，国家政策的变动；社会信息体

系是否完善，是否尊重技术的原创力，对知识产权保护是否完善；市场环境的发展动态，客户的新需求，产业更新换代的趋势等。

（2）内部环境则包含：企业组织内部的创新环境，研发人员的组织配备，新产品实现的生产现场环境；管理层的视野和思维高度，以及对于技术研发的支持度等。

其中，新技术研发的方向一般都是由企业决策者进行判断，方向策略相对更为重要，影响度也更大。企业决策者能否拥有一定的思维高度和国际视野，决定着科研方向是否正确，是否能与市场发展的新需求接轨。失之毫厘，谬以千里。如果方向出现失误，就会出现索尼案例中所有努力都在将企业推向失败的现象。

企业的管理者需及时识别内外环境的风险，对内部环境中的风险及时纠正，对外部环境中的风险及时规避和跟进。

7.4.2　市场的风险识别

在一项对英国工业组织行政机构78名代表进行的调查中，调查人员得出了一个重要结论：在开发新产品和组织生产时，企业必须大规模地调查新开发产品潜在用户的要求和市场状况。

企业在对市场环境和竞争对手进行详尽的调研后，才能保证新产品研发的成果能够顺利落地，并具备一定的竞争优势。否则就可能出现与市场需求脱轨，或者产品竞争力不够等风险，导致技术研发走向失败。对消费市场及竞争对手进行详尽的调研是技术风险识别的必经之路。调研识别应包含以下内容。

（1）潜在的市场需求：市场需要什么，新产品的核心竞争力是什么，两者是否匹配。

（2）竞争对手的实力：竞争对手的规模和数量，消费者对竞争对手产品的依赖点；竞争对手技术上的优势。

（3）行业生命周期：不同行业的生命周期有多长。

（4）新产品的生命周期：市场对新旧产品的迭代需求周期。

（5）新产品的市场定价：消费者可以接受的新产品价格范围等。

在以上调研过程中，企业可以借用波特五力模型等工具。

波特五力模型，其将大量不同的因素汇集在一个简便的模型中，以此分析一个行业的基本竞争态势。其中，五力是指：同行业现有竞争者的竞争能力、潜在竞争者进入的能力、替代品的替代能力、供应商的讨价还价能力、购买者的讨价还价能力。

7.4.3　组织人员的风险识别

技术研发对象不是石器时代的石头，而是复杂的现代工业产品，而越复杂的工业产品，对研发人员的思维能力和创新能力的要求就越高。企业的技术研发，离不开每一位研发人员及其背后的组织。而组织和人员的风险又多以主观风险为主，主观风险的识别主要依靠人的经验。

企业从选用研发人员开始，就要开始注意识别这类风险：优先考虑研发人员的个人专业技能，避免研发人员技术平庸或主动性不足；在对人员的管理过程中，企业要尽早识别不合适的研发人员，并安排其调换岗位；对专业技能较好的研发人员要注意保护；对不能进行良好配合的研发团队则需尽早干预，调整组织结构或者更换领导班子。

7.5　技术风险的管控

技术研发活动是一种有目的、有组织的技术经济活动。通过对技术研发系统进行组织管理，尤其是树立风险意识、完善风险管理，则能够在一定程度上防范和控制风险损失的发生和发展，使受控的技术研发活动向预期目标发展。

7.5.1 加强对研发的投入

研发是一项高投入的活动，其对时间周期也有严格的要求，有时企业虽投入较多，但不能取得立竿见影的效果。所以，很多企业只看到眼下的局部利润，热衷于模仿或抄袭，而非培养自身的研发竞争实力；有些企业则安于现状，忽略产品竞争力是否能够支撑企业的长远发展的问题。长此以往，企业就会进入一种恶性循环，竞争力也会逐渐丧失。

企业需注重对研发工作的投入，合理地安排资金，确保研发工作在足够的资金支持下有条不紊地开展。

我国近代工业发展起步较晚，很多企业也注重研发能力的培养，每年将大量资金投入新产品的开发中。虽然早期产品可能会模仿国外的先进产品，但随着对研发工作的重视和支持，企业自身的研发实力也会随之增强，并最终开发出属于自己的热销品，在国内外市场上站稳脚跟。相比而言，那些不愿投资技术的抄袭者，则始终只能成为市场的跟随者，并最终因为技术竞争力不足而被市场淘汰。

7.5.2 加快技术革新的频次

迈克·波特认为，无论什么类型的竞争战略，其成功从根本上都取决于企业自身的定位，即在多大的市场范围内建立并发挥核心专长的竞争优势，占据最有利的竞争位置。他指出，在充分竞争的市场条件下，低成本和高差异战略是最基本的战略。同时，在动态竞争中"先动"是获取竞争优势的重要方式，"先动"可以打破和改变原有的竞争格局，同时获得竞争优势。企业技术创新战略的目的就是为企业在市场竞争的环境下占据先机，取得低成本和高差异的竞争优势。

企业研发部门中的一项重要工作就是引领新技术的革新，尤其是电子产品、互联网产品、高新技术产品等，甚至每半年都会有一个大的技术革新；即使是传统行业，如汽车或其他机械类产品，虽然短期内只有小的技术革新，但在中长期内都必然有明显的技术更新换代。因此，加强新产品研发的频次是企业提升竞争力的关键法宝。

为了避免被竞争对手和市场淘汰，企业需增加对新技术研发的频次，尽快抓住先机，在市场上站稳脚跟。如此，企业不仅能掌握新技术不确定的生命周期，也能为企业打开越来越宽广的销售市场。

正如盛田昭夫所说："在产品的换代时间变得越来越短，而成本越来越高的时期，当今最可贵的是怎么样设法把一种新产品快速高效地送上组装线。在过去，生产某一种产品可以持续一年半到两年，而现在，半年必须得更新换代，甚至还可能更快一些，否则便会在市场中处于劣势。为在这么短的周期内使用大量的尖端技术和高度复杂的生产程序进行巨额投资，有时看起来似乎是一种浪费。可是假如我们试图依赖原来的设计延长某一种产品的换代周期，并继续在市场上销售过时的商品，那么我们的竞争对手就要把一种新产品投入市场，设法抢走我们的生意。"

7.5.3　加强对研发人员的培训和激励

企业需要建立有效的研发人员激励机制。有创新能力的人才是企业最宝贵的资源，激励研发人员始终保持工作的积极性和主动性，发挥他们攻克技术难关的热情，是企业提高技术研发成功率并降低技术风险的关键。

小米公司为了最大限度地激励研发工程师创新和探索的精神，建立了公司最高奖项——小米技术奖，奖金是高达 100 万美元的受限股。小米公司每年都会评选出公司最优秀的研发团队，并给予相当的奖金及荣誉激励。

企业的决策者要谨遵"把最优秀的人放在最重要的岗位上"的宗旨，体察研发人员的合理需求，通过适当的管理制度为其排忧解难，并营造出公正、公平、有活力的工作环境，为人才提供合适的发展平台。与此同时，企业也要定期对研发人员进行培训，帮助他们提升技能、拓宽视野，从而正向提升企业整体的研发水准。

此外，企业还要设定合理的激励制度，让研发工作成果与个人绩效目标有效结合，对贡献突出的个人给予现金激励或者行政激励。这些都能够让企业与个人实现双赢：企业实现研发创新的目标，研发人员个人价值也得到体现。

7.5.4　及时关注市场动态

及时把握市场需求的命脉，对研发工作来说至关重要。闭门造车下的技术研发成果，必然难以顺应时代的需求。

为此，企业必须要建立合适的科技情报搜集体系，通过专利文献、科技报告、技术标准文献、产品样本等，获取本行业技术创新的新动态和进展信息；企业也可以定期参与行业内外的技术研发交流会议、新产品、新技术展会，或通过第三方咨询机构，获取相关信息或研究报告。

同时，企业需要保持与政府部门的实时沟通，及时掌握政策方针方面的变化。这些都有利于企业获取准确的市场动态，从而准确把握科研的方向，制定研发工作开展的策略，减少研发过程的不确定性。

7.5.5　技术风险的回避和抑制

技术风险的回避和抑制是一种有效的风险管控手段。

企业可以收集行业内技术风险事件的数据库，利用分析统计的方法总结出失败的原因，并进行规避；找出其中的新技术研发成功案例，研究其成功的主要因素，学习、模仿其进行技术研发的实施。

当技术风险来临时，企业也可设法降低风险给企业造成的经济损失。例如，开发型企业应确保自身资金的流动性，在技术创新成功后，能够迅速将技术投资转换为资金收益。此外，企业在技术研发项目设立之初，也可以建立多元化的研发投资渠道，如风险投资、合作基金等，以分散或化解风险。

7.5.6　提升研发管理的高度

研发工作依赖的是技术人员的头脑，再辅以各种工具和手段，从而实现价值创造或增值。

　　研发工作不是简单地核对图纸，也不是对现有产品图纸进行模仿改造。研发工作的失败，会对企业产生一系列的影响，且造成成本投入上的巨大浪费。企业必须提升研发管理的高度，正视相关工作的重要性，确保相关工作能够有序推进。

　　企业应从管控意识、手段工具、人员组织、资金配备等多方面入手，保障研发工作顺畅运行，并运用多种管理手段来激发研发人员不断创新的热情，培养各级研发人员的研发能力，从而保证企业在有限的研发投入中创造出最大的产品价值，并规避各类技术风险给企业带来的损失。

第 8 章
物流配送的风险管理

随着全球物流链条的建立，物流配送过程变得越来越立体、越来越复杂，物流配送中的风险不容忽视。产品质量控制得再好，如果在物流配送过程中发生风险，也有可能出现产品被损坏而无法使用，或者货品不能按时交付等现象。所以，如何管理物流配送中的风险，也是企业供应链管理部门需要重点考虑的。

8.1 物流管理的现状及第三方物流企业的风险

企业的物流配送是一张巨大的网，流转节点很多，如图8.1-1所示。

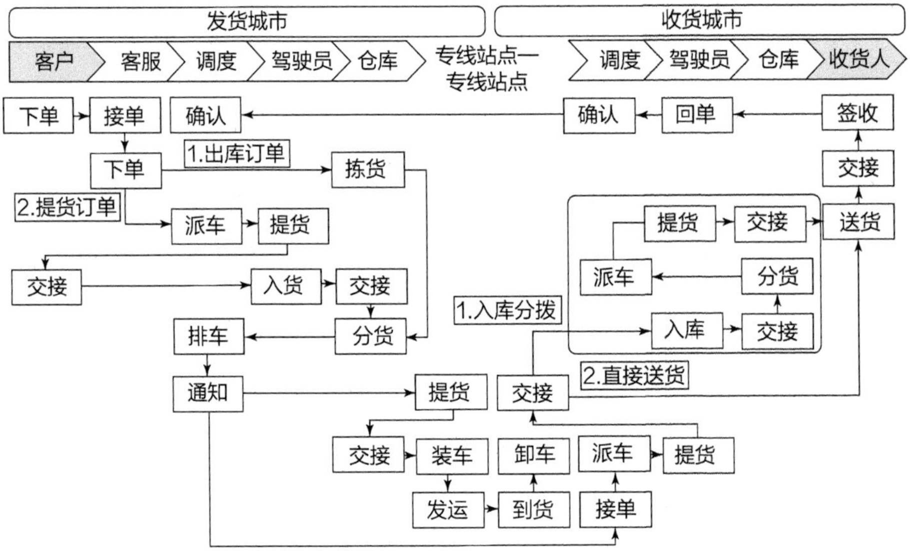

图 8.1-1 物流配送网络

根据服务主体的不同，物流服务可分为第一方物流、第二方物流、第三方物流。

（1）第一方物流是指物流服务的需求方自行组织的物流，也就是指卖方、生产者或者供应方组织的物流活动。

（2）第二方物流是指买方、销售方或流通企业组织的物流活动，这些组织的核心业务是采购并销售商品，为了销售业务的需要而投资建设物流网络。

（3）第三方物流则是指生产经营企业为集中精力聚焦主业，把原来属于自己处理的物流活动，以合同方式委托给专业物流服务企业；同时通过信息系统与物流企业保持密切联系，以达到对物流全程管制的一种物流运作与管理方式。

8.1.1 物流管理的现状

现代企业越来越倾向于选择第三方物流企业来获得物流配送的解决方案。第三方物流是在物流渠道中由中间商提供服务，中间商以合同的形式在一定期限内提供企业所需的全部或部分物流服务。在世界范围内，采用第三方物流对产品的流转运输进行委托管理的企业越来越多，其中不乏很多财富 500 强企业。一般来讲，这些第三方物流企业并不在供应链中占有一席之地，仅作为第三方通过提供一套物流活动来服务于供应链。

据统计，在企业的生产成本中，物流成本占其中的 10% 到 20%。第三方物流的加入，可以使企业的物流成本降低，并大大提高了企业的利润。尤其是随着供应链管理中对流通环节管理要求的提高，第三方物流将是一个高速发展的行业。但并非所有行业、所有公司都适用第三方物流服务。

目前，对第三方物流行业发展驱动较强和需求较大的行业一般为电子电器、办公（生活）用品、汽车、保健品、电信等行业。与此同时，在零售和快件小包裹等行业，第三方物流的影响最大；在医药、国防、公共能源等行业，第三方物流利润空间大；航空业、快速消费品等与第三方物流的亲和性最好。

甲方企业在与第三方物流企业合作的过程中，也越来越关注其服务质量。请参见图8.1 - 2 的调查数据。

更关注价格的企业，原因大多只有一个：企业的成本压力很大，成本控制要求高。而更关注服务的企业，则认为在成本控制的目标下，物流服务的时效、安全等因素更加重要，这不仅关乎最终

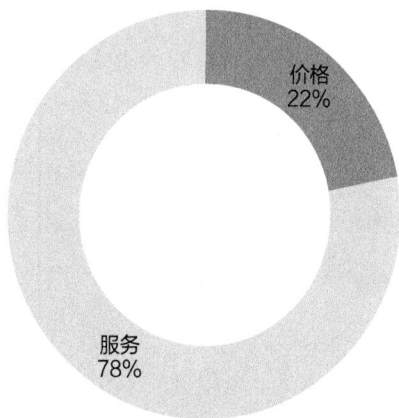

图 8.1 - 2　物流关注重点

客户的满意度，更会提升企业的形象与业务。

企业为了提升其主营业务，需要更灵活的服务保障、更高的物流服务水准。毋庸置疑，第三方物流企业可以提供更专业、更系统化、更信息化的物流配送管理，但在其与企业合作的过程中也存在大量的风险。

近年来，国内物流行业一直处于快速发展的阶段，但国内很多物流企业在管理和业务的运营上都原地踏步，存在着各种各样的问题。特别是部分物流企业重生产、轻管理，对内部管理一直放任自流，缺乏改革的精神，只关注企业能维持住利润来源。殊不知，不思进取的管理模式，已使得企业处于被淘汰的边缘。

8.1.2 风险1：陈旧的管理模式和急功近利的管理心态

由于发展时间较短，国内物流行业尚不成熟，很多物流企业常常缺乏现代的管理思维。很多物流企业低估了自身在供应链中的重要性，容易安于现状、故步自封；有些企业的管理方式十分陈旧，以家庭作坊式的管理为主，缺乏系统化的管理流程。

部分物流企业在处理客户的物流订单时，将短期利润作为业绩考核指标，而不是以服务为导向。在这种情况下，多数物流企业会只关注扩大企业规模、拿到更多的客户订单、获取更多收入。这种追逐快速短期利益的心态，很容易导致企业对履行合同的态度敷衍，只顾着拿到更多订单，而忽视最重要的物流服务水准。

这种管理心态和管理模式，也会使企业错失很多精进为专业化管理的机会；物流企业不能真正高质量地履行配送过程中的责任，客户也会逐渐丧失信心，企业最终在面对复杂、精准的配送需求时毫无竞争力。

8.1.3 风险2：人员管理问题

物流行业从早期的发展到现在，虽然功能越来越集成化、专业化、多样化，但人们对其概念始终停留在"送个货而已，很简单"的阶段。

某些物流公司的管理者的人才管理意识淡薄，未曾意识到人才的重要性。最终导致人员管理过程中的各种问题。例如，企业在招聘过程中，人才招聘标准的设立过低或过于模糊，人没有经过严格筛选；员工管理工作又常常流于形式，不重视员工技能的提升，无法调动员工的积极性，只是片面、消极地管理……最终导致人员技能参差不齐、人员离职率高等负面情况。

8.1.4 风险3：薪酬和绩效管理问题

物流行业的薪酬水平普遍较低，甚至还有不少物流企业没有完善的薪酬管理体系，管理层缺乏运用绩效工资等多样化的形式来刺激员工工作的积极性。

即使制定了绩效考核指标，这些指标也可能过于简单，对员工实践没有指导意义，反而成为桎梏。这就导致很多员工用心工作并取得一定成绩后，其薪酬待遇却与普通员工难以形成差异。最终，员工的工作积极性无法提升，在日复一日的重复配送中陷入消极怠工的状态。长此以往，不仅影响了企业整体的管理绩效，也使得物流配送过程中事故频发，无法保障效率和准确度。

8.1.5 风险4：财务风险

受制于客观因素，物流企业实际发生的经营成本中，经常包含一些无法取得合规凭证的支出。例如，支付搬运工、装卸工等临时人员的劳务费，临时租赁民房用作仓库的租赁费等。

如果为了这些临时性的费用到税务部门开具临时发票，必然导致企业税费成本增加。因此，某些物流企业为了节省开支，往往采用违规购买发票的手段。

更有甚者，有些物流企业自身就存在财务核算欠规范、虚构财务数据、偷逃税款等情况，这些行为不仅违法，也会给供应链运营埋下巨大风险。

8.1.6 风险5：业务运营风险

运营风险来源于物流企业缺乏严谨、科学的业务流程，如具体操作部门、操作人员不能严格按流程实施，或是实施不到位等。一般而言，运营风险主要分为仓储风险、配送风险以及责任风险等。

1. 仓储风险

仓储是物流各环节的接合部分，是物料流通中的重要环节。

不同运输方式转换，如零售与批发之间、销售与生产之间、采购与生产之间，都需要仓储。仓储是实现上下游流通的重要节点。

仓储的环境、合理库存的安排、货物摆放的次序、进出的检测放行等，都会影响配送的质量和效率。在实际操作中，很多物流企业为了节省成本，会选择价格低廉或不合规的民屋进行中转储存，温度和湿度都达不到标准，货物也随意摆放，这就有可能导致产品质量毁损甚至报废，并因送货次序混乱而频繁出错。

2. 配送风险

物料运转需要使用一定的转运设备，这里的转运设备可以理解为配送车辆、集装箱等转运装置。转运设备配置的合理性，也会影响整个供应链物流配送的质量。

（1）转运设备。有些物流企业会使用一些质量不过关，或早已超过使用期限的转运设备，但在实务中，有些货品对配送条件会有特殊要求，如恒温恒湿或者低温冷冻等。一旦转运设备无法满足这些限定条件，就必然会影响配送质量，甚至造成货物损坏。

（2）转运空间。在运输的过程中，如何合理地进行货物的叠加和摆放，是一门学问。从成本的角度讲，合理地利用好转运设备的空间能够有效节约物流成本；从配送效率来看，不同货品从外观到体积到性能都会有差异，如何最大化利用转运设备的空间进行合理摆放，做到多种类货品不相互混淆，也是保证货物配送准确度的关键。

配送途中，若不能保证正确的运送条件，或者不能有效利用转运空间，都会导致货物质量损坏、货品配送错误或延迟到货等事故。

3. 责任风险

物流企业作为配送过程中的服务商，一方面要满足客户的要求，另一方面要与各分包商合作，所以会存在各种合同责任边界不清的风险。

物流行业多数是以甲方市场为主。不少物流企业缺乏现代化的精细管理，为了拿到客户的订单、招揽更多的生意，对客户提出来的一些要求和条款满口答应，却未能及时识别其中非自身应尽的责任和义务，导致了合作过程中的责任风险。

一般而言，客户会要求物流企业控制好存货与配送，做到在规定的时间内，将完好无损且数量无误的产品送到指定地点，甚至直接上架出售。此过程中，如果没有在合同中对责任和义务进行划分，就会蕴藏极大的风险。

8.1.7　风险6：外部市场环境的风险

从外部环境看，我国的物流市场环境具有一定的独特性。某些地区物流基础设施落后，物流体系也不健全；有些地方则存在地方保护、执法不稳定的情况。这些都会给企业外包物流带来不必要的障碍和风险。总的来说，物流管理的外部市场环境风险主要有以下几个方面。

（1）在总的体制上缺乏协调性。物流外包业没有一个布局有效且规划统一的运输网络，整体的业务流程也缺少科学的运作系统，重复现象很严重，这使得企业的物流外包效率不高。

（2）物流的运作中缺少技术含量，物流服务的设备比较落后。企业对信息化管理的水准存在差异，有时难免会降低物流信息的传递效率，这也给物流业的发展带来了很大的困难。

（3）物流企业的经营过于粗糙，很多物流企业都以粗放经营为主，对市场的开发与研究都不够深入。即使是某些大型物流企业，也拒绝接受新的变化，拒绝改革。

（4）物流服务业的相关法律法规仍不健全，物流外包服务缺乏完善的法律保护。

8.2 甲方企业与物流企业间的合作风险

作为甲方企业，在与物流企业进行合作时，必须要立足于自身利益，明确其中可能发生的风险情况，从而做好预防和规避，并提前建立相应的解决机制，避免企业利益受损。

8.2.1 信息交换风险

现代物流服务离不开信息技术的支持，尤其是在掌控货物的运送进度时，无论是甲方企业还是物流企业，都需要通过信息系统来把握货物的动态。物流企业与甲方企业之间的信息交换已经成为管理物流配送进度的重要手段，但此过程受制于主观和客观条件，容易出现下面 3 类风险。

1. 信息的保密风险

在信息共享的过程中出现信息泄露的现象。尤其是一些关键信息，如果管理不善出现泄露，会给甲方企业带来很大的管理风险。如果没有签署保密协议，或者在保密协议中对信息保护的权责未定义清楚，一旦出现此类问题，都较难处理。

2. 信息传递的不完整

物流企业和甲方企业间本就不是很了解，若在配合的过程中因为疏漏导致关键信息没有及时传递，则可能导致甲方企业对信息把握不完整，进而影响后续配送计划的制定和跟踪管理。

3. 信息传递的失真

现代企业的供应链都比较长，且越来越复杂。供应链的纵向和横向延长，使得物流外包的范围也越来越大。在从上游往下游传导的过程中，由于传导的机制过长或者细分的物流企业过多，甲方企业收集的物流信息容易发生极大程度的失真。

8.2.2　物流外包的决策风险

很多甲方企业过于依赖第三方物流，各种物流配送业务都选择外包。实际上，一个企业是否选择第三方物流、将企业的哪部分业务外包、外包多少业务、外包后企业业务应该怎样调整、第三方物流应该怎样选择等问题，都需要企业慎重决定。企业关于物流外包业务的有效决策，对整个供应链上下游的管理都至关重要。

企业进行决策时应当尽量全面，不仅要解决当下的问题，还要考虑长远发展。物流外包绝非为了解决眼下物流配送难点而采取的捷径，如果企业本身物流管理出现问题，那么只是依赖第三方物流，并不能从根本上解决问题。

只有当企业解决了内部管理问题，并逐渐发展成熟后，才需要对部分物流业务进行分离。这时，就可以选择一个稳定、高效的第三方物流企业来实现降本增效的目的。

8.2.3　信任危机

物流企业与甲方企业合作的过程中，双方的充分信任至关重要。在供应链中，物流企业起到承上启下的作用，无论是供应商的配送货，还是给下游客户的配送货，都依赖于物流企业。双方的充分信任首先建立在配送规则的充分沟通和协商上，其次建立在有共同目标的基础上。尤其是在面对最终客户时，物流企业与甲方企业是并肩作战的，双方的充分信任决定着产品最终呈现在客户面前的状态，一荣俱荣、一损俱损。

8.2.4　外包业务对内部管理的冲击

甲方企业将本企业的部分物流业务外包出去后，本企业内部组织构成也会随之改变。甲方企业有可能需要对人员、业务、管理层进行重组。

在重组的过程中，势必会带来一些组织机构、工作内容、工作权限上的变化，此时甲方企业需要防止变化带来的负面影响。

与此同时，在将部分物流业务外包出去后，甲方企业内部就会减少对该业务的关注，这就容易使管理层陷入惰性思维，认为此项业务不需要再花精力思考和创新。而这种思维模式会导致甲方企业过分依赖第三方物流，进而陷入被动局面；而之后的物流合作中，甲方企业也会丧失管理引导的能力，以及对风险管控的主动地位。

8.3 如何防范甲方企业与物流企业合作中的风险

为了更好地防范甲方企业与物流企业的合作风险，让物流企业能够切实推进甲方企业降低物流成本、提高物流效率的目标，企业必须从以下几个角度出发，建立完善的风险防范机制。

8.3.1 企业内部的防范

在企业风险管理的体系里，企业要基于现有战略发展方向来看待物流业务，将物流风险独立成项，找出其部门构建与职能规划相关的风险因素，并在企业内部流程管理中加以预防，在管理实施的过程中采取针对性的管控措施。

同时，企业要重视物流运输过程中的风险和第三方物流的管理，加强对物流配送业务的规划，检查企业内部物流管控的风险隐患，加强对第三方物流各类风险的甄别，认真监督物流外包的各个环节。企业内部应配备专人来负责物流风险的解析和紧急事故的处理。

8.3.2 慎重选择物流服务商

在选择物流服务商时，尽量选择资质优、信息化管理成熟的。物流服务商的选择必须建立在企业物流战略联盟的基础上，这是减少物流风险的首要条件，也是成功实施物流管理的关键。

企业切忌因为片面的降本观点或者局限的送货思维，认为便宜的物流服务商才是好的选择。在考核物流服务商的时候，一定要从多维度考核，物流服务商的服务水准和服务质量应该是第一考虑要因。图8.3-1是常见的物流服务商的考核维度。企业可根据自身需要，选择性地进行重点考核和管理。

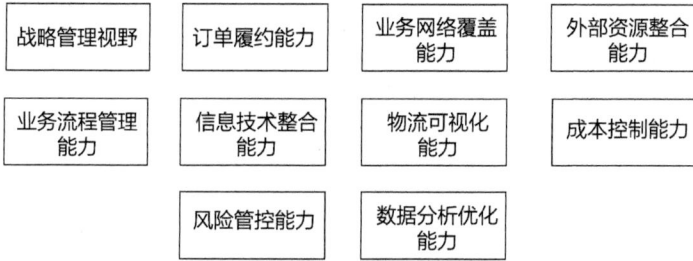

战略管理视野	订单履约能力	业务网络覆盖能力	外部资源整合能力
业务流程管理能力	信息技术整合能力	物流可视化能力	成本控制能力
	风险管控能力	数据分析优化能力	

图8.3-1 物流服务商考核维度

近年来，物流服务商不仅参与企业的物流过程，也开始参与企业的业务过程。物流服务商除了可以提高配送效率外，还可降低物流成本、提高服务水平、提升竞争力、合理利用社会资源等。物流服务商扮演着越来越重要，可以充当企业的左膀右臂的角色，这也得到很多企业的认可。所以慎重地选择物流服务商至关重要。

8.3.3 把握好物流业务外包的尺度

物流业务是多方面的，既有运输、仓储这样的基础业务，也有包装、组装、产品退货管理、测试和维修等增值业务。对物流产业而言，物流外包有利于优化产业链，形成可观的物流服务需求。

然而，过多的外包业务，也可能导致企业失去产品物流管理的核心控制权，形成过于依赖物流服务商甚至对其失去管控的风险；与此同时，物流服务商自身运营过程中同样存在各种风险。企业在决策是否要对物流业务进行外包、哪些物流业务可以外包时，一定要把握好尺度，做好权衡。

从企业战略的角度出发，依据不同区域不同产品的配送需求，决策好哪些物流业务需要外包；外包的部分以什么样的方式与物流服务商进行合作。合理的外包决策可以帮助企业实现降本增效，但过多地外包则会带来失控的风险，企业的心中需要有一把衡量的标尺。

8.3.4　加强合同管理

企业需强化员工的法制观念，提高其合同管理的意识。在与物流服务商的合作中，对双方需要承担的义务和责任进行明确，并以合同的条文约束，避免模糊的管理地带。物流服务商也是甲方企业供应商的一种，就如其他类型的供应商一样，所有合作模式的开端一定要以合同的签署开始，以建立一套健全的权责一致的管理制度。合作过程中双方的行为必须遵守合同中的条款。

物流合同除了约束双方行为，避免钻空子外，也可以让双方在发生物流纠纷时有章可循，迅速解决问题，保障合作安全，减少风险。

8.3.5　联合风险防范

物流业发展至今，因其业务经营的特性，有些风险是无法完全杜绝的。当面临重大风险时，单凭企业自身有时无法对抗。因此，企业需做好联合风险防范，借助外部力量抵御物流风险。

（1）联合物流服务商。企业通常会选择多家物流服务商进行合作，而在合作过程中，企业也可引导各物流服务商建立合作。若其中某家物流服务商发生风险时，企业可以及时以其余的物流服务商来补充。

（2）联合甲方企业。同一家物流服务商如果同时为多家企业提供服务，甲方企业间也可以相互携手，加强关联企业间的信息互通；在必要的时候，可以联合起来相互助力，共同抵御风险。企业间的通力合作也是对抗第三方物流风险的一种有力手段。

（3）联合保险公司。在物流贸易的过程中，可以联合保险公司对在途的货品购买相应的保险。

常见的保险有物流责任保险，其含义是指被保险人在经营物流业务过程中，对不明原因造成的物流货物损失，依法应由被保险人承担赔偿责任的，由保险人根据保险合同的约定负责赔偿。物流责任保险可以为客户提供全面保障，是一种契合现代物流业发展的新型保险产品。保险的赔付可以在一定程度上减少企业的损失。

8.3.6 风险的恰当转移

在物流管理中，常见的风险就是货物在运输的途中遭受各种意外毁损、灭失的危险，从成因来看，可以将之分为不可抗力和意外事件。

（1）不可抗力是指不能预见、不能避免并不能克服的客观事故，主要包括两种情况。

①自然原因引起的事故，如地震、台风、火灾、水灾、海啸、大雪、暴风雨等引起的事故。

②社会原因引起的事故，如战争、武装冲突、骚乱、罢工等引起的事故，或因国家行为引起的事故，如政府禁运、国家作用、法令变化、检疫限制等引发的事故。

（2）意外事件是指非买卖双方任何一方的非故意或过失，由买卖双方自身以外的原因所导致的，不能归责于任何一方，偶尔发生的事故。如盗窃、火灾、污染、破碎、碰撞、触礁等。意外事件是一种偶然事件，与不可抗力相比，其不可预见性相对较弱。

对于各种不确定的运输风险，风险的划分和承担直接影响着买卖双方的权利和义务。

一般而言，如果风险发生时货物的风险负担没有从出售方转至购买方，则货物因意外风险而遭受的损失由出售方承担，即使出售方已经托运交付货物，也不能以此为理由要求免除其交货义务。反之，若风险发生时风险负担已由出售方移转至购买方，则货物由于意外事件所遭受的损失就应由购买方承担，购买方不能以此意外风险事实为理由拒绝支付货款，也不得因此而拒绝履行其他义务。

风险的转移时间是核心，各国法律、国际公约对风险转移时间界定的方式，主要以货物所有权是否转移为分界点。

无论是国际货物贸易，还是国内货物运转，企业必须明确风险何时发生转移。明确风险转移的主要目的是：确定风险由买卖双方哪一方承担。若风险未发生转移，卖方承担风险，买方不仅没有支付价款的义务，还有权利要求卖方承担违约责任；反之，若风险发生转移，买方承担风险，无论货物实际情况如何，买方必须支付价款。

总之，在日益变换的内外部环境中，企业和物流服务商的合作都会面临各种复杂的挑战或机遇。物流服务商在给企业带来更多效益的同时，也会给企业的管理带来更多的挑战和风险。

第三方物流发展至今，其传统的管理模式已经不能解决现在的很多新发问题。因此，企业也应及时调整、适时革新，以便快速地适应市场的经济环境。企业在强化内部管理的同时，也要注重物流服务商的培养和发展，主动引导和推动物流行业的改革和完善，反向促使物流服务商更好地配合客户和满足市场的需求。在合作的磨合过程中，双方都应保持敏感的风险意识，运用专业的管理手段，尽量杜绝各种物流配送过程中的风险，让企业间的合作和供应链的各种流转更顺畅。

第 9 章
合同管理中的风险管控

　　合同签订并非供应链风险管理的终点，而是供应链风险管理的真正起点。从某种角度来看，合同签订前的各项风险管理措施，都是为了进行风险预防，只有在合同签订之后，供应链风险才真正有了发生的可能，并能给企业带来实质性的伤害。

　　合同管理中的风险管控不可或缺。更为重要的是，合同管理中的风险管控必须与业务和法务相协同，确保合同在满足业务需求的同时，符合法律法规的相关要求，避免企业陷入法律风险。

9.1 合同准备中的风险

采购活动从需求开始，一份采购请购单、一个物料需求计划表都可能是采购的开始。采购部门收到需求后即进入供应商寻源工作，收集供应商资料，向现有的或者潜在的供应商发出询价单，收集供应商报价单并分析报价，对采购的相关细则进行商务谈判，准备拟定采购合同。这一过程可以理解为合同准备阶段。一份合同的成立可以采取要约与承诺方式或者其他方式，日常接触的采购合同则主要是第一种方式。

9.1.1 从采购寻源认识要约邀请

一般而言，拍卖平台上发布的各种房产、汽车等拍卖公告，企业发布的招股说明书、债券募集办法、基金说明书，一般性的商业广告等，都属于要约邀请。要约邀请不属于合同成立的必经程序，但是可以成为合同成立的准备条件，用于促成合同的成立。

而在企业采购实务中，要约邀请大多出现在招投标过程中。

根据《中华人民共和国招标投标法》（以下简称《招投标法》）的规定，公开招标的，应当发布招标公告；邀请招标的，应当发出投标邀请函。这里作为公开招标的"招标公告"与作为邀请招标的"投标邀请函"，在法律上的性质都视为要约邀请，其目的是希望他人向自己发出要约的意思表示。

在一般采购业务中，向现有或者潜在的供应商发出的询价单也是一种要约邀请，希望供应商向自己发出报价。此外经常遇到供应商向企业寄送的产品价目表、常备销售产品清单，目的是邀请企业向其发出订货需求。无论是发布招标公告还是发出询价单，要约邀请都伴随着采购寻源过程。

需要注意的是，商业广告不能全部视为要约邀请，若广告内容符合要约规定，可视为要约。日常生活中常见的楼盘销售广告，如在广告中已经写明了小区配套拥有游泳池、篮球场、配套学校等较为具体明确的配套设施，业主购房基于配套设施进行了购买，交房后发现以上配套设施都没有，即使购房合同中没有注明有以上配套设施，业主仍然可以以开发商违反承诺要求其承担违约责任，理由是之前的楼盘销售广告内容具体明确已经构成了要约，对业主的购房决策产生了实质影响，业主购买房产即为承诺，因此开发商需要承担责任。

9.1.2　从供应商报价理解要约

采购活动中常见的要约就是招投标采购中投标方向需求方发出的标书，一般采购中供应商发出的报价单都可能成为要约。

以供应商报价单为例，报价单一般包括以下内容：需求方名称、报价方名称、货物名称、规格型号、单位、数量、单价、金额、交货周期、付款方式、物流方式、报价有效期等信息。

有了以上信息的报价单即表明了要约中的构成要件内容具体确定，报价方向需求方发出报价，并期望与需求方达成采购合同，因此在法律维度即成为要约。

9.1.3　从供应商报价反悔理解要约撤回、要约撤销风险

供应商无论是撤回还是撤销报价单，目的都是不希望受要约人（采购方）做出承诺，使合同成立的条件消灭。要约的撤回是发出要约后，撤回通知同时或者先于要约到达。要约的撤销，指要约到达后，受要约人做出承诺以前要约人做出撤销要约的意思表示。

在实际采购过程中供应商的报价单有两种情况较为常见。

（1）没有注明报价有效期。这种情况下，供应商可以在采购方做出是否接受承诺以前，主张撤销，使报价单失效，这种情况即是上面所说的要约撤销。

（2）在报价单中载明了报价有效期信息。这种情况下，要约一旦到达则不

能撤销，相当于给出了采购方的考虑报价（接受要约）的期限，在这一期限内采购方可以选择接受或者拒绝，在期限内主动权属于采购方。

需要注意的是，有期限的要约本身是一把双刃剑。如果采购人员忽略了报价单中有效期的存在，过了有效期再向供应商发出确认采购，这个时候从法律角度视为是采购方向供应商发出的一份新的要约，供应商有权选择接受或者不接受。当然作为采购方也可以在供应商接受之前选择撤销，从而撤销要约。要约中是否需要期限完全需要根据各家企业实际需求而定。

9.2 合同构建中的风险

合同的构建不仅仅依靠合同签订，有时企业的一句承诺就可能已经构成了合同的基本要素；有时，白纸黑字的书面文件，却可能不具备合同效力。因此，在合同构建中，企业必须明确相关规定，并抓住合同构建的要点，规避相关风险。

9.2.1 什么是承诺

承诺是受要约人同意要约的意思表示，这里的同意是完全同意，如果只是同意了部分内容则可能不构成承诺，而成为一份新的要约。一旦受要约人对要约做出承诺，合同即成立。

例如，甲模具公司急需采购一批特种钢材，向乙特种钢材销售公司书面发出以下信息："产地：瑞典。牌号：S136。规格：600毫米×500毫米×80毫米毛料。数量：10件。单价120元/千克。需3天内送达。有效期3天。"乙公司立即组织评估认为价格合理，交期也接受，遂向甲公司回函："瑞典S136毛料有现货，可按照你方要求规格生产，同意按照120元/千克销售，第2天可以向贵司送货。"乙公司遵守承诺第2天向甲公司交货，甲公司能否以还没有签署正式的采购合同为由拒绝收货和付款？答案是否定的。

为什么双方尚未签订正式的合同，该合同就成立了呢？因为上述采购活动过程已经满足了合同成立的构成要件。上述甲公司发送的信息即为要约，乙公司的回复即构成了承诺，因此双方合同成立。

乙公司的承诺向甲公司进行了通知，合同成立。因此甲公司需要安排收货和付款，否则需要承担合同违约责任。

甲模具公司急需采购一批特种钢材，向乙特种钢材销售公司书面发出以下信息："产地：瑞典。牌号：S136。规格：600毫米×500毫米×80毫米毛料。数量：10件。单价120元/千克。需3天内送达。有效期3天。"乙公司收到甲公司需求后内部评估认为120元/千克的价格过低，向甲公司回函："瑞典S136毛料有现货，可按照要求规格生产，但价格需按125元/千克销售，如确定需要，可以第2天向贵司送货。"甲公司收到乙公司回函后未置可否，但第2天乙公司向甲公司送去了需求的产品。甲公司以价格太高拒绝收货和付款，乙公司是否可以主张要求甲公司承担违约责任？

上述案例中乙公司的回函实际上没有完全接受甲公司要约，因此之前甲公司发出的采购需求要约即告失效，乙公司的回函应该视为新要约。甲公司并未做出承诺的意思表示，因此不满足合同成立的要件，合同未成立，乙公司不能主张甲公司承担违约责任。

9.2.2　《中标通知书》构成承诺，合同成立

在招投标采购中，投标方向招标方发出投标文件（满足内容具体确定），招标方经过开标、评标程序，向投标方发出《中标通知书》则构成承诺，合同即成立。

9.2.3　采购谈判达成的意向书是否具备法律约束力

采购谈判和议价是采购业务活动中重要的一环，也是专业采购人员必须掌握的一项技能。谈判过程往往非常艰苦，有可能经过多轮的磋商好不容易达成

了一份备忘录或意向书，但在签订正式合同前对方突然反悔，谈判因此前功尽弃。但真的只能眼睁睁地看着对方推翻意向书吗？

1. 意向书的法律效力

《最高人民法院关于审理买卖合同纠纷案件适用法律问题的解释》（以下简称《买卖合同司法解释》）第二条规定："当事人签订认购书、订购书、预订书、意向书、备忘录等预约合同，约定在将来一定期限内订立买卖合同，一方不履行订立买卖合同的义务，对方请求其承担预约合同违约责任或者要求解除预约合同并主张损害赔偿的，人民法院应予支持。"根据上述规定，满足一定条件的意向书、备忘录等可以产生法律约束力。

笔者对最高人民法院审理的有关意向书的裁判案例进行分析时发现，意向书标的和数量是否具体明确、要约人受约束的意思表示是否真实、意向书是否具备了合同的主要内容，是判断意向书是否具有合同法律效力的关键因素。因此，采购谈判中需要根据希望达成的目标签订意向书、备忘录，以避免后续出现不必要的纠纷。

2. 意向书需要根据商务目的适用

意向书在法律实践中可能被认定为磋商性文件、预约合同、本约合同这三种情况。如果只是构成磋商性文件，意向书一般不具备法律约束力；如果构成预约合同，则意向书满足《买卖合同司法解释》第二条中的法律约束力，若一方违反则应承担预约合同违约责任或者损害赔偿责任；如果意向书构成本约合同，则满足《中华人民共和国民法典》中的合同全部要件，若一方违反则需要承担合同违约责任。因此，在选择签订意向书、备忘录的时候需要根据希望达成的目的，设置不同的条款，从而产生不同的法律效力。

（1）拟定的意向书、备忘录仅是为了后期的谈判和协商需要，促进交易意愿的目的。可以在意向书中明确约定签订的意向书不具有法律约束力，也不要在意向书中注明计划签订合同的日期，把意向书定性为磋商性文件。

（2）拟定的意向书、备忘录是为了对谈判过程中的阶段性成果进行确认，如已经谈妥了主要的交易条款，但是还有部分内容需要进一步磋商，希望锁定谈判成果。这种情况可以将双方已经确定的条款写入意向书中，并且明确正式的合同基于意向书中已经确定的条款签署，约定签订合同的具体日期。为新的条款的磋商和增加提供条件，可以在意向书中约定以正式签订的本约合同为准，从而将意向书定性为预约合同。

（3）如果各方面条件都已经谈妥，建议签订正式的合同，不再采用意向书、备忘录之类的命名，避免出现分歧，直接定性为本约合同。

需要注意的是，意向书、备忘录中注明的保密条款和争议解决条款，无论是上述哪种情况对各方都有法律约束力。

9.2.4 合同签订主体的合法性和有效性

为规避合同构建中的风险，企业应对合同签订主体的合法性和有效性进行调查。

1. 潜在供应商的合法性和有效性调查

与潜在供应商合作之前，首先要确保供应商的资质是合法且有效的，包括法人主体和代理主体合法。法人主体的合法有效，可从法人经营期限、营业范围、行政许可等方面来判断；代理主体的合法有效，可从与之对接的业务负责人的代理资格、代理权限，以及商务授权等方面来判断。法人主体资格的合法和有效，可以通过目前的各类专业网站和手机应用进行查询。

常见的供应商信用查询专业网站如表9.2-1所示。

表9.2-1 信用查询网站

查询网站名称	查询内容
国家企业信用信息公示系统	企业信用（包括营业执照信息、股东、对外投资、行政许可、行政处罚、经营异常名录等）
中国裁判文书网	企业法院裁判文书等
全国法院失信被执行人名单信息公布与查询平台	企业和主要负责人是否纳入失信被执行人名单

如需查询企业其他相关信息，可访问由国家市场监督管理总局主办的国家企业信用信息公示系统，并可以实现网上下载、打印查询企业的信用信息公示

报告。只要是在我国境内注册的企业，都可以在该信用信息系统中查询到。该系统集成了企业基础信息（如营业执照信息、股东出资信息、对外投资信息等）、行政许可、行政处罚、列入经营异常名录信息。在与供应商合作之前，按照签订主体的名称信息即可快速、准确地查询该企业是否属于合法有效的主体，可以快速识别虚假企业，以及已经被列入异常名录的企业。

此外，还可以通过各类手机应用查询。

利用手机应用查询的供应商主体信息，是第三方平台通过采集官方渠道数据（如国家企业信用信息公示系统、中国裁判文书网等），同时汇集了网络渠道整合的其他信息，综合对企业信息状况给出第三方评估意见。一般而言其基础报告内容和从官方渠道获得的类似，专业报告属于付费内容，获取信息更加深入，可以适用于存在风险或者合作重要度更高的供应商资质调查。

2. 供应商资信报告解读

在通过各种渠道查询或自行制作供应商资信报告后，还需对报告进行有效解读。

（1）供应商名称与信用报告中的名称完全相符。企业信用信息公示报告中显示的企业名称与供应商提供的信息需完全一致。注意：很多企业存在名称更改的情况，为此企业信用信息公示报告变更信息栏中会出现更名的时间和变更前后的名称。在供应商名称变更之前与供应商签订的合同，在供应商名称变更之后继续合法有效；但是，在已经变更名称之后再用变更之前的名称签署合同，可能面临主体无效的问题。

另外还需确认供应商登记状态，一般显示为存续（在营、开业、在册）、注销、吊销等状态。"存续"表示公司在营业状态；"注销"表示营业资质已经注销，法人主体消灭；"吊销"则表示公司的经营资格因某种违法违规行为被吊销，处于无法正常经营的状态。

（2）分公司和子公司大不相同。在合作的供应商中，经常出现"甲有限公司成都分公司"或"某集团乙有限公司"等描述。根据描述可知，前者为分公司，后者为子公司。那么这两种公司类型有什么区别呢？

从表9.2-2可以看出，子公司作为合作主体，基本上与一般公司区别不大，主要区别在于子公司是由总公司投资设立的，出资方总公司在出资范围内承担有限责任。但是分公司就需要特别授权，因为它不能独立承担民事责任，连缔约能力都需要获得总公司的授权，因此，在采购实践中建议尽量回避选择分公司作为供应商。如果一定要选择分公司，务必让其单独提供总公司的全套认证资料和获得总公司给分公司的授权文件，以避免主体资格风险。

表9.2-2　子公司与分公司的差异

分类	子公司	分公司
主体名称	名称中不一定含有"子公司"字样	名称中必须体现"分公司"字样
缔约能力	独立缔约，无须母公司授权	需要在总公司授权范围内缔约
责任承担	独立承担民事责任	不能独立承担民事责任
营业执照	所在地申领	分公司所在地申领，总公司所在地备案
分别与母、总公司的关系	母公司为子公司的控股股东，承担以出资额为限的有限责任	分公司可以理解为总公司分布在各地域的业务单元或者办事处

（3）有限责任公司责任有限吗？关于有限责任公司的责任问题，可以从两个角度进行解读。

①有限责任公司可以承担无限责任吗？

回答这个问题需要先理解何谓有限责任公司。所谓有限责任公司，是指股东以其认缴的出资额为限对公司承担责任。也就是说，"有限"两个字是针对公司的股东而言的，股东以公司设立时在注册资本中的认缴额为限承担责任；公司作为独立法人，对外是以其全部资产承担责任。简单理解，有限责任公司更多是保护股东的利益，股东只承担有限范围的责任，而不需要对公司债务承担无限责任。

②股份有限公司比有限责任公司实力更强吗？

采购实践中，我们注意到有的供应商叫"甲股份有限公司"，股份有限公司是否就一定比有限责任公司实力更强呢？

股份有限公司和有限责任公司的主要区别在于设立方式的不同。股份有限公司通过募集或发起认购股份这两种形式设立，股东在认购股份限额范围内承担责任；而有限责任公司只能通过发起设立。此外，在公司章程、股东要求、设立程序、公司治理等方式上"两种类型"公司各有区别。股份有限公司又可以分为上市和非上市两种类型，实践中有很多公司转制为股份有限公司，是为了谋求上市。但并不能以此认为甲股份有限公司比乙有限责任公司实力更强。股份有限公司并不代表公司的业务规模或资金实力。如人们熟知的华为技术有限公司就是一家典型的有限责任公司，但能说它比国内一般的股份有限公司弱吗？

（4）营业范围涵盖合作内容。营业执照中的经营范围信息也是需要特别关注和留意的地方。尽管目前企业的经营范围有所放开，但还是存在很多要求具有特别资质的行业，如餐饮、医疗、建筑、烟草等行业。如果选择的潜在供应商并没有经营资质或超出了营业范围，虽然法律上没有严格规定一律无效，但会对后续合同的履行以及法律责任的追究带来一系列的风险。一般可以通过营业执照范围和本次交易的标的来整体判断供应商的合法性和有效性。

例如，甲公司向乙公司采购一批电子元器件，通过审查，乙公司的营业范围为：计算机软硬件技术开发与销售，电子元器件、家用电器、五金、建材的设计、开发与销售及其他国内贸易（法律、行政法规、国务院决定规定在登记前须经批准的项目除外）等。通过上述信息可以判断销售产品与经营范围是否相符。

对于营业执照中经营范围与实际采购内容不相符的，需要特别谨慎，并且要向供应商确认其是否具备经营资质；如供应商无法提供资质文件，需要特别留意可能带来的后续合同风险。如果采购内容属于特殊需要批准的范围，则需要让供应商提供批准的文件。

（5）法人与法定代表人勿混淆。法人和法定代表人是普通人很容易混淆的两个概念。在日常的工作与生活中常常有人说"张某某是某某企业的法人"，相信很多人都会理解为张某某是企业的创始人或者实际控制人之类。实际上这里是混用了法人和法定代表人两个完全不同的概念。法人不等于法定代表人，也不宜作为法定代表人的缩写。

法人和法定代表人最大的区别在于法人不是"人"，法定代表人是人。法人是在法律框架下拟制的人，需要满足一定条件并且承担民事责任，但又不是自然意义上的人。《中华人民共和国民法典》第五十七条规定："法人是具有民事权利能力和民事行为能力，依法独立享有民事权利和承担民事义务的组织。"法人是需要依法成立，有必要的财产或经费，有自己的名称，并且能够独立承担民事责任的主体。因此法人可以是一个企业、一个基金会（如各种公益基金组织）、一个行业协会（如广东省采购与供应链协会）等。

法定代表人就是代表法人行使民事权利、履行民事义务的主要负责人。简单地理解，企业法人就是营业执照中的企业名称，它拥有和自然人类似的唯一"身份证号"——统一社会信用代码。而法定代表人就是营业执照上显示的唯一自然人。《中华人民共和国民事诉讼法》（以下简称《民事诉讼法》）的第四十八条规定"……法人由其法定代表人进行诉讼……"。法定代表人并不一定是企业实际控制人、股东，其可以是企业高管或者其他人员，因此不能简单地将法定代表人理解为企业实际控制人或者股东，具体需要结合信用公示系统中的股东及出资信息了解。

（6）注册资本可以反映供应商的实力吗？关于注册资本的有效解读，需要从以下 3 个问题着手。

①什么是注册资本？注册资本是公司在登记机关登记的全体股东认缴的出资或者认购的股本总额。《中华人民共和国公司法》（以下简称《公司法》）规定，以发起方式设立的公司不设置最低注册资本的法定限额，也就意味着现在一元也可以注册一家公司。因此注册资本并不一定能反映公司实际经营能力，但能反映股东对公司的需要出资金额和对外债务的最大承担范围。

②实缴出资年限无限制。《公司法》规定，股东可以不实缴全部出资，可以选择公司先成立再分期缴纳出资。因此常常可看到很多公司营业执照上的注册资本为 100 万元，实缴资本为 10 万元，剩余实缴出资期限为 2050 – 12 – 31。这种情况就属于未完成实缴资本，正常情况只要在承诺的时间之前完成实缴即可。

③注册资本实缴完成的供应商风险更小吗？注册资本实缴完成只是表示公司股东完成了履行出资的义务。相反，如果注册资本没有完成实缴，表明公司的股东没有完成全部出资，如果此时公司资不抵债，债权人可以起诉公司和股东，要求公司股东在认缴范围内承担债务责任。因此注册资本实缴完成情况并不能简单作为供应商风险的判断依据。

利用以上对注册资本的介绍，能有效判别公司对外债务的承担范围和实际承担情况，避免单纯地从公司现有资本来评判其风险承担能力。

（7）关注异常和风险信息。企业的异常和风险信息通常分为以下3种。

①行政处罚信息。关注供应商是否存在行政机关的罚款、警告或者其他违反行政法规的情况，包括税务处罚记录、海关处罚记录、质检处罚记录等。

②经营异常信息。关注供应商经营状况出现异常的信息记录，如公司已经无法联系上，公司更换了营业地址但是未及时办理营业执照变更登记，可能出现经营地异常。

③风险信息。风险信息主要包括：司法风险，所引入的供应商是否有未完结的开庭公告、法院公告；有无司法机关的裁判文书；执行信息；是否进入失信人名单等。

需要注意的是，并非所有的开庭公告和裁判文书都为负面信息，需要根据具体的案情分别看待。如果供应商是作为原告起诉对方侵犯知识产权，并且获得胜诉，这种情况应该评价为中性或者积极。但是如果供应商因为拖欠货款、拖欠员工工资被起诉，这种情况就需要重点关注，供应商的信用可能存在较大风险，需要结合其他信息综合判断，确定是否需要引入或者增加评估。

如发现供应商已经进入失信人名单，则说明这类供应商已经出现拒不履行法院判决的情况，风险极高，需要谨慎选择或者不推荐引入。

3. 供应商商务人员需授权

在正式引入供应商之前，需要确认供应商的代表是否已经取得了主体单位的授权，避免出现无权或者超越代理权限的情况。如果供应商谈判代表无权代理但企业与之签订了合同，而事后供应商不予以追认，则可能导致合同的目的落空。

但需要注意的是，如果供应商的谈判和签约代表为其公司法定代表人，直接取得了法定授权，一般不需要额外的授权委托书。法定代表人授权委托书需要包括主体信息、授权内容、授权期限等内容，如图 9. 2-1 所示。

法定代表人授权委托书

______公司：

______公司法定代表人_____，授权我公司（职务）（姓名）(身份证号:______)为我单位代表，代表我单位参加________等具体工作，并签署相关的文件、协议、合同和处理与本次活动有关的一切事宜。

其签署真迹如本授权书末所示。我单位对被授权人的签名负全部责任。

授权委托时间__个月，被授权人签署的文件（在授权书有效期内签署的）不因授权的撤销和到期而失效。被授权人无转委权。

附：签字真迹:____________

委托单位：______公司(盖章)
法定代表人：(签字或盖章)
签发日期：___年__月__日

图 9. 2-1　法定代表人授权委托书

企业在取得对方的授权委托书后，建议要求被委托人同时提供一份身份证复印件，用于与身份证原件和授权文书进行比对；同时需要在授权委托书表明的范围内与被委托人进行相关商务活动事项的谈判和处理。

9. 3　合同拟定中的风险

在采购活动中，常有人问合同拟定应该由法务部门负责还是业务部门负责。商业合同是为了实现特定的商业目的，采购合同作为商业合同的一部分，买方为了获得产品或服务，卖方为了实现销售产品和获得利润。因此，一份规范的合同要为了实现商业目的、满足交易，而不是为了法律本身。笔者更认同合同的拟定应由业务部门负责，法务部门可以根据业务部门拟定的合同进行规范性审查。对此采购人员需要掌握必备的合同拟定技能，并在此过程中提前识别和预防法律风险。

9.3.1　合同标题要规范

合同标题是容易忽略的合同组成部分，在实际采购合同履行中常见的合同标题一般为"买卖合同""购销合同""加工合同""采购合同"等名称。这类命名方式从表面上看都没有大问题，但实际上这类合同标题存在不严谨的问题。

合同的标题需要达到两个目标：一是说明合同本身的性质和目的，二是便于辨识和事后引用。

在实务中，第二个目标往往容易被忽视。拟定规范的合同标题，能够极大增强企业合同管理能力。一般在框架协议签署中可能引用双方公司签署的其他协议，或者在存在框架协议的采购订单中希望明确订单的争议适用于双方公司签署的某项长期合作协议等，同时也便于企业后续合同管理中利用合同标题做到快速识别和检索。

因此，在重点合同签署中，企业可以采取"主体名称 + 合同性质 + 目的"的标题命名方式，例如：成都某某公司与深圳某某公司关于某某产品长期采购合同。尽管标题看起来更长，但是更加直观、明了和完整。

9.3.2　合同签约主体信息要完整

在采购合同中很容易忽视签约主体基本信息的完整性，在笔者经历的很多采购活动中，采购人员经常问我为什么要填写这么多信息，如住址、联系人、联系电话、传真、电子邮箱等。这些信息一般被简单地理解为商务联系信息，且在企业信息系统或者供应商基础档案中已经存档，为何一定要在合同上重复体现呢？答案就在于确定责任主体、防范合同风险。

笔者建议签约主体信息尽量完整和详尽，建议包含表 9.3-1 所示的内容。

表 9.3-1　签约主体完整信息

签约主体（自然人）	签约主体（法人）
姓名	公司或组织名称
性别	统一社会信用代码（税号）
民族	法定代表人及职务
出生年月日	注册地址
身份证号	营业地址
住址	联系人
邮编	电话
电话	传真
传真	手机
手机	电子邮箱
电子邮箱	微信号
微信号	QQ 号
QQ 号	银行账户号（基本户）及开户行
附件：身份证（正反面）和户口本（户主页和登记页）复印件	附件：营业执照复印件（加盖公章）和法定代表人授权委托书（加盖公章）

9.3.3　忽略鉴于条款引发风险

鉴于条款是采购合同签署过程中很容易忽略却很重要的内容。

什么是鉴于条款？合同中的鉴于条款又称"叙述性条款"，是说明缔约双方签订合同的初衷或想达到的目的，或签订该合同所依赖的事实状态的内容。简单理解，鉴于条款是合同的签订背景信息。

合同中的鉴于条款发挥的作用体现在 3 个层面。

（1）为什么签订这份合同，双方签订合同的初衷是什么。

（2）签这份合同为了干什么，双方签订合同需要达到的目的是什么。

（3）签订这份合同时的事实状态是什么，签约各方当时的状态是什么。

常见的鉴于条款，以设备采购合同为例："鉴于甲方生产产品需要专用设备，乙方愿意向甲方提供设备，双方本着平等互惠的原则，通过友好协商，按照下述条款签署本合同。双方均已清楚合同每一条款，确认本合同不存在倾向于任何一方的格式条款。"

上述鉴于条款说明了合同的初衷，表明了甲乙双方签订合同的目的及状态。该背景信息描述在发生合同纠纷时作用非常大。当合同纠纷诉诸法院或者仲裁委员会，作为裁判人员的法官或者仲裁员首先需要了解案件争议焦点和合同签订的背景。争议焦点属于诉状中明确的请求，那么合同签订的鉴于条款，就能作为辅助的评价标准，帮助居中裁判人员快速理解合同的背景和目的是否得以实现，从而减少起诉方的举证责任。

如上述鉴于条款中明确了此条款不构成格式条款，如果一方主张合同属于格式条款，这时鉴于条款就是直接的证据。在合同法定解除法律条款中，其中专门合同目的不能实现可以主张解除合同，有了鉴于条款则相当于多了一把"尚方宝剑"。如果没有鉴于条款，发生合同纠纷就可能存在各方理解的合同目的不一致等问题。

9.3.4　释义条款作用大

合同为什么需要释义？合同释义的作用主要在于两个方面。

（1）避免合同内容重复，替代合同中频繁出现的长词语，以便于表述。如对公司名称简写需要在合同文本中释义：某某有限责任公司简写为某某公司。

（2）避免合同相对方对意思理解不一致，出现歧义，从而在发生合同争议时出现多种解释。特别是遇到合同纠纷需要司法机关进行裁判的时候，因为法官并不一定清楚当事人双方的具体业务情况，如没有进行专门的解释可能无法理解交易双方真实情况。因此释义条款对采购合同的签订有特别重要的作用。

采购合同中常见的释义条款有以下形式。

①文中的"日""月""年"均指公历中的日、月、年。

②文中的"日"指国家法定工作日；或者文中的"日"指自然日，不剔除法定休息日和节假日。

③文中的"元"均为人民币元。

④文中的"法律"适用均为中华人民共和国法律。

⑤文中的"发票"均为13%增值税专用发票。

……

通过以上释义，合同内容更加清晰和准确，在合同中可能反复出现的条款也避免了每次冗余的描述。

9.3.5　买什么要说清，标的描述需严谨

合同标的是法律关系的客体，也是当事人权利和义务共同指向的对象。缺少标的的合同可能不成立。采购活动中双方约定的货物、服务、技术、劳务等通常就是合同标的物。如果买卖标的物属于法律、行政法规中禁止或限制转让的，如国家文物、烟草等，除满足《中华人民共和国民法典》的一般规定以外，还需要依照相关的专门法律规定。标的物描述信息需要详细和准确，不少采购员反馈经常发生需求部门的请购信息不完整，买回来的物品和实际需求不一致的情况，对采购工作造成极大困扰。

9.3.6　计量单位须规范

采购标的物的计量单位也是容易忽略的点，不同类型的物料计量单位各不相同，有的物料甚至有多种计量单位并且对应不同的定价标准。使用何种计量单位可以结合公司具体情况和行业规范来设置。

如采购电子元器件物料，计量单位为件或个，采购液体类物料如油漆、酒精一般采取体积或者重量计量，不同计量单位对应的采购价格可能不一致。对外合同中的计量单位一般采用行业标准，避免采用容易引起歧义的计量单位。如采购线缆一卷、油漆一桶，如不对线缆每卷的长度、油漆每桶的重量或体积进行定义，在实际采购中极容易出现买卖双方理解不一致而引发争议的情况。如因公司内部使用或 BOM 用量管理需要使用第二计量单位，可以通过在系统设置等量换算规则来进行。如一桶油漆等于 20 升，一卷线缆等于 100 米。

9.3.7 发票价格约定要清晰

发票价格信息中容易出现的风险点主要在于价格是否含税。如果只是注明了单价，未区别是否含税，有可能出现合同相对方信息理解不一致的情况。

如甲方理解为单价已经含税；乙方可能理解为单价未含税，需要开发票则需要额外增加税金。

发票风险主要表现为没有约定开票，或者约定的发票类型不明确。根据国家税务部门的规定，发票分为增值税专用发票、增值税普通发票、普通发票等类型，如果企业有进项税抵扣要求，则需要在发票约定中注明需要让合同相对方开具增值税专用发票。在增值税专用发票中还需要注意税率的不同。因此在采购合同的签订过程中需要明确发票类型以及适用税率。

建议增加一个专门的条款约定以不含税价作为结算依据。如果遇到国家税务政策调整，按照新的税务政策计算税额，能有效避免因税改造成的变相涨价风险。

9.3.8 质量检验标准和方法

合同中标的质量检验标准在合同签订时双方需要做出约定，当事人对质量标准的约定可以为国家标准、行业标准、封存样品或者双方约定的其他特殊标准。对于采购合同的质量检验标准和方法可以采用书面方式明确：明确检验标准，如具体的国家或行业标准编号；明确检验方法，如采取目检、超声扫描检查等；此外还可以明确质量异议提出方式，对自身不满足质量检验条件的，双方可约定认可的第三方权威检验机构进行检验等。在这种情况下，可以最大限度地保障买卖双方的合法权益。

例如，在半导体元器件采购过程中，容易出现进口元器件假冒伪劣产品，其中销售翻新件、低等级品顶替高等级品情形十分常见。一般的终端用户在采购时很难完全鉴别，因此委托一个专业的第三方鉴定机构，并对鉴定机构名称、鉴定检测费用负担规则、出现质量问题违约责任等进行明确，避免事后出现采购方和销售方互不认可对方的鉴定机构的检测意见等问题。

9.3.9　权利义务要明确

采购合同中的权利义务条款一般根据双方当事人需要达成的目的进行约定，在实践中以双方当事人约定为主。权利义务条款要确保明确。

（1）明确区分权利条款和义务条款，以避免在合同中混用导致部分条款理解歧义，甚至不知道是权利还是义务。

（2）双方的权利义务约定需要符合合同的公平原则，不能约定双方的权利义务严重不对等。存在权利义务严重不对等条款约定的，可能在后期发生争议时导致合同显失公平，从而使合同撤销导致合同目的不能实现。

9.3.10　违约责任约定要清晰

采购合同中的违约责任是在一方当事人不履行合同义务，或者履行的义务不符合合同约定，不能达成合同目的所应承担的民事责任。

《中华人民共和国民法典》规定："当事人可以约定一方违约时应当根据违约情况向对方支付一定数额的违约金，也可以约定因违约产生的损失赔偿额的计算方法。"这里需要注意违约责任的补偿性质。因此在设置采购合同中的违约责任时需要考虑设置合理的金额或者计算方法。在实践中强势一方往往倾向于在对方可能违约时约定较高的违约金额，但有可能实际损失并没有达到合同约定中的金额。

根据合同的公平性原则，企业可以请求人民法院或仲裁机构予以减少赔偿额；反之，如合同约定的违约金不足以覆盖实际损失，企业也可以请求人民法院或仲裁机构予以增加赔偿额。

合同的违约责任以填补守约方所遭受的实际损失为原则。实际损失是守约方因为违约方的违约行为而已经遭受的损失，将来可能要遭受的损失即预期利益不包括在内。

以电子技术行业的 PCBA（Printed Circuit Board Assembly，印刷电路板组件）为例，在所有的电子元器件完成 SMT（Surface Mounted Technology，表面贴装技

术）之后发现基板PCB（Printed Circuit Board，印刷电路板）存在缺陷，导致整个PCBA可能需要报废。要知道，一般的PCB上可能已经焊接了成百上千个电子元器件，PCB存在缺陷可能导致元器件无法进行拆机使用，必将给企业造成重大损失。此时，采购方可以约定，要求供应商承担重新生产PCB的费用，同时还需承担板上电子元器件的成本损失，但一般情况不适宜扩大要求供应商承担整机合格销售出去的将来预期利益损失。

在实践中约定多少数额的违约金属于过高呢？根据相关法律的规定，当事人约定的违约金超过造成损失的30%的，一般可以认定"过分高于造成的损失"。因此在诉讼或者仲裁中，高于损失30%的部分可能不予支持。

9.3.11 定金、订金要分清

签订采购合同时需要注意"定金"和"订金"的区别。

定金是民法意义上的当事人为确保合同的履行，根据双方约定，由一方按照合同标的额一定比例预先给付对方的金额。一般合同在正式履行后定金抵作价款或者收回；如果收受定金一方不履行约定，则应当双倍返还定金，也就是日常所说的"定金罚则"。需要注意的是，定金数额有法定的最高比例限制，即最高不得超过合同标的额的20%。

而订金在实际中一般是作为预付款，没有法定比例限制，如果出现合同不履行，则适用于违约责任条款。

9.3.12 地址、履行期限条款易忽略

笔者在很多企业采购活动中发现，很多企业的采购合同没有填写合同签订地、履行地、交易双方的营业所在地等地址信息，并缺少采购合同履行期限条款。有采购人士认为这些信息没有多大作用，实际上采购合同中的地址信息对预防法律风险意义重大。

1. 合同签订地、履行地影响法院管辖

《中华人民共和国民事诉讼法》第二十三条，因合同纠纷提起的诉讼，由被

告住所地或者合同履行地人民法院管辖。也就是说，如果发生合同纠纷，被告住所地的人民法院具有管辖权，但实际采购合同履行中发现很多买卖双方分属不同的地区，如北京的采购方和深圳的供应商签订了买卖合同，原告方起诉被告都会面临诉讼成本过高的问题，除了支出律师费、诉讼费外，还会涉及长途差旅费用支出。

那么应该怎样做才能达到选择管辖法院的法律效果呢？在签订书面采购合同过程中约定管辖条款。约定管辖条款需要特别注意，并不是随意约定一个地方法院就具有管辖权，约定的管辖条款需要与合同有关联，包括被告所在地、合同履行地、合同签订地、原告所在地、标的物所在地等与争议有实际联系的地点。

合同约定中需要注意企业的实际营业地和注册地可能出现不一致的情况，有的甚至出现跨区域的情况。

例如，笔者曾经办理过的一个合同纠纷案件，我方当事人地址栏写的是实际营业地，为成都市武侯区，而其公司营业执照上面的注册地址为成都市高新区，合同中约定了由我方所在地法院管辖。这种情况哪家法院具有管辖权？

《最高人民法院关于适用〈中华人民共和国民事诉讼法〉的解释》（简称《民诉法司法解释》）第三十二条规定："管辖协议约定由一方当事人所在地人民法院管辖，协议签订后当事人住所地址变更的，由签订管辖协议时的住所地人民法院管辖，但当事人另有约定的除外。"法律和司法解释中，对协议管辖制度设立的目的是在不违反法律规定的前提下尊重当事人的意思自治，稳定当事人的预期，因此本案的管辖法院应当为合同中当时营业地法院，即成都市武侯区人民法院。

2. 明确履行期限，提高合同效率

采购合同中的履行期限条款是对采购合同设定一个合理的履行期限，超过期限未履行的可以根据约定不再履行，避免单独签订变更或取消合同。

在实际采购中可能会遇到 2020 年还存在 2017 年签订的未完成履行的合同，如果在合同履行期限条款中约定了合同 3 年内履行有效，合同超过履行期限后即可以不再履行，合同自动终结，从而提高采购合同管理效率。

9.3.13　争议解决约定不清引争议

采购合同的拟定中几乎不会遗漏争议解决条款的约定，该条款主要明确的是在法律风险发生后，如何解决争议。但实践中经常出现以下约定："甲乙双方约定出现合同纠纷协商解决，协商不一致的通过人民法院诉讼或者仲裁解决。"那么这样的约定是否正确呢？

1. 诉讼和仲裁有区别

诉讼是指国家审判机关即人民法院依照法律规定，在当事人和其他诉讼参与人的参加下，依法解决争议的活动。

此处的仲裁指商业仲裁，是指买卖双方在纠纷发生之前或发生之后，在合同中约定或者签订书面协议，自愿将纠纷提交双方同意的仲裁机构予以裁决。

表9.3-2 列出了诉讼与仲裁的区别。

表9.3-2　诉讼与仲裁的区别

解决方式	办理机构	机构性质	管辖权取得	能否选择审理人员	是否公开审理	裁判文书	监督程序
诉讼	人民法院	司法机关	协议、法定	不能	一般公开	网上公开	两审终审
仲裁	仲裁委员会	社会机构	只能协议	有权选择	一般不公开	保密	一裁终局

仲裁费用一般高于诉讼费用，当仲裁结果不能被执行时，可以向人民法院执行局申请强制执行。相较而言，仲裁对保护企业的商业秘密有很好的作用，因其审理一般是不公开进行的，此外审理之后的仲裁文书不会像人民法院的裁判文书那样在网上公开。仲裁的缺点是一般仲裁员都是兼职人员，如法学院教授、律师或者其他法律人士；诉讼是由专职的法官进行审理，公正性、程序性和权威性更强。

2. 或裁或诉，仅能写其一

仲裁和诉讼两种方式，只能选择其一。要么在合同中约定通过诉讼解决，要么在合同中约定通过仲裁解决。不能进行同时或者两项可供选择的约定，这类约定在法律上视为无效条款，若双方未单独签署仲裁协议，只能选择诉讼解决。因此在确定采购合同争议条款时就需要明确选择哪一种解决方式，避免仲裁条款约定不明或约定有误。以下约定可能导致仲裁条款无效。

"如出现纠纷，双方可通过诉讼或仲裁解决。"由于该约定出现了诉讼或仲裁二选一的解决方式，仲裁条款无效，只适用于诉讼解决争议。

"如出现纠纷，双方可提交仲裁予以解决。"该约定没有明确具体的仲裁机构名称，这样的约定也属于无效约定。

3. 涉外采购注意选法律

如果涉及国际采购，国际通行的争议解决方式是国际仲裁，此时比较关键的点就是需要在合同文本中明确选择什么仲裁机构和具体分支机构。

由于国际采购可能涉及多种协议文本，如中文和英文两个版本，避免发生中文和英文条款意思不一致的情况下出现争议，需要在协议中明确，发生理解不一致的情况以何种版本为准。涉外采购合同还涉及不同国家或地区的法律适用问题，如我国的企业采购美国的产品，那么就需要在合同文本中明确争议解决适用于哪国法律，如一个国家多个州有不同立法，还需要明确到具体州的法律。推荐在不了解其他国家或地区法律的情况下优先选择适用中华人民共和国法律。

9.3.14　别被己方格式条款误导

《中华人民共和国民法典》对格式条款的定义是："格式条款是当事人为了重复使用而预先拟定，并在订立采购合同时未与对方协商的条款。"格式条款的使用在《中华人民共和国民法典》上有 3 点要求。

（1）提供格式条款的一方应当遵循公平原则确定当事人之间的权利和义务，并采取合理的方式提请对方注意免除或者限制其责任的条款，按照对方的要求，对该条款予以说明。一般要求在合同中进行加粗或者其他方法能够引起对方的注意。

（2）提供格式条款一方免除其责任、加重对方责任、排除对方主要权利的，该条款无效。格式条款提供方需要对条款设置符合合同公平性原则。

（3）对格式条款的理解发生争议的，应当按照通常理解予以解释。对格式条款有两种以上解释的，应当做出不利于提供格式条款一方的解释。格式条款和非格式条款不一致的，应当采用非格式条款。这一内容主要是要求格式条款提供方明确文本意思，如果存在歧义或者多重理解，可能对提供方不利。

1. 常见的格式条款

在采购合同实践中经常会遇到两种类型的格式合同，强势的采购方可能要求销售方使用己方的合同模板。弱势的一方在采购时，采购方的格式采购合同销售方可能不会接受，要接受销售方的格式合同。这两种类型的合同都可能被认定为法律意义上的格式合同，从而对提供方可能不利，甚至带来较大法律风险。因此在采购实践中，格式合同提供一方需要注意或关注以下问题。

实践中经常发现在对外签订合同的页眉或页脚添加了自己单位的标志或名称，有的单位甚至将这类标志或名称定义为公司文化识别或形象象征。实际上这类合同文本一旦出现纠纷，大概率被认定为格式合同，合同解释就会倾向于相对方。也有可能将合同中部分加重对方责任的条款认定为无效条款，从而使得合同提供方的优势地位丧失，甚至带来损失。

2. 化解格式条款

如果是格式合同提供方，怎样防止采购合同中格式条款对己方不利？首先是不能在页眉或页脚展示自己单位的标志或名称，其次可以在文本中注明非格式合同的说明条款。非格式条款说明可以参照以下文本："本合同由双方协商确认，不构成任何一方的格式合同。乙方已阅读本合同所有条款，应乙方要求甲方已经在合同签订前提前3天就本合同做了相应的条款说明并披露了相关信息，乙方对本合同条款的含义及相应的法律后果已全部通晓并充分理解，完全出于真实意思表示签署本协议。"这样的内容条款有助于有效防止格式合同对己方带来的不利法律风险。

9.4 合同签署过程中的风险

一般的采购人员认为只要盖章，合同就生效了，还能有什么问题呢？实际上，合同签署环节操作不慎可能给企业带来较大的法律风险。

9.4.1　合同文本忌手写

采购合同中不要出现既有打印文本又有手写文本的情况。实践中有些公司将合同中的公司名称、人名等信息预留空位采用手写或者不写的方式，这种情况实际上非常不规范。

典型的就是手写字体可能出现潦草无法清晰识别的情况，此外文本中有手写内容，如在其他部分条款也填写不利的手写内容，会带来较大的法律风险。实践中还存在合同盖章不清晰，时间一长更加可能模糊，造成无法识别合同主体的情况。因此规范的做法是合同文本中除了签署页其他部分都不要出现任何手写文本。

合同签署栏需要与其他正文部分保持一定的间距，规范的做法是单独制成签字页，该页需要包含签约主体名称、签字栏、签署日期、盖章栏等。合同签字页如图9.4-1所示。

```
              合同签字页（样本）
                此页无正文
          甲方合同号：

          乙方合同号：

签署各方充分知悉且已理解本合同全部内容，于本页加盖公章予以确认；各
方均保证，本签字页之签名者已获有效授权并足以代表各方签署本合同。


甲方：（公章）
法定代表人或其授权代表签字：
日期：


乙方：（公章）
法定代表人或其授权代表签字：
日期：
```

图9.4-1　合同签字页

9.4.2 哪方先盖章有区别

存在不同区域签署的采购合同，签署的时间和地点如何明确？

采购合同一般是以完成签署开始生效的，因此如果在不同区域的甲乙双方签署采购合同，是以最后签署方所在地为合同签订地，合同成立的时间也是以最后签署的日期为准。因此特别提示：一方将已经签署好的文本通过邮寄方式发给另外一方，存在一定的法律风险。如果另外一方在签署前对部分内容或条款进行改动，然后签署，合同可能仍然有效，但是会影响先签署方的权利义务。实践中务必警惕这样的风险，笔者建议针对金额较大的合同，应要求对方先进行签署或双方当面签署。

如果确实需要先签署，务必注意风险防范，如可以在邮寄时将合同文本扫描一份，并通过电子邮件发送一份电子合同，在邮件中写明合同我方已经完成签署，详细见附件。这样做的目的是将其作为证据保留，一旦对方在合同中进行了改动，可以通过这份材料证明是对方做的更改，未经过我方的同意，不产生法律效力。

9.4.3 公司之间的合同只有签字才可以生效吗

采购合同是签字生效还是盖章生效，实践中很多采购人士都有疑问。采购合同有的写了签字盖章生效，那么是签字生效还是盖章生效呢？盖章是盖什么章呢？

法律上对双方是采取盖章、签字、按手印并没有做出限制，三种方式都可以选择。

这里需要注意的是，如果采购人员代表单位签字，不管是否取得了单位的授权文件，都可能构成表见代理从而认定合同成立。因此一般国内企业签署采购合同最好是约定盖章生效，以避免这一问题。

关于合同盖什么章的问题，法律上并没有明确限制，也就是可以使用公章，也可以使用合同专用章。但要尽量避免使用发票专用章、财务专用章以及其他部门章等。

9.4.4 原件和复印件效力区别

采购合同原件与复印件的效力是否一样？从证据的角度来看，合同原件属于原始证据，复印件属于传来证据，效力等级是合同原件高于复印件。在实践中如果出现合同纠纷，在法庭上不能出示合同原件可能面临证据证明力不足，法官不予采纳的情况。因此采购合同需要保留原件。变更合同协议和解除合同协议可以和原合同一并存档，以方便管理。

9.5 合同履行中的风险

合同的风险常常表现在履行过程中，采购合同履行中的风险包括运输风险、逾期或者不能交付标的物风险、交付的标的质量不符风险、预付款和定金风险、逾期付款违约风险等。

9.5.1 合同风险负担规则

采购的货物在中途因为运输造成了损坏或者灭失，风险应该如何负担？

1. 国际货物买卖合同风险负担规则

国际货物买卖合同风险负担规则适用于国际商会制定的国际贸易术语解释通则。国际贸易术语是在国际贸易中逐渐形成的，表明在不同交货条件下，买卖双方在交易中的费用、责任及风险划分的以英文缩写表示的专门用语。国际贸易术语解释通则包括《2000 年国际贸易术语解释通则》（*INCOTERMS 2000*）和《国际贸易术语解释通则 2010》（*INCOTERMS 2010*）两个版本。

两个版本都现行有效，可以选择适用。两个版本的部分术语分类、范围、风险转移都出现了部分变化，因此选择的适用版本需要在合同中明确，以便于解决争议。常见的贸易术语，以 *INCOTERMS 2010* 为例，如表 9.5-1 所示。

表 9.5-1　常见的贸易术语解释

贸易术语	交货地点	风险转移点	运输	运输方式
EXW（工厂交货）	卖方工厂	交货时	买方	所有运输方式
FOB（船上交货）	装运港船上	货物装上船时	买方	水运
CIF（成本、保险费加运费）	装运港船上	货物装上船时	卖方	水运
CIP（运费和保险费付至）	交承运人	交货时	卖方	所有运输方式
DDP（完税交货）	指定目的地	交货时	卖方	所有运输方式

INCOTERMS 2010 的适用范围与 *INCOTERMS 2000* 仅限于国际贸易适用不同，增加了可同时适用于国际和国内贸易的条款。因此对国内货物买卖合同，关于合同风险负担规则可以在合同条款中参照 *INCOTERMS 2010* 进行约定。

2. 国内货物买卖合同一般风险负担规则

如果在一般买卖合同中没有对货物交付风险进行约定，应该适用何种风险分担规则呢？《中华人民共和国民法典》第六百零四条规定，标的物毁损、灭失的风险，在标的物交付之前由出卖人承担，交付之后则由买受人承担……也就是通常理解的交货时转移风险。

3. 推迟合同交货期风险负担规则

采购活动中经常因为某种情况要求出卖人推迟货物交期，因采购方原因迟延交货的，相应的风险应由采购方承担，但出卖人应该尽到妥善保管的义务，否则也需要承担相应的责任。

4. 需要物流运输货物风险负担规则

日常采购活动中买卖双方很多情况不在一个地区，需要进行长途物流运输，运输过程中的风险由哪方承担呢？如果买卖双方没有进行运输风险约定，出卖人出卖交由承运人运输的在途标的物，毁损、灭失的风险自合同成立时起由买受人承担。如果没有在合同中单独约定运输风险由卖方承担，意味着这种情况采购方就需要承担运输风险。

5. 卖方交货时提供的单证不完整是否可以拒绝收货

买卖合同中约定了卖方除向买方交付货物以外，还需要向买方提供如报关单证、完税证明、出厂检测报告等单证文件。如因卖方原因交货时未能及时提供单证材料，买方是否可以单证不完整拒绝收货呢？单证属于附属义务，主合同义务已经履行不能以单证和资料拒绝收货。因此原因造成标的物毁损、灭失的，风险由买受人承担。

6. 质量不满足要求拒收货物风险承担规则

供应商交付的货物经常在来料质量控制（Incoming Quality Control，IQC）环节发现严重质量缺陷不满足合同的要求，出现拒收供应商交付的货物的情况。关于此种情况，如果来料的质量不符合要求，不能实现合同目的，买受人可以拒收，拒收之后供应商需要及时处理，否则产生的标的物毁损、灭失风险由供应商承担。

9.5.2　质量检验不合格的风险

企业在采购过程中遇到质量检验不合格的情况时，应根据合同约定及时处理，如合同没有相关约定条款，则应依据相关法律法规进行处理。

1. 合同中未对质量检验标准进行约定或约定不明

如果合同中未对质量检验标准进行约定，那么适用什么标准呢？此种情况适用于漏洞填补规则。

根据《中华人民共和国民法典》的相关条款规定，质量要求不明确的，按照国家标准、行业标准履行；没有国家标准、行业标准的，按照通常标准或者符合合同目的的特定标准履行。《中华人民共和国产品质量法》中规定，可能危及人体健康和人身、财产安全的工业产品，必须符合保障人体健康和人身、财产安全的国家标准、行业标准；未制定国家标准、行业标准的，必须符合保障人体健康和人身、财产安全的要求。禁止生产、销售不符合保障人体健康和人身、财产安全的标准和要求的工业产品。

因此，在采购合同中，如果没有约定质量检验标准，采购方可以依据上述法律依据检验产品，销售方也应根据上述规定对产品质量承担保证责任。

2018 年 5 月 8 日深圳市甲贸易有限公司（简称"甲公司"）向阳西县乙帽袋厂（简称"乙帽袋厂"）订购 200 000 顶六片无网帽，双方签订一份订货单，约定："单价为6.32元/顶，总金额1 264 000元；产品规格：六片无网帽，按最终确认好的样品做货。面料：280～300克、10×10、100%水洗棉，颜色PMS644C。备注：单价含增值税，含包装，含送货到广州……"

对于材料质量问题，双方聊天过程中要求面料是280～300克。生产过程中甲公司提出，因客户需要，要将面料送样检测，甲公司委托广州某纺织测试部对帽子所采用的面料的纱质和单位面积重量进行先后两批测试，测试显示所采用的面料单位面积重量为245.7克/平方米和263.2克/平方米，甲公司认为该重量未符合双方约定的面料的单位面积重量的要求，遂要求乙帽袋厂重新购买面料再进行生产。后甲公司、乙帽袋厂协商无果，甲公司遂诉至法院，要求乙帽袋厂退还定金，赔偿损失。

起诉到法院后，双方争议的焦点为质量是否符合约定要求。甲公司认为面料测试结果与协议要求的280～300克/平方米不符，质量达不到交付要求。乙帽袋厂认为协议中约定的"面料：280～300克、10×10、100%水洗棉，颜色PMS644C"并没有约定面料的克重面积是多大，因此不能适用克/平方米。

案例中，因双方合同对面料单位面积重量约定不明，双方对该行业的交易习惯陈述亦截然不同：甲公司主张按克/平方米计算，乙帽袋厂后来主张应按克/1.45平方米计算。故应按照国家标准、行业标准履行。根据国家纺织行业的相关标准，水洗棉的克重均以克/平方米为单位进行计算，故应依法认定订货单中约定的面料为280～300克/平方米水洗棉。法院最终支持了甲公司的主张。

以上案例由于双方对质量要求不明确，导致产品交付检验不合格。对于质量标准的认定，供需双方需要根据合同性质、交易习惯或者行业惯例予以明确，以免出现理解偏差，产品无法交付，从而引发诉讼风险。

2. 交货时检验合格却在使用过程中发现问题

在实际的采购合同履行过程中经常存在一种情况：采购方收货时IQC并没有发现产品质量存在问题，也给销售方出具了验收合格证明；当产品出现质量问题，采购方向销售方主张要求承担违约责任，销售方则常常以验收合格证明来抗辩。

一般而言产品有保质期的，适用保质期规定，有时候因为采购方的技术或经验原因，在 IQC 环节即便进行了检验，但也并不见得能看出产品的质量瑕疵。如电子行业中的半导体元器件，特别是复杂的大规模集成电路物料，采购方不具备全功能检测的设备，大多是进行外观检查，功能检验依赖后期的装机试验，甚至长期使用才能发现问题。因此认为买受人签收即视为质量合格显失公平。

对此，《中华人民共和国民法典》中规定了为期 2 年的提出质量异议的合理期限。根据买卖合同无法确定合理期限的，买受人提出质量异议的期限最长不超过 2 年，即最长期限为 2 年。如果在上述合理期限内采购方未提出质量异议，则视为质量合格。

9.5.3　付款结算中的风险

付款结算一般是合同履行的最后一步，但在这一环节通常也存在诸多风险情况。

1. 付款期限约定需遵守

未按合同约定期限支付货款是付款结算中较为常见的风险情况，有的公司甚至认为采购人员能拖欠更多的货款是干得好的表现。

笔者曾在一家国内知名电气公司担任采购负责人，入职之后却发现，该公司的所有货款支付无论大小都要董事长签批，而董事长签批的依据是这笔款是不是马上生产要用的原材料，也就是说，不急的款都不给付，造成了公司账期过长，大量供应商的货款被拖欠，采购人员不得不频繁更换采购渠道的情况。这也意味着，供应商的货源质量无法控制，客户满意度因此降低。该公司采购合同中承诺的付款期限少则拖欠半年，多则三五年。

此类情况就是典型未按照合同约定期限支付货款的违约情形，供应商可以采取协商、诉讼或仲裁方式要求采购方支付货款并且承担违约金。采购方需要按期向供应商支付货款，这是一种长期合作的需要，也是基本的企业信用，恶意拖欠货款不但损人，还不利于自己形成供应链竞争优势。

2. 付款期限约定不清引争议

采购合同中常见这样的付款约定："货到付款、30 天付款、月结"等，表面看付款期限有清晰约定，仔细斟酌发现有很大问题。

（1）约定货到付款，卖方的理解为货到的当天买方就需要付款，买方的理解可能为检验合格办理完入库、开具了正式发票才能付款。

（2）月结付款在卖方看来，可能是交付产品满 1 个月就需要付款，但买方的理解可能为货到验收合格，发票在财务立账满 30 天的当月内付款。

为了避免付款期限争议，合同中的付款期限条款力求精准。如货到付款可以约定为货到 7 天内付款；月结付款可以约定为货到当月 25 日财务立账，立账日期满 30 天付款。此外，是先付款后开票还是先开票后付款，建议在合同中明确，避免付款环节财务提出"鸡和蛋谁先有"的问题。

3. 警惕卖方未及时开发票引发的纠纷

买卖合同实践中，买方依据合同约定支付价款，卖方依据合同约定及法律规定向买方开具发票。特别是增值税专用发票，它既是卖方销售货物依法纳税的凭证，也是买方支付增值税税额并按照增值税的有关规定据以抵扣增值税进项税额的凭证。

因此，在合同履行结束后，卖方未向买方开具发票的，无论买方是否支付款项，都应督促卖方及时开具发票。买方如果以要求卖方开票为由向法院提起诉讼，将面临不予支持的风险。依据税收征收管理法的规定，卖方有履行开具发票的义务。

9.5.4　合同的变更与解除

合同成立并生效后，需要对合同的执行进度进行管理，跟踪合同是否按照要求的进度进行了执行。对发生客观情况需要进行合同变更和解除的，企业需要及时与对方进行沟通。

1. 合同的变更

在合同履行过程中可能因为供应商无法按期交货、采购方需求计划变更等导致合同不能履行或者部分履行，这时需要对合同进行变更。

采购合同变更，双方最好采用书面方式，单独签订一份变更协议，约定具体的变更内容，并签字或盖章。对合同的变更一定要明确具体的变更内容，避免出现约定不明确的情况。

2. 合同的解除

合同成立并生效后，或者在履行过程中，有可能出现无须履行、无法继续履行或者继续履行会导致成本过高等情形，这时候双方可以友好协商，订立解除原合同的协议。

主要有两种方式可以触发合同的解除。

（1）主张合同中约定的解除条件成就。当事人可以在合同中约定解除条件，在合同履行过程中当出现了约定的解除条件的情形，则合同当事人有解除合同的权利。如甲乙双方在采购合同中约定，乙方在超过合同约定的交货日期15天仍然不能交货的，则甲方可以解除合同。乙方在履行合同过程中没有按期交货，并且到了15天仍然没有交货，这时候甲方可以选择要求乙方继续履行合同或者直接行使合同解除权。

（2）主张不可抗力导致不能实现合同目的。所谓不可抗力，是指不能预见、不能避免并且不能克服的客观情况。必须同时满足以下3个条件才能构成不可抗力。

①不能预见是指当事人主观上无法预测客观情况的发生。

②不能避免是指当事人已经尽了最大努力，仍然不能避免事件的发生。

③不能克服是在事件发生以后，当事人尽了最大努力，但仍然不能克服事件造成的损害后果。

一般情况不可抗力包括以下情况。

①自然灾害，包括地震、海啸、水灾等自然界力量引发的灾害。

②战争。战争的爆发往往无法准确预测，并且一旦爆发可能对经济带来很大冲击，致使合同不能履行。

③社会事件，如罢工、骚乱等，导致合同无法履行。

④政府行为。在订立合同后，政府发布了新的政策、法律、法规，采取了行政措施导致合同不能履行。

不可抗力的使用需要注意以下要点。

①合同中是否约定不可抗力不影响直接援引法律的规定。

②如果约定的不可抗力范围小于法定范围，即使超过约定范围，但是在法定范围内仍然可以主张不可抗力。

③不可抗力不允许进行约定排除，具有法定强制性，如在合同中约定地震、海啸不属于不可抗力，该类排除性的约定无效。

④不可抗力发生，还要具体分析对履行合同的影响大小，如果只是暂时影响，推迟履行也可以实现合同目的，可以变更合同，不能随意行使解除权。

9.5.5　合同违约管理

采购合同履行过程中发生了违约，应当如何处理？销售方常见的违约包括未按照合同约定的日期进行交付、交付的货物质量不符合要求等。采购方常见的违约包括未按照合同约定的付款方式和期限支付货款、逾期不提货等情况。

1. 友好协商是第一步

合同违约发生后，首先选择的是根据企业的实际情况减少损失，并不是一上来就谈追究对方的违约责任。实践中一般确实造成了较大实际损失和影响时才启动违约责任追究，一方可以根据合同约定的违约责任计算方式以及实际损失情况提出要求另一方承担违约责任。确定需要追究违约金后先行进行友好协商，阐述实际的损失情况，设置违约金的目的是弥补损失。

本着长期合作的态度，双方都会积极响应，只有在双方分歧很大时，企业才应考虑通过诉讼或者仲裁（需合同中约定）等方式解决，到了这一步，会对双方的继续合作产生较大的影响。因此寻求司法途径解决争议的方式有可能不是首选，但是可以作为兜底选项。

2. 举证责任原则需知道

合同纠纷中的举证责任适用一般民事诉讼中的"谁主张谁举证"的原则。

因此在采购活动过程中需要随时做好收集书面证据的工作。

发生合同违约，如销售方不能按期交货，作为采购方应当及时跟进掌握具体的情况，如在销售方为何交货逾期、预计逾期多久可以进行交货等方面做到全面掌握。

需要特别注意的是，上述过程中，如是通过电话、面谈等进行交流，都应通过之前合同中明确的联系方式如电子邮件、传真等书面形式，进行反馈和要求供货方进行回复等。此步骤的主要目的如下。

（1）结合交易双方留下的跟踪反馈记录，对之前的口头沟通信息进行再次确认和复核，也敦促对方及时跟进和处理。

（2）发生合同纠纷时，为维护企业合法权益提供书面的证据材料。如满足合同约定条款时解除合同、要求承担违约责任等，对之前的违约行为进行确认的书面通知和送达。

交付的货物质量不符合要求的，企业应及时通知供应商进行确认，出具书面的质量问题反馈函，质量问题反馈函中需要注明具体货物信息、数量、具体质量不符合描述、照片、需要供应商采取的措施及反馈等内容。及时联系供应商进行返工、修理、重做等处理，减小质量原因造成的对客户交易进度的影响。

3. 纠纷解决方式多种选

发生合同违约常见的纠纷解决方式有 4 种，分别是和解、调解、仲裁、诉讼。4 种争议解决方式各有区别，如表 9.5-2 所示。

表 9.5-2　争议解决方式

争议解决方式	争议救济类型	具体方式
和解	私力救济	当事人之间就争议问题进行协商，达成协议而解决争议
调解	社会救济	当事人在第三方主持下达成协议而解决争议
仲裁	社会救济	当事人将争议提交仲裁机构进行裁决解决争议
诉讼	公力救济	当事人将争议提交法院进行判决解决争议

当事人之间发生争议后选择何种解决方式，需结合具体的争议和当事人之间的意愿，和解相比而言是较为有利的维护各方友好合作方式的选择，并且成

本最低。仲裁和诉讼法律权威性更高。

4. 诉讼时效莫错过

采购合同违约中需要注意的诉讼时效问题。

所谓诉讼时效，是指民事权利受到侵害的权利人在法定的时效期间内不行使权利，当时效期间届满时，债务人获得诉讼时效抗辩权。

简单地理解，如果权利受到侵害，在法定的时效期间不行使以后再行使的，债务人就可以以没有在时效内追究为由，做出不需要承担责任的抗辩。因此诉讼时效届满也一般俗称"合法的耍无赖条款"。

根据《中华人民共和国民法典》规定，一般权利人向人民法院请求保护民事权利的诉讼时效期间为三年。因此需要特别留意采购合同的违约责任追究不要超过法定的诉讼时效。诉讼时效期间是从权利人知道或者应当知道权利被侵害时起算。如逾期未支付供方货款，如果超过三年，在诉讼时效期间供方又没有催收证据证明其有主张权利的，供方起诉到法院，买方可以主张已过诉讼时效的抗辩，从而供方有可能无法再收回货款。

5. 通知送达需尽到

通知与送达条款在实践中非常容易被忽略，该条款设立在商务部分作用比较有限。很多采购人士把它误当作一个联系方式，认为合同中已经写了双方的联系信息，再写没有太多的价值，然而事实却相反。

在法律实践中通知送达条款的作用可以说举足轻重，如果合同中没有约定通知送达条款，或者约定的通知送达条款不明确，在发生法律纠纷以后作为原告一方起诉对方，被告方可能提出未收到原告方的通知催告，从而拒绝承担相应的责任。因此，通知送达条款的重要意义在于当出现合同纠纷时，能有效保证一方相关权利。

如因出现了违约导致守约方想要解除合同，如果合同中没有约定有效的通知送达方式，即使守约方通过电子邮件或其他方式通知解除合同，对方也可能主张没有收到通知，拒绝接受守约方的相关要求。此事并不是想当然地认为合同已经取消，即使谨慎的采购人员通过电子邮件等方式发送书面的合同违约取消告知单,看似万无一失,但实际上,如果在采购合同中没有约定通知送达方式,在诉诸到法院后,对方仍可能以没有约定邮箱地址这种送达方式,不知道合同已经取消且已经生产出产品,反过来要求采购方继续履行合同。

为了避免上述法律风险的发生,前文说的需要把签约主体的信息尽可能地详尽和完善,这里就充分发挥了完善的重要意义和作用。在合同中详尽地列出双方的联系信息,如签约主体名称、联系地址、电话、传真、联系人、手机、电子邮箱、微信、QQ 等信息,列出的联系信息越详尽越好,上述联系信息可以放到合同的首部。此时通知送达条款就可以发挥其重要价值。

在通知送达条款拟定过程中注意明确以下要点。

(1)明确本合同中任何文件的送达以书面形式进行,以避免口头方式送达。

(2)送达的方式包括通过合同首部双方主体所载的地址,包括但不限于直接送达、邮寄送达、传真送达、发送到电子邮箱、微信、QQ 等。邮寄送达方式需明确寄出快递后几日即视为送达;通过电子邮件、微信、QQ 等方式送达的,明确信息发送成功即视为送达,避免对方主张如没有看邮件、微信、QQ 信息等抗辩,这样可以最大限度地保护守约方的合法权利。

(3)需要明确任何一方变更联系地址时,约定需要在多少日之前按照合同所列的联系方式发出通知,否则另外一方可以按照原有的方式送达。

通过以上通知送达条款的明确约定,可以最大限度保护当事人双方的合法权益,以避免出现通知送达引起的纠纷。

9.5.6　争议解决成本需关注

合同纠纷中是否关注过律师费用问题?实践中很多企业的合同中都有明确要求违约方承担损失赔偿责任的规定,但是很少有人关注诉讼成本问题。

诉讼成本包括案件受理费、财产保全费、保全保险费、鉴定费、公证费、律师费等,而其中律师费往往是比较大的支出。

一般的财产性案件,如合同纠纷,采取固定收费或者按照标的额设置风险代理收费。不同律师的收费标准有所不同,就行业较高水平的收费来看,以100

万元以内的财产性争议计算，律师费用支出可能达到案件争议标的额的 10%~30%。如果在合同风险中不考虑律师费用支出，有可能面临出现纠纷之后的权利维护成本过高的情况，因此采购合同风险管理中需要关注争议解决成本问题。

合同签订的原则主要是当事人意思自治，因此如果双方当事人在合同条款中明确了争议解决成本负担规则，那么在出现争议后就可以要求违约方除承担合同一般损失外，负担包括律师费在内的维护合法权益的合理费用支出。

对此可以在合同条款中增加类似这样的语句表述："违约方除承担合同造成的直接损失、违约金外，还需要承担包括但不限于解决争议产生的诉讼费、仲裁费、财产保全费、保全保险费、鉴定费、公证费、律师费等合理费用支出。"

通过这样的文本，为采购合同增加一份保险，即使出现纠纷，也不担心因为维权费用过高而不愿意诉诸法律进行解决，从而通过法律途径转移争议解决成本。

9.6　合同的存档与管理

合同的存档与管理对企业运营意义重大。如果发生合同纠纷，合同原件的证明效力超过复印件、扫描件。因此，企业必须做好合同的存档与管理，尤其是对合同原件的存档与管理。

9.6.1　合同的存档

针对签署完成的合同，采购部门需要在内部设立专门的合同管理文件，对合同文档进行统一编号和管理，并对签署回来的合同进行检查和归档。

这一部分容易被忽略，如没有进行统一管理，非常容易出现合同管理混乱的情况，如合同编号不统一、合同签章不完整、合同原件遗失等问题。

合同原件的归档保存时间最少 3 年，根据不同产品的质量保证期归档的合同保存时间应该随之更长。最好进行双备份管理：合同原件统一归档和保存，合同电子文本或者扫描件通过电子文档系统进行备份和管理。

企业平常在使用合同过程中直接取用电子文档系统中的文件，兼顾了效率和方便性。而合同原件则一般作为企业封存文档，由专人保管并锁存，只在特殊情况下才可使用，如发生合同纠纷时需要查阅证据完整性。

合同原件的借阅也必须要进行登记和造册管理，应该特别避免出现原件丢失的情况。

9.6.2 合同的管理

采购职业人士可能每天都有大量的合同需要处理，有的是一次性采购合同，如项目采购合同、固定资产采购合同，有的是重复进行的生产产品所需的原材料采购合同。因此对于不同类型的采购合同，可以分别进行管理。

（1）针对一次性采购合同，可以单独谈判协议文本，确定协议的内容，单独签署和跟踪履行过程，管理合同全过程。这类合同由于一次性使用，很难完全标准化，因为每个项目或者固定资产的特点都有所不同，但可以在企业范围内制定一个统一的大类物料采购合同模板，做到主要条款通用、细节部分根据不同的情况修订。

（2）针对多次使用的采购合同，笔者建议将其与企业的企业资源计划或者供应商关系管理系统关联起来，在系统中生成订单后自动生成标准格式的采购合同，并通过事先与供方约定好的方式签署合同。这样做的好处是便于合同文档管理，并且与内部信息系统关联，可以有效地管理合同的执行情况。